"一带一路"国家
知识产权法律译丛

（第四辑）

重庆知识产权保护协同创新中心
西南政法大学知识产权研究中心 / 组织翻译

"YIDAIYILU" GUOJIA
ZHISHI CHANQUAN FALÜ YICONG

知识产权出版社
全国百佳图书出版单位
——北京——

图书在版编目（CIP）数据

"一带一路"国家知识产权法律译丛. 第四辑/重庆知识产权保护协同创新中心，西南政法大学知识产权研究中心组织翻译. —北京：知识产权出版社，2021.7

ISBN 978 – 7 – 5130 – 7573 – 2

Ⅰ.①—… Ⅱ.①重… ②西… Ⅲ.①知识产权法—汇编—世界 Ⅳ.①D913

中国版本图书馆 CIP 数据核字（2021）第 118295 号

内容提要

本书收录了"一带一路"沿线西亚、中东、南亚、东南亚的哈萨克斯坦、以色列、巴基斯坦、斯里兰卡、马来西亚五个国家相关的商标法律文本的中文翻译，可以为研究以上国家知识产权法律的知识产权从业人员提供参考。

责任编辑：可　为	责任校对：王　岩
执行编辑：章鹿野	责任印制：孙婷婷
封面设计：棋　锋	

"一带一路"国家知识产权法律译丛（第四辑）

重庆知识产权保护协同创新中心
西南政法大学知识产权研究中心　　组织翻译

出版发行：	知识产权出版社有限责任公司	网　　址：	http://www.ipph.cn
社　　址：	北京市海淀区气象路 50 号院	邮　　编：	100081
责编电话：	010 – 82000860 转 8335	责编邮箱：	keweicoca@163.com
发行电话：	010 – 82000860 转 8101/8102	发行传真：	010 – 82000893/82005070/82000270
印　　刷：	北京九州迅驰传媒文化有限公司	经　　销：	各大网上书店、新华书店及相关专业书店
开　　本：	720mm×1000mm　1/16	印　　张：	16
版　　次：	2021 年 7 月第 1 版	印　　次：	2021 年 7 月第 1 次印刷
字　　数：	280 千字	定　　价：	88.00 元

ISBN 978 – 7 – 5130 – 7573 – 2

出版权专有　侵权必究

如有印装质量问题，本社负责调换。

翻译团队

译者 （以章节为序）

田晓玲　康添雄　马海生　王广震　牟　萍

方雅洁　唐　涛

审校　牛奔林　易健雄

序　言

自 2013 年"一带一路"倡议提出以来，我国已与 170 多个国家和国际组织签署了 200 多份共建"一带一路"合作文件。"一带一路"的核心理念已被纳入联合国、二十国集团、亚太经合组织、上合组织等诸多重要国际机制成果文件，成为凝聚国际合作共识，持续共同发展的重要思想。国际社会业已形成共建"一带一路"的良好氛围，我国也在基础设施互联互通、经贸领域投资合作、金融服务人文交流等各项"一带一路"建设方面取得显著成效。国家也号召社会各界对"一带一路"沿线各国的基本状况、风土人情、法律制度等多加介绍，以便更好地了解"一带一路"沿线各国，同时为投资、合作等提供参考。

于此背景，重庆知识产权保护协同创新中心与西南政法大学知识产权研究中心响应国家号召，结合自身的专业特长，于 2017 年 7 月启动了"一带一路"国家知识产权法律文本的翻译计划。该计划拟分期分批译介"一带一路"沿线国家的专利法、商标法、版权法等各项知识产权法律制度。经统筹规划，中心决定先译介"一带一路"沿线各国的专利法，且不做"锦上添花"之举，只行"雪中送炭"之事，即参考与中国的经贸往来、人文交流的密切程度，优先译介尚未翻译成中文出版的"一带一路"沿线国家的专利法，以填补国内此类翻译的空白。确定翻译方向后，中心即选取了巴基斯坦、斯里兰卡、马来西亚、哈萨克斯坦、澳大利亚、以色列、希腊、匈牙利、罗马尼亚、捷克等十的专利法作为第一期的翻译对象。经历初译、校对、审稿、最终统校等多道程序后，第一期的翻译工作于 2018 年 8 月完成，译稿得分两辑出版。随后，中心又启动了"一带一路"沿线国家商标法的翻译工作，即以原来的翻译团队为基础，翻译上列十国的商标法。其间因新冠肺炎疫情突发，教学、生活秩序受到严重影响，原定翻译计划也被波及。辗转至今，上列十国的商标法翻译工作总算完成，译稿仍分两辑（即第三、四辑）出版。

如所周知，法条翻译并非易事。尽管译校者沥尽心血，力求在准确把握原意基础之上，以符合汉语表达习惯的方式表述出来，但囿于能力、时间等各方面因素，最终的译本恐仍难完全令人满意，错漏之处在所难免。在此恳请读者、专家批评指正。无论如何，必须向参与此次译丛工作的师生表示衷心的感谢。按照章节国别顺序对译者翻译内容记录如下：曹伟（澳大利亚），张惠彬、刘诗蕾（捷克），廖志刚（希腊），秦洁、肖柏杨、李宇航（匈牙利），郑重（罗马尼亚），田晓玲（哈萨克斯坦），康添雄、方雅洁（以色列），马海生（巴基斯坦），王广震（斯里兰卡），牟萍、唐涛（马来西亚）。尤其感谢牛奔林老师为此次译稿统校所付出的辛勤努力！此外，易健雄老师承担了此次翻译的主要组织工作，并为译稿作了最后的审校。最后，感谢知识产权出版社的大力支持，使译稿得以出版。

中心现已完成对"一带一路"上列十国专利法、商标法的译介，后续将适时完成上列十国版权法的译介。唯愿中心对"一带一路"沿线国家知识产权法律制度的译介能为响应"一带一路"倡议稍尽绵薄之力，也好在国家建设中实现中心的专业价值。

重庆知识产权保护协同创新中心

西南政法大学知识产权研究中心

2021 年 6 月 7 日

目　录

亚　洲

哈萨克斯坦商品商标、服务商标和原产地名称法 ···················· 3

以色列商标条例 ··· 36

巴基斯坦商标法 ··· 67

斯里兰卡知识产权法（商标法部分）···················· 140

马来西亚商标法 ··· 161

亚　洲

·1999 年 7 月 26 日第 456 号法律·

哈萨克斯坦商品商标、服务商标和原产地名称法❶

田晓玲* 译

在哈萨克斯坦范围内因商品商标、服务商标和原产地名称的注册、法律保护和使用而产生的法律关系，受本法调整。

第一章 一般规定❷

第 1 条 本法中的基本用语❸

本法中下列用语的含义：

1）"专用权"是指所有人自行酌情以任何方式使用商标或原产地名称的一种财产权；

1－1）"混淆性近似的标识"是指单个要素不同但组合后被消费者认为相同的标志或符号；

1－2）"相同商标"是指所有要素完全相同的标志和符号；

1－3）"同类商品或服务"是指具有相同功能、属于同种类别（种类），在

---

❶ 根据 2018 年 6 月 20 日颁布的哈萨克斯坦第 161－Ⅵ号法律，将本法中的"商标所有人或者"替换为"商标所有人（版权持有人）或所有人"（该法自颁布之日起 10 日后实施）。

根据 2018 年 6 月 20 日颁布的哈萨克斯坦第 161－Ⅵ号法律，本法应以哈萨克语修订，俄文版本不变（该法自颁布之日起 10 日后实施）。

* 译者简介：西南政法大学副教授，硕士生导师，重庆大学法学博士。

❷ 第一章根据哈萨克斯坦第 586 号法律（2004 年 7 月 9 日颁布）补充第 3－1 条；根据第 161－Ⅵ号法律（2018 年 6 月 20 日颁布，自颁布之日起 10 日后实施）予以修订。

❸ 第 1 条根据下列法律予以修订：哈萨克斯坦第 537－Ⅳ号法律（2012 年 1 月 12 日颁布，自颁布之日起 10 日后实施）；第 34－Ⅴ号法律（2012 年 7 月 10 日颁布，自颁布之日起 10 日后实施）；第 300－Ⅴ号法律（2015 年 4 月 7 日颁布，自颁布之日起 10 日后实施）；第 161－Ⅵ号法律（2018 年 6 月 20 日颁布，自颁布之日起 10 日后实施）。

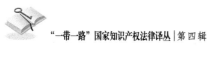

使用相同或近似商标时可能会使消费者认为是由同一生产商生产的商品或服务；

2）"公报"是指关于商标和原产地名称保护事宜的官方期刊；

3）"地理标志"是指表明产品原产于特定范围、地区或区域的标志；

4）"驰名商标"是指受权机构基于利害关系人提供的证据认定为驰名的商标或用作商标的名称；

4-1）《马德里协定》是指于 1891 年 4 月 14 日签订的《商标国际注册马德里协定》；

4-2）《马德里议定书》是指于 1989 年 6 月 27 日通过的《商标国际注册马德里协定有关议定书》；

5）"申请人"是指申请商标注册或申请注册并获许使用原产地名称的自然人或法人；

6）"专利律师"是指根据哈萨克斯坦的法律有权在主管机关和专家组织中代表自然人和法人的哈萨克斯坦公民；

6-1）"新加坡条约"是指于 2006 年 3 月 27 日签订的《商标法新加坡条约》；

7）"商品和服务国际分类"是指由 1957 年 6 月 15 日签订的《尼斯协定》所确定的分类及其后续修订和增补；

8）"商品商标、服务商标"（以下简称"商标"）是指根据本法注册的或虽未注册但受哈萨克斯坦加入的国际条约保护的、可将特定法人或自然人的商品（服务）与其他法人或自然人的同类商品（服务）相区分的标识；

9）"商标或原产地名称的使用"是指将商标或原产地名称置于受保护的商品和服务上，在其包装、制造、使用、进口、储存、许诺销售、销售产品时标明商标或原产地名称，在招牌、广告、印刷品或其他商业文件上使用，以及其他投入流通环节的行为；

10）"商标所有人（版权持有人）或商品原产地名称使用权人"是指根据本法享有商标专用权或商品原产地名称排他使用权的自然人或法人；

11）"原产地名称"是指构成或含有国家、地区、人口中心、区域名称或任何其他地理标志以及该名称派生的任何标志，因针对产品进行使用而变得出名的名称，而产品的特定性质、质量、声誉或其他特征与其原产地相关，包括特定自然环境和/或人文因素；

12）"集体商标"是指协会或联盟或其他法人实体和/或企业家团体（以下简称"协会"）的商标，用以指明具有相同质量或其他特征的生产或分销商品（服务）。

第 2 条　哈萨克斯坦关于商品商标、服务商标和原产地名称的立法❶

1. 哈萨克斯坦关于商品商标、服务商标和原产地名称的立法包括哈萨克斯坦的民法典、本法以及其他法律法规。

2. 哈萨克斯坦批准的国际条约与本法有不同规定的，适用该国际条约的规定。

第 3 条　受权保护商品商标、服务商标和原产地名称的政府机构❷

1. "受权的政府机构"（以下简称"受权机构"）是指由哈萨克斯坦政府确定的在保护商品商标、服务商标和原产地名称方面履行政府管理职能的政府机构。

2. 受权机构的职责包括：

1）参与实施商标和原产地名称法律保护方面的国家政策；

2）制定和批准：

a）商标和原产地名称申请的审查规则；

b）国家商标注册簿和国家原产地名称注册簿的商标和原产地名称注册规则，担保文件及其副本的签发规则，注册的注销和撤销规则；

c）国家商标注册簿商标专用权（授予商标使用权）转让登记规则；

d）国家商标注册簿和国家原产地名称注册簿摘录提供规则；

e）评审委员会异议复审规则；

f）根据哈萨克斯坦批准的国际条约进行商标申请的审查规则；

g）针对认证委员会的规定；

h）针对评审委员会的规定；

i）针对评审管理委员会的规定；

j）针对哈萨克斯坦驰名商标认定委员会的规定；

---

❶　第2条根据哈萨克斯坦第300－Ⅴ号法律（2015年4月7日颁布，自颁布之日起10日后实施）予以修订。

❷　第3条根据下列法律予以修订：哈萨克斯坦第586号法律（2004年7月9日颁布）；第237号法律（2007年3月2日颁布，自颁布之日实施）；第452－Ⅳ号法律（2011年7月5日颁布，自2011年10月13日实施）；第537－Ⅳ号法律（2012年1月12日颁布，自颁布之日起10日后实施）；第300－Ⅴ号法律（2015年4月7日颁布，自颁布之日起10日后实施）；第161－Ⅵ号法律（2018年6月20日颁布，自颁布之日起10日后实施）。

3）确定在公报上公布商标和原产地名称注册相关信息的程序；

4）专利律师候选人认证及其在专利律师登记簿上的登记；

5）组织认证委员会、评审委员会、评审管理委员会和哈萨克斯坦驰名商标认定委员会的活动；

6）履行本法、哈萨克斯坦其他法律、哈萨克斯坦总统和政府令规定的其他权力。

第3-1条　专家组织

1. 专家组织是根据哈萨克斯坦政府决定以国有企业的法律形式设立的以经济管理为基础的从属于受权机构的组织，履行下列职责：

1）审查商标和原产地名称申请；

2）在国家商标注册簿和国家原产地名称注册簿注册商标和原产地名称，签发担保文件及其副本，注销和撤销注册；

3）在国家商标注册簿登记商标专用权的转让（授予商标使用权）；

4）保存国家商标注册簿、原产地名称注册簿和公报，并将其发布于网络上；

5）提供国家商标注册簿和国家原产地名称注册簿摘录；

6）在公报上发布商标和原产地名称注册相关信息；

7）基于利害关系人的请求，查询注册商标和原产地名称信息；

8）审议根据哈萨克斯坦批准的国际条约提起的商标和原产地名称申请；

9）开展哈萨克斯坦法律未禁止的其他活动。

2. 专家组织与受权机构协商确定商标和原产地名称保护的服务价格，应全数涵盖专家组织提供服务所产生的费用，确保其活动支出和来自自身收入的经费达到收支平衡。

第二章　商标的法律保护和注册条件

第4条　商标的法律保护❶

1. 在哈萨克斯坦，对根据本法规定的程序进行注册的商标以及根据哈萨克斯坦签订的国际条约无须进行注册的商标，应给予法律保护。

---

❶ 第4条根据下列法律予以修订：哈萨克斯坦第300-Ⅴ号法律（2015年4月7日颁布，自颁布之日起10日后实施）；第161-Ⅵ号法律（2016年6月20日颁布，自颁布之日起10日后实施）。

2. 自然人或法人有权获得商标的法律保护。

商标专用权于在国家商标注册簿上注册之日产生。

3. 商标权由证书予以证明，由国家商标注册簿摘录予以确认。

证书的形式由受权机构确定。

4. 商标所有人享有针对证书指定的商品和服务使用和处置其所拥有的商标的排他性权利。未经商标所有人同意，任何人不得使用在哈萨克斯坦受保护的商标。

第5条　注册为商标的标识

1. 能够将一方的商品和服务区别于他方类似商品和服务的图形、文字、字母、数字、三维标识和其他标识或标识的组合，可以注册为商标。

2. 颜色或颜色的组合可以注册为商标。

第6条　驳回商标注册的法定理由❶

1. 仅包含不具显著性的标识不能注册为商标，特别是：

1）成为标记特定种类商品（服务）的通用标识；

2）属于普遍接受的符号和表达；

3）表明商品的种类、质量、数量、特征、目的、价值及其生产或销售的地点和时间；

3-1）属于国际非专利药品名称；

4）根据哈萨克斯坦第537-Ⅳ号法律（2012年1月12日颁布，自颁布之日起10日后实施）废除。

5）根据哈萨克斯坦第537-Ⅳ号法律（2012年1月12日颁布，自颁布之日起10日后实施）废除。

6）与其通常标记的商品或服务具有直接描述性联系；

7）根据哈萨克斯坦第537-Ⅳ号法律（2012年1月12日颁布，自颁布之日起10日后实施）废除。

上述标识不占据主要位置的，可以作为商标中不受保护的要素使用。

---

❶　第6条根据下列法律予以修订：哈萨克斯坦第586号法律（2004年7月9日颁布）；第537-Ⅳ号法律（2012年1月12日颁布，自颁布之日起10日后实施）；第300-Ⅴ号法律（2015年4月7日颁布，自颁布之日起10日后实施）；第161-Ⅵ号法律（2018年6月20日颁布，自颁布之日起10日后实施）。

2. 标识复制徽章、旗帜和标志，国际组织的简称和全称及其官方标识、旗帜和标志，表明控制、保证或鉴定的检验印章，检验章，奥利匹克标识、奖状和其他荣誉标志，以及其他与此混淆性近似的标识，不能注册为商标。

该等标识并非单独使用且获得相关受权机构或其所有人同意的，可以用作不受保护的要素。

3. 有下列任一情况的，标识不得注册为商标或商标中的要素：

1）针对产品或其制造商、服务或其提供商以及产品产地存在虚假或可能产生误导；

2）形式上表明产品真实产地，但使人产生产品来源于另一产地的错误印象；

3）构成或含有将并非源自某地的矿泉水、葡萄酒或烈性酒标记为源自该地理位置的标识，以及其翻译或标识伴有诸如"同类""同种""像"之类的表述；

4）违背公共利益、人性和道德原则。

第7条　驳回商标注册的其他理由❶

1. 标识与下列商标、标识或原产地名称相同或混淆性近似的，不能注册为商标：

1）他人针对类似商品或服务在哈萨克斯坦注册的和受国际条约保护拥有在先优先权的商标，或与本人针对相同商品或服务的商标相同，但其注册被确认为无效或根据本法第六章终止的商标除外；

2）针对任何种类的商品和服务，根据哈萨克斯坦的实践被认定为驰名的商标；

3）他人针对类似商品或服务声明在先优先权注册的标识（但被撤销和终止的除外）或本人针对相同商品或服务的相同标识；

4）根据哈萨克斯坦第 537 – Ⅳ号法律（2012 年 1 月 12 日颁布，自颁布之日起 10 日后实施）废除。

5）针对任何商品在哈萨克斯坦受保护的原产地名称，但如果商标注册是

---

❶ 第 7 条根据下列法律予以修订：哈萨克斯坦第 586 号法律（2004 年 7 月 9 日颁布）；第 537 – Ⅳ号法律（2012 年 1 月 12 日颁布，自颁布之日起 10 日后实施）；第 300 – Ⅴ号法律（2015 年 4 月 7 日颁布，自颁布之日起 10 日后实施）；第 161 – Ⅵ号法律（2018 年 6 月 20 日颁布，自颁布之日起 10 日后实施）。

针对相同商品，且注册原产地名称被予以确认，那么其被并入作为以原产地名称使用权人名义注册的商标中不受保护的要素的除外。

针对与本款1）项、2）项和3）项所述任何商标混淆性近似的同质商品或服务，允许将标识注册为商标，但应获得商标所有人的书面同意。

所有人是法律实体的，必须以印有笺头纸张提交书面同意，经授权人签名并加盖法人公章（如有）；所有人是个人的，签名应予以公证。

2. 标识复制下列内容的，不能注册为商标：

1）他人基于在先优先权在哈萨克斯坦受保护的工业品外观设计；

2）〔已废除〕

3）提交申请之日侵犯在哈萨克斯坦为人熟知的文学、科学和艺术作品、艺术品及其片段的著作权的名称；

4）侵犯个人、其继承人或继受人个人非财产性权利的姓、名、笔名及其衍生名，肖像及其复制品；标识构成哈萨克斯坦历史和文化遗产的一部分的，未经相应受权机构许可进行复制。

第 8 条　申请的提交❶

1. 应由一名申请人向专家组织提交商标申请。

2. 集体商标申请应根据成员集体商标使用约定以组织的名义提交。

3. 根据哈萨克斯坦第 161 - Ⅵ号法律（2018 年 6 月 20 日颁布，自颁布之日起 10 日后实施）废除。

第 9 条　申请注册商标的要求❷

1. 一份申请只能涉及一个商标。

2. 申请必须包括下列内容：

---

❶ 第 8 条根据下列法律予以修订：哈萨克斯坦第 586 号法律（2004 年 7 月 9 日颁布）；第 537 - Ⅳ号法律（2012 年 1 月 12 日颁布，自颁布之日起 10 日后实施）；第 300 - Ⅴ号法律（2015 年 4 月 7 日颁布，自颁布之日起 10 日后实施）；第 161 - Ⅵ号法律（2018 年 6 月 20 日颁布，自颁布之日起 10 日后实施）。

❷ 第 9 条标题根据哈萨克斯坦第 300 - Ⅴ号法律（2015 年 4 月 7 日颁布，自颁布之日起 10 日后实施）予以修订。

第 9 条根据下列法律予以修订：哈萨克斯坦第 586 号法律（2004 年 7 月 9 日颁布）；第 537 - Ⅳ号法律（2012 年 1 月 12 日颁布，自颁布之日起 10 日后实施）；第 300 - Ⅴ号法律（2015 年 4 月 7 日颁布，自颁布之日起 10 日后实施）；第 161 - Ⅵ号法律（2018 年 6 月 20 日颁布，自颁布之日起 10 日后实施）。

1）标识认定请求，载明申请人及其居住地或所在地；

2）据以提交申请的标识；

3）根据商品和服务国际分类的商品和（或）服务清单。

3. 申请应随附下列文件：

1）审查费缴纳确认文件副本；

2）通过代表进行记录的委托书副本；

3）集体商标章程（如针对集体商标提交申请），包括经授权以自身名义注册集体商标的组织名称、商标注册的目的、商标使用权人名单、标明集体商标的商品和服务名录的名单及其独有或其他特征、使用条件、使用控制程序、违反集体商标章程条款的责任。

4. 申请及其附件应以哈萨克文或俄文提交。以其他语言提交文件的，申请人应于 1 个月内提交其哈萨克文或俄文译本。

5. 申请的提交日期为专家组织收到符合本条第 2 款要求的申请之日；没有同时提交上述文件的，提交日期为收到最后一份提交文件之日。

6. 根据哈萨克斯坦第 161 - Ⅵ号法律（2018 年 6 月 20 日颁布，自颁布之日起 10 日后实施）废除。

第 10 条　商标优先权❶

1. 商标优先权应根据向专家组织提交申请的日期予以确定。

2. 商标优先权可根据在《保护工业产权巴黎公约》（以下简称《巴黎公约》）成员国或《巴黎公约》规定的国际或区域组织首次提交商标申请的日期予以确定（公约优先权），但前提是应自首次提交商标申请之日起 6 个月内向专家组织提交申请。主张公约优先权的，申请人应指出首次提交申请的编号、日期和国家，并随附核证副本。

3. 在官方认可的国际展览会上，置于展品上的商标的优先权，可根据展品公开展览之日予以确定（展览优先权），但前提是应自首次公开展览之日起 6 个月内向专家组织提交申请。

4. 申请人希望行使公约或展览优先权的，应在提交商标申请时或在专家组织收到申请后 2 个月内提出并提交确认其合法性的相关文件。

---

❶ 第 10 条根据下列法律予以修订：哈萨克斯坦第 586 号法律（2004 年 7 月 9 日颁布）；第 300 - Ⅴ号法律（2015 年 4 月 7 日颁布，自颁布之日起 10 日后实施）。

5. 分案申请的，各项申请的优先权根据第一项申请的优先权日期予以确定。

分案申请的，优先权根据同一申请人原申请的优先权日期予以确定；有权根据原申请确定更早优先权的，如果在提交分案申请时，原申请未撤销或未被视为撤销，且分案申请是在对原申请作出决定前提交，优先权根据该优先权日期予以确定。

6. 针对不同商品存在多项申请的，应根据申请人的请求确定针对不同商品使用同一商标时的优先权。

第三章　商标的审查

第 11 条　申请审查顺序❶

1. 申请审查应按下列步骤进行：

1）初步审查——申请提交后 10 个工作日内；

2）全面审查——申请提交后 7 个月内。

2. 在审查的任何阶段，专家组织均有权要求提交审查所必须的补充或说明材料。

申请人在审查期间未提交所要求的材料和（或）未请求延长期间的，视为撤回申请。

3. 不得向第三方提供申请审查进度情况，但哈萨克斯坦法律另行规定的情形除外。

第 11 - 1 条　申请信息的公布❷

1. 初步审查完成后 5 个工作日内，每周在公告中公布申请相关信息。

2. 针对已提交申请所公布的信息应包括：

1）所主张名称的图形；

2）申请人信息，包括申请人和（或）其代表的地址；

3）据以注册商标的商品（服务）清单；

---

❶ 第 11 条根据哈萨克斯坦第 161 - Ⅵ号法律（2018 年 6 月 20 日颁布，自颁布之日起 10 日后实施）予以修订。

❷ 根据哈萨克斯坦第 161 - Ⅵ号法律（2018 年 6 月 20 日颁布，自颁布之日起 10 日后实施）第三章增补第 11 - 1 条。

4）向专家组织提交申请的编号和日期；

5）确定存在公约优先权的，首次申请的国家、编号和日期；

6）对集体商标的提述。

第 12 条 基于申请审查结果的决定❶

1. 应于 10 个工作日内根据初步审查的结果告知申请人其接受申请以待审查或终止记录。

2. 接受申请的，由专家组织进行全面审查，并在此基础上向申请人发出同意注册、初步部分注册或初步不予注册商标的专家意见。

专家组织发出不予注册或部分注册的专家意见后 3 个月内，申请人有权提出合理异议，专家组织自收到异议之日起 3 个月内基于异议审查结果形成最终意见。

专家组织应基于最终意见作出同意注册、部分注册或不予注册商标的决定。

3. 在录入国家商标注册簿前，可针对认定具有优先权的申请，对同意注册或部分注册商标的决定进行审查。

4. 申请人应当自其发出商标注册或部分注册决定通知书之日起 3 个月内支付商标注册专家组织的服务费。无法提供服务费支付确认单据的，视为撤回商标申请，并停止记录。

5. 申请人对最终意见有异议的，可自发送决定之日起 3 个月内向受权机构提出异议。受权机构收到异议之日起 4 个月内，由评审委员会对异议进行审议。

第 13 条 申请人的权利❷

申请人享有下列权利：

1）在审查的任何阶段撤回申请；

2）参与解决申请审查过程中产生的问题；

3）全面审查结束前在不改变申请实质内容的情况下完成、详细说明或更

---

❶ 第 12 条根据哈萨克斯坦第 161 – Ⅵ号法律（2018 年 6 月 20 日颁布，自颁布之日起 10 日后实施）予以修订。

❷ 第 13 条根据下列法律予以修订：哈萨克斯坦第 586 号法律（2004 年 7 月 9 日颁布）；第 300 – Ⅴ号法律（2015 年 4 月 7 日颁布，自颁布之日起 10 日后实施）；第 161 – Ⅵ号法律（2018 年 6 月 20 日颁布，自颁布之日起 10 日后实施）。

正申请材料；

3-1) 在审查结束前任何阶段请求分案，在分案申请中重新安排原申请中所列商品和服务；

4) 申请延长提交答辩或申请异议的时限，但最长不得超过 6 个月；

5) 申请恢复已过期的时限，但不得迟于错过时限后 2 个月；

6) 了解不利于其申请所援引的材料；

7) 因向评审委员会提出异议而申请中止程序；

8) 在商标录入国家商标注册簿前申请将获得商标的权利转予他人；

9) 在商标录入国家商标注册簿前修改申请人的姓名和地址。

第四章　商标的注册

第 14 条　国家商标注册簿❶

1. 支付专家组织服务费后，将商标注册信息录入国家商标注册簿。

录入国家商标注册簿的信息必须包括：

1) 商标图形；

2) 申请人和（或）其代表的信息，涉及集体商标的，应注明集体商标所有人的信息和有权使用集体商标的实体名单；

3) 商标注册的编号和日期；

4) 据以注册商标的商品（服务）清单；

5) 向专家组织提交申请的编号和日期；

6) 确定存在公约优先权的，首次申请的国家、编号和日期；

7) 关于注册商标的其他信息，包括对商标权利进行处分的信息。

2. 国家商标注册簿应对外公开。专家组织应利害关系人请求可向其提供国家商标注册簿摘录。

3. 商标所有人必须告知专家组织所有注册变更信息，包括：变更所有人的姓、名或父亲姓名（如相关），居住地或所在地，以及据以注册商标的商品（服务）名录，但不得实质性变更注册内容。

4. 专家组织应在请求变更并支付相关费用之日起 1 个月内，将本条第 3 款所列变更信息及对技术错误的更正录入国家商标注册簿。

---

❶ 第 14 条根据下列法律予以修订：哈萨克斯坦第 300-Ⅴ号法律（2015 年 4 月 7 日颁布，自颁布之日起 10 日后实施）；第 161-Ⅵ号法律（2018 年 6 月 20 日颁布，自颁布之日起 10 日后实施）。

将变更录入国家商标注册簿之日起 2 个月内，应向申请人发出相关变更备案通知。

第 15 条　注册期间❶

1. 商标注册期间为 10 年，自申请之日起算。

2. 商标所有人可于商标注册有效期最后 1 年提出续展请求，每次续展期为 10 年。收到申请之日起 10 个工作日内，专家组织应将商标注册续展信息录入国家商标注册簿及证书。

3. 本条第 2 款规定的请求时限，可在注册有效期届满后 6 个月内经所有人申请恢复。

第 16 条　注册信息的公布❷

已录入国家商标注册簿的商标注册相关信息，由专家组织在 2 个月内在公告中公布，并在录入国家商标注册簿后立即在其互联网资源上发布。与注册商标有关的变更，应当自信息录入国家商标注册簿之日起不超过 3 个工作日内，由专家组织在其互联网资源上发布，并在信息录入国家商标注册簿后的次月公告中公布。

集体商标所有人的信息应另外录入国家商标注册簿和证书中。

第 17 条　商标重新注册的条件❸

与注册有效期届满的商标相同或者混淆性近似的商标，自商标注册终止之日起 1 年内，不得以在先权利人以外的人的名义注册。

商标所有人在注册期限届满前拒绝的，前款规定同样适用。

---

❶ 第 15 条根据下列法律予以修订：哈萨克斯坦第 300 - Ⅴ号法律（2015 年 4 月 7 日颁布，自颁布之日起 10 日后实施）；第 161 - Ⅵ号法律（2018 年 6 月 20 日颁布，自颁布之日起 10 日后实施）。

❷ 第 16 条根据哈萨克斯坦第 161 - Ⅵ号法律（2018 年 6 月 20 日颁布，自颁布之日起 10 日后实施）予以修订。

❸ 第 17 条根据下列法律予以修订：哈萨克斯坦第 237 - Ⅴ号法律（2007 年 3 月 2 日颁布，自颁布之日实施）；第 300 - Ⅴ号法律（2015 年 4 月 7 日颁布，自颁布之日起 10 日后实施）。

第 18 条　国家商标注册簿摘录❶

1. 国家商标注册簿摘录是对商标注册、其优先权、商标所有人对国家商标注册簿所列商品（服务）享有特殊权利的确认。

2. 摘录格式由受权机构确定。

第 18 - 1 条　驰名商标的认定❷

1. 根据受权机构的决定，在哈萨克斯坦境内注册的商标或受国际条约保护的商标，或在哈萨克斯坦不受法律保护而作为商标使用的名称，因在哈萨克斯坦积极使用而获得声誉，可被认定为驰名商标。

个人或法律实体关于认定哈萨克斯坦驰名商标的申请，应提交给受权机构。

申请必须涉及一个商标或名称，并包含下列内容：

1）申请人相关信息，表明其居住地或所在地；

2）作为驰名商标主张的商标图形或名称；

3）申请人认为该商标成为驰名商标的日期；

4）申请人认为其商标已成为驰名商标的产品（服务）名录。

2. 申请应随附：

1）确认商标或名称驰名状态的信息；

2）商标或名称的图像，格式为 8×8 厘米，一式五份；

3）申请由代表提交的，授权书复印件；

4）确认缴纳国家驰名商标认定费的单据。

哈萨克斯坦驰名商标的认定申请，应由哈萨克斯坦驰名商标认定受权机构委员会（以下简称"受权机构委员会"）进行评审。

自收到驰名商标认定申请之日起 5 个工作日内，应对申请及随附文件是否符合本条规定进行审核。

审核通过的，专家组织应在公告中公布申请信息。

自公告之日起 3 个月后，受权机构委员会在 2 个月内对申请及随附材料

---

❶　第 18 条根据哈萨克斯坦第 300 - Ⅴ号法律（2015 年 4 月 7 日颁布，自颁布之日起 10 日后实施）予以修订。

❷　根据哈萨克斯坦第 586 号法律（2004 年 7 月 9 日颁布）第三章增补第 18 - 1 条；根据哈萨克斯坦第 161 - Ⅵ号法律（2018 年 6 月 20 日颁布，自颁布之日起 10 日后实施）予以修订。

进行评审，确认该商标的驰名状态。

评审完成前，申请人有权对申请材料进行更正、补充和说明。

第三方有异议的，应向申请人发出适当通知，由申请人作出答复后，再对申请的评审结果提出意见。

根据受权机构委员会对申请的评审结果，作出认定或不予认定驰名商标的决定，并自作出决定之日起 10 个工作日内送达商标所有人（版权持有人）。

申请人提供的事实资料确认该商标的驰名日期不是申请书中所标明日期的，可从实际日期起认定该商标为驰名商标。

商标被实际认定为驰名商标的相关信息，应根据独立的专门组织在哈萨克斯坦境内进行的消费者调查结果予以确认。调查应覆盖重要城市、首都和至少 5 个具有区域意义的城镇。每个地点调查的总人数不得少于 100 人。

有下列情形之一的，应当作出不予认定驰名商标的决定：

1）认定驰名商标的信息不充分；

2）与申请人的商标相同或混淆性近似的商标，以他人名义在同质产品上受保护或作出声明，且其优先权早于申请人申请认定其商标为驰名商标的日期。

可对受权机构委员会的决定向法院提出上诉。

3. 驰名商标应获得本法规定的法律保护。

4. 有下列情形之一的，应停止对驰名商标的法律保护：

1）注册期满；

2）任何利害关系人以法院已生效的判决为依据申请因丧失驰名状态而提前终止对驰名商标的法律保护；

3）法院关于撤销受权机构委员会决定的判决已发生法律效力；

5. 根据本条第 1 款所述将名称或商标认定为驰名的，应将相关信息录入国家商标注册簿。

被认定为驰名商标的，商标有效期应自向受权机构提出将名称或商标认定为驰名的申请之日起计算。

应商标所有人请求，并提交确认商标驰名状态的资料后，驰名商标认定的有效期可续展 10 年。

驰名商标的注册信息、商标所有人和有关该注册的后续变更信息，应录入国家商标注册簿，并在公告中公布。

驰名商标权应以国家商标注册簿中的记录予以证明，并以国家商标注册簿摘录予以确认。

驰名商标终止法律保护的信息应录入国家商标注册簿，在受权机构的网络上发布，并在专家组织的公告中公布。

第五章 商标的使用

第 19 条 商标使用的情况❶

1. 商标所有人有义务使用商标。

禁止将商标限于与其他商标一并使用，以经修改的形式（包括不同字体、颜色设计、其他形式）使用商标，或者以可能损害商标具有的将个人或法律实体的商品（服务）与其他个人或法律实体的同质商品（服务）相区分的能力的方式使用。

2. 经制造商同意，从事中介活动的企业有权在其经销的商品上同时使用制造商的商标，或替换制造商的商标。

3. 集体商标所有人可在其生产的商品上同时使用自己的商标和集体商标。

4. 商标自申请之日起连续 3 年不使用的，任何利害关系人可针对商标注册向法院提出异议。对商标注册提出异议的主张可以涉及证书上标明的所有产品或其部件。

商标使用的证明是指由商标所有人或根据本法第 21 条第 2 款基于商标权转让协议而被授予该权利的人在据以注册商标的商品和（或）其包装上的使用。制造、进口、存储、许诺销售、销售带有商标名称的商品，在广告、招牌、印刷媒体、官方表格或其他商业文件上使用商标，转让商标权或在哈萨克斯坦举行的展会上展示商品，以及其他流通活动可被视为商标的使用。

商标所有人提交的商标使用证据应与异议书中注明的时间段有关。

在作出因商标未使用而终止注册的决定时，应当考虑商标所有人提交的因其无法控制的情况而未使用商标的证据。

5. 根据哈萨克斯坦第 537 - Ⅳ号法律（2012 年 1 月 12 日颁布，自颁布之日起 10 日后实施）废除。

---

❶ 第 19 条根据下列法律予以修订：哈萨克斯坦第 586 号法律（2004 年 7 月 9 日颁布）；第 537 - Ⅳ号法律（2007 年 3 月 2 日颁布，自颁布之日实施）；第 537 - Ⅳ号法律（2012 年 1 月 12 日颁布，自颁布之日起 10 日后实施）；第 300 - Ⅴ号法律（2015 年 4 月 7 日颁布，自颁布之日起 10 日后实施）；第 161 - Ⅵ号法律（2018 年 6 月 20 日颁布，自颁布之日起 10 日后实施）；第 217 - Ⅵ号法律（2019 年 1 月 21 日颁布，自颁布之日起 10 日后实施）。

6. 根据哈萨克斯坦第 161 - Ⅵ号法律（2018 年 6 月 20 日颁布，自颁布之日起 10 日后实施）废除。

7. 根据哈萨克斯坦第 161 - Ⅵ号法律（2018 年 6 月 20 日颁布，自颁布之日起 10 日后实施）废除。

第 20 条　警示标识❶

商标证书所有人可在商标旁边以拉丁字母"R"或"tauarbelgisi""商标"或"注册商标"等字样做出警示标识，表明所使用的名称是在哈萨克斯坦注册的商标。

第 21 条　商标专用权和使用权的转让❷

1. 可根据转让协议转让针对所有或部分商品（服务）的商标专用权。

商标专用权转让可能对商品或其制造商产生虚假陈述的，不得转让。

2. 根据许可协议、综合业务许可协议或其他协议（许可协议）的条款，非商标所有人（被许可人）经商标所有人（许可人）许可有权使用受保护的商标。

可针对所有或部分商品（服务）授予商标使用权。

被许可人有权在哈萨克斯坦全境使用商标，但协议另行规定的除外。

可根据协议条款或签订补充协议延长商标使用权的有效期。

协议未注明商标使用权的有效期的，有效期为自协议登记之日起 5 年。

许可协议必须包括下列条件：

1）保持商品（服务）的质量不低于商标所有人（版权持有人）的商品（服务）的质量；

2）商标所有人（版权持有人）有权对其商品（服务）质量实施控制。

向他人转让商标专用权并不意味着终止协议。

3. 针对所有或部分商品（服务）的商标专用权和使用权可用以质押。

4. 本条所指协议和补充协议应以书面形式订立，并应在国家商标注册簿登记。

---

❶ 第 20 条根据哈萨克斯坦第 161 - Ⅵ号法律（2018 年 6 月 20 日颁布，自颁布之日起 10 日后实施）予以修订。

❷ 第 21 条根据哈萨克斯坦第 161 - Ⅵ号法律（2018 年 6 月 20 日颁布，自颁布之日起 10 日后实施）予以修订。

5. 专有权或许可协议的转让，应在收到协议利害关系人申请之日起 10 个工作日内办理登记手续。

6. 不遵守书面形式和（或）登记要求的，协议无效。

因协议终止或根据已发生法律效力的法院判决注销注册而变更国家商标注册的，应在收到协议利害关系人申请之日起 1 个工作日内进行。

对不改变其隶属关系、性质和内容的技术性错误，可在收到利害关系人申请之日起 1 个工作日内对登记信息进行更正，但须书面通知协议其他利害关系人。

7. 转让商标权应当按照本法规定的方式在国家商标注册簿上登记。

8. 暂时阻止商标权转让登记或授予商标使用权的理由应为：

1）被终止的商标专用权有效期存在恢复期；

2）提交的文件夹不完整或提交的文件信息不一致；

3）提交文件中的信息与国家商标注册簿或根据哈萨克斯坦批准的国际条约保存的注册部中的信息不一致；

9. 发现存在本条第 8 款规定的理由的，应向申请人发出消除该理由的请求。

自请求发出之日起，暂缓注册时间为 3 个月。

10. 拒绝办理商标权转让登记或拒绝授予商标使用权的理由应为：

1）被终止的商标专用权有效期的恢复期届满；

2）消除暂时阻止登记的理由的期限届满；

3）收到非协议当事人的登记申请；

4）缺乏对商标专用权的处分权的登记；

5）就商标权转让而言，对商品或其制造商进行虚假陈述；

6）当事人是否承担了阻碍商标使用权授予的义务。

终止商标专用权，即意味着终止许可协议。

第 22 条　法律实体以分立形式进行重组时的商标转让❶

法律实体分立时，商标应转让给新成立的受让商品和服务生产的法律实体。

新成立的各实体均保留部分商品和服务生产的，经其同意，新的法律实

---

❶ 第 22 条根据哈萨克斯坦第 586 号法律（2004 年 7 月 9 日）予以修正。

体应被确认为商标共有人。

第六章 商标注册的终止

第23条 对商标注册提出异议并宣告其无效❶

1. 注册商标在商标有效期内违反本法第6条和第7条〔不包括第7条第1款1）项、2）项或3）项〕规定要求的，可对商标注册提出异议并使其全部或部分无效；自商标注册之日起5年内违反本法第7条第1款1）项、2）项或3）项规定要求的，可提出异议并使其全部或部分无效。任何利害关系人均可基于本款规定的理由向受权机构提出商标注册异议。

2. 在有效期内，未经《巴黎公约》参加国的许可，以相同或混淆性近似商标的所有人代表的名义进行商标注册的，可对商标注册提出异议并使其全部或部分无效。在《巴黎公约》参加国之一注册的商标的所有人（版权持有人）有权基于本款规定的理由向受权机构提出商标注册异议。

3. 商标在类似商品或服务上与他人的商号相同或混淆性相似，且该商号的专有权在哈萨克斯坦先于商标优先权日期的，可对商标注册提出异议并使其全部或部分无效。

基于本款规定的理由对商标注册的异议，可以由其公司名称与在同质商品或服务上注册的商标相同或混淆性近似的法律实体向受权机构提出。

4. 对商标注册提出异议的，评审委员会应于收到异议之日起6个月内进行评审。提出异议的人以及商标所有人（版权持有人）均有权参与异议的评审。

5. 专家组织应在国家商标注册簿上录入与认定商标无效有关的注销事项，并在公告中公布相关信息，在其网络上发布。

商标注册针对特定商品或服务部分无效的，专家组织应在国家商标注册簿上录入与该等商品或服务的商标注册有关的注销事项，在公告中公布注销信息，并在网络上发布。

---

❶ 第23条根据哈萨克斯坦第161－Ⅵ号法律（2018年6月20日颁布，自颁布之日起10日后实施）进行修正。

第 24 条 商标注册的终止和无效❶

1. 有下列任一情况的，商标注册终止：

1）本法第 15 条规定期间届满的；

2）作为商标所有人（版权持有人）的个人死亡、法人实体清算的。

3）商标所有人书面申请；

4）属于本法第 19 条第 4 款规定的不使用商标的情况。

5）根据哈萨克斯坦第 537 – Ⅳ号法律（2012 年 1 月 12 日颁布，自颁布之日起 10 日后实施）废除；

6）其与哈萨克斯坦的驰名商标相同或混淆性近似，且使用该商标可能使消费者对商品或其制造商产生误导。

2. 评审委员会或法院根据本法第 23 条第 1 款规定的理由，裁定商标注册全部或部分无效。

3. 专家组织应在国家商标注册簿上录入商标注册因终止或无效而注销的情况。

第七章 原产地名称的法律保护和注册条件

第 25 条 原产地名称的法律保护❷

1. 在哈萨克斯坦，应根据本法规定的程序和哈萨克斯坦签订国际协定对原产地名称提供法律保护。

2. 原产地名称的专有使用权，可授予一个或多个在该地理区域生产商品的企业实体，该商品特性完全或主要与该地理区域有关，包括环境条件和（或）人文因素。

3. 地理标志名称在商品原产国作为原产地名称受到保护的，允许将该外国地理标志作为原产地名称进行国家注册。该原产地名称的专有使用权人只能是其使用权在商品原产国受到保护的个人。

---

❶ 第 24 条根据下列法律予以修订：哈萨克斯坦第 586 号法律（2004 年 7 月 9 日颁布）；第 537 – Ⅳ号法律（2012 年 1 月 12 日颁布，自颁布之日起 10 日后实施）；第 300 – Ⅴ号（2015 年 4 月 7 日颁布，自颁布之日起 10 日后实施）；第 161 – Ⅵ号法律（2018 年 6 月 20 日颁布，自颁布之日起 10 日后实施）。

❷ 第 25 条根据下列法律予以修订：哈萨克斯坦第 537 – Ⅳ号法律（2012 年 1 月 12 日颁布，自颁布之日起 10 日后实施）；第 300 – Ⅴ号法律（2015 年 4 月 7 日颁布，自颁布之日起 10 日后实施）。

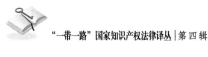

第 26 条　作为原产地名称登记的名称❶

1. 国家、地区、人口中心、区域或其他地理位置的当前或历史、正式或非正式、全称或缩写名称，由该名称衍生的名称，以及其与商品通用名称的组合，可注册为原产地名称。

2. 是或含有地理位置名称的名称，在哈萨克斯坦作为与生产地无关的特定商品名称而被普通使用的，不得注册为原产地名称。

第 27 条　不能注册为原产地名称的名称❷

下列名称不能注册为原产地名称：

1）可能对商品生产地产生误导的地理位置名称；

2）形式上标明商品的真实生产地，但给人以该商品来源于另一区域的假象；

3）含有与商品生产地不相关的地理位置名称；

第 28 条　原产地名称的注册申请和原产地名称使用权的授予❸

申请注册原产地名称和授予原产地名称使用权（以下简称"申请"），应当向专家组织提出。

第 29 条　申请要求❹

1. 一份申请应仅涉及一个原产地名称。

2. 申请应以标准表格提交，并应包括：

1）对名称进行审查和（或）授予使用权的请求，其中应注明申请人及其位置或居住地；

---

❶　第 26 条根据哈萨克斯坦第 537 – Ⅳ号法律（2012 年 1 月 12 日颁布，自颁布之日起 10 日后实施）予以修订。

❷　第 27 条根据哈萨克斯坦第 537 – Ⅳ号法律（2012 年 1 月 12 日颁布，自颁布之日起 10 日后实施）予以修订。

❸　第 28 条根据哈萨克斯坦第 586 号法律（2004 年 7 月 9 日颁布）予以修订。

❹　第 29 条根据下列法律予以修订：哈萨克斯坦第 586 号法律（2004 年 7 月 9 日颁布）；第 537 号法律（2007 年 3 月 2 日颁布，自颁布之日起 10 日后实施）；第 537 – Ⅳ号法律（2012 年 1 月 12 日颁布，自颁布之日起 10 日后实施）；第 300 – Ⅴ号（2015 年 4 月 7 日颁布，自颁布之日起 10 日后实施）；第 161 – Ⅵ号法律（2018 年 6 月 20 日颁布，自颁布之日起 10 日后实施）。

2）申请人申请的名称；

3）商品类别；

4）对商品特性的说明或有关其质量、声誉、其他特征的信息，该等特性主要是由某一地理位置典型的自然条件和（或）人文因素决定；

5）对商品生产地点的说明（地理位置的范围）。

3. 宣称为原产地名称的地理位置在哈萨克斯坦境内的，申请应随附地方行政机构关于申请人在该地理位置范围内生产商品的意见，以及由相关产品所属行业的受权机构出具的确认下列标准之一的文件：主要由特定地理位置所特有的自然条件和（或）人文因素决定的特性、质量、声誉或其他特征。

申请针对哈萨克斯坦境内先前已注册的原产地名称获得权利的，应随附地方行政机构关于申请人在该地理位置范围内生产商品的意见，以及由相关产品所述行业的受权机构出具的确认该产品存在国家产品原产地名称登记簿中注明的特性。

申请还应随附确认支付专家组织评审服务费的单据。通过代表进行注册的，申请应随附授权书。

4. 申请和随附文件应以哈萨克文或俄文提交。以其他语言提交文件的，申请人应自提交文件之日起 1 个月内提交哈萨克文或俄文译本。

5. 根据哈萨克斯坦第 161 – Ⅵ 号法律（2018 年 6 月 20 日颁布，自颁布之日起 10 日后实施）废除。

第八章 对原产地名称的审查

第 30 条 审查程序❶

1. 专家组织应自提出申请之日起 30 个工作日内对其是否符合本法第 26 条、第 27 条和第 29 条规定的要求进行审查。

2. 专家组织在审查期间有权要求提供补充材料，该材料应自发出要求之日起 3 个月内提交。

申请人未在规定时间内提交补充材料或要求延长规定时间的，审查程序终止，申请视为撤销。

---

❶ 第 30 条根据下列法律予以修订：哈萨克斯坦第 586 号法律（2004 年 7 月 9 日颁布）；第 161 – Ⅵ号法律（2018 年 6 月 20 日颁布，自颁布之日起 10 日后实施）。

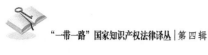

第 31 条　基于审查结果的决定❶

1. 应根据审查结果作出下列适当决定：

1)［已废除］

2）注册原产地名称和（或）授权使用原产地名称；

3）拒绝注册原产地名称和（或）授权使用原产地名称。

2. 申请人有权自收到拒绝注册决定之日起 3 个月内，提出合理异议，要求对审查决定进行复议。

申请人对新的审查决定不服的，可根据本法第 12 条第 6 款规定的程序提出异议。

第 32 条　申请人的权利

在对原产地名称进行审查时，申请人享有本法第 13 条规定的权利。

第九章　注册和授权使用原产地名称

第 33 条　国家原产地名称的注册程序❷

1. 专家组织应在国家原产地名称注册簿中录入原产地名称、注册编号和日期、商品特征说明、原产地名称所有使用权人信息，注明其居住地（位置）、提出申请的编号和日期，上述信息的所有后续变更，以及其他注册相关信息。

2. 产品原产地名称使用权人有义务将注册信息的变更情况通知专家组织。专家组织应在国家原产地名称注册簿和证书上录入登记变更。

3. 国家原产地名称注册簿对外公开。应利害关系人请求，专家组织应向其提供国家原产地注册簿摘录。

---

❶　第 31 条根据下列法律予以修订：哈萨克斯坦第 586 号法律（2004 年 7 月 9 日颁布）；第 300 –
V 号（2015 年 4 月 7 日颁布，自颁布之日起 10 日后实施）；第 161 – Ⅵ号法律（2018 年 6 月 20 日颁布，自颁布之日起 10 日后实施）。

❷　第 33 条根据下列法律予以修订：哈萨克斯坦第 586 号法律（2004 年 7 月 9 日颁布）；第 300 –
V 号（2015 年 4 月 7 日颁布，自颁布之日起 10 日后实施）；第 161 – Ⅵ号法律（2018 年 6 月 20 日颁布，自颁布之日起 10 日后实施）。

第34条　原产地名称注册期间和原产地名称使用期间❶

1. 原产地名称的登记，只要维持所述地理范围内产品的具体特性，其效力不受时间限制。

2. 原产地名称使用权的期限为10年，自向专家组织提出申请之日起计算。

3. 在期限最后1年，应所有人请求，可将原产地名称使用权的期限每次延长10年，但前提是应维持据以注册原产地名称的商品的具体特性。

4. 延长原产地名称使用权期限的请求，应根据本法第29条规定与相关机构的意见同时提交。关于延长注册期限的信息应录入国家原产地名称注册簿和证书中。

5. 本条第3款规定的请求期，可在注册期满后6个月内由所有人提出申请后恢复。

第35条　注册信息的公布❷

已录入国家原产地名称注册簿的原产地名称信息，应由专家组织于2个月内在公报中公布，并在其录入国家原产地名称注册簿后立即在其网络上公布。与原产地名称注册有关的变更，应由专家组织在将信息录入国家原产地名称注册簿之日起不超过3个工作日在其网络上公布，在将信息录入国家原产地名称注册簿后的下个月的公报中公布。

第36条　原产地名称使用权❸

1. 国家原产地名称注册簿摘录确认的是原产地名称已注册的事实，以及所有人对国家原产地名称注册簿中规定的商品享有原产地名称专用权。

2. 摘录的形式由受权机关确立。

---

❶ 第34条根据哈萨克斯坦第586号法律（2004年7月9日颁布，自颁布之日起10日后实施）予以修订。

❷ 第35条根据哈萨克斯坦第161 – Ⅵ号法律（2018年6月20日颁布，自颁布之日起10日后实施）予以修订。

❸ 第36条根据哈萨克斯坦第300 – Ⅴ号法律（2015年4月7日颁布，自颁布之日起10日后实施）予以修订。

第十章　原产地名称的使用

第 37 条　原产地名称的使用条件❶

1. 商品原产地名称的使用权人享有使用权。商品原产地名称的使用权，由其所有人自商标在国家原产地名称注册簿上注册之日起享有。

2. 原产地名称与已登记的同类货物的原产地名称相同或混淆性近似的，未经登记不得使用。

3. 原产地名称是或包含识别矿泉水、葡萄酒或烈酒的原产地名称，但其标识的商品并非源自该地的，以及通过"同类""同等""类似"或其他表达注明真实产地或翻译或名称的，不得使用原产地名称。

4. 不允许进行让与、其他转让原产地名称使用权的交易和依许可协议授予原产地名称使用权。

第 38 条　警示标识

原产地名称使用权人可在原产地名称旁注明警示标识，如拉丁字母"R"或文字标识"tauarshygarylganjerdyn tirkelgenatauy""注册原产地名称"或"reg. AOG"。

第十一章　原产地名称法律保护的终止

第 39 条　对注册原产地名称和（或）授予原产地名称使用权的异议❷

1. 注册原产地名称和（或）授予原产地名称使用权违反本法第 26 条、第 27 条和第 29 条规定要求的，可提出异议并使其无效。

2. 因存在较早优先权的商标而且该商标因在哈萨克斯坦积极使用而获得广泛认可，原产地名称的使用可能使消费者对商品或其制造商产生误导的，可在官方公报公布国家原产地名称注册信息之日起 5 年内对注册原产地名称和（或）授予原产地名称使用权提出异议并使其无效。

---

❶ 第 37 条根据下列法律予以修订：哈萨克斯坦第 537 – Ⅳ号法律（2012 年 1 月 12 日颁布，自颁布之日起 10 日后实施）；第 161 – Ⅵ号法律（2018 年 6 月 20 日颁布，自颁布之日起 10 日后实施）。

❷ 第 39 条根据哈萨克斯坦第 537 – Ⅳ号法律（2012 年 1 月 12 日颁布，自颁布之日起 10 日后实施）予以修订。

3. 任何利害关系人可基于本条第 1 款和第 2 款规定的理由对注册原产地名称和（或）授予原产地名称使用权向受权机构提出异议。

应根据本法第 23 条第 2 款规定的程序和条件对异议进行处理。

第 40 条　原产地名称注册和原产地名称使用权的终止和无效❶

1. 有下列任一情况的，应终止原产地名称注册：

1）就被审查的原产地名称而言，相关地理位置的典型环境消失，或无法生产出国家原产地名称注册簿中所述特征的商品；

2）原产地国对原产地名称终止法律保护。

2. 有下列任一情况的，应终止原产地名称使用权：

1）本法第 34 条规定的期间届满；

2）就被审查的原产地名称而言，国家原产地名称注册簿中指明商品的特征消失；

3）原产地名称使用权人向受权机构提出请求；

4）作为原产地名称使用权人的法律实体进行清算或自然人终止经营活动；

3. 审查委员会或法院基于本法第 39 条第 1 款规定的理由作出决定，使注册原产地名称和（或）授予原产地名称使用权无效。

4. 专家组织应将终止原产地名称注册和（或）原产地名称使用权录入国家原产地名称注册簿，在公报中公布相关信息，并在其网络上发布。

第十二章　商标权和原产地名称使用权的保护

第 41 条　审查委员会❷

1. 审查委员会是受权机构下的合议机构，负责对申请人的异议进行预审。

2. 可针对下列任一事项向审查委员会提出异议：

1）专家组织驳回商标注册的决定，包括根据《商标国际注册马德里协定有关议定书》（以下简称《马德里议定书》）第 5 条第 1 款和第 2 款宣布拒绝授予商标法律保护；

---

❶ 第 40 条根据下列法律予以修订：哈萨克斯坦第 586 号法律（2004 年 7 月 9 日颁布）；第 161 - Ⅵ号法律（2018 年 6 月 20 日颁布，自颁布之日起 10 日后实施）。

❷ 第 41 条根据哈萨克斯坦第 161 - Ⅵ号法律（2018 年 6 月 20 颁布，自颁布之日起 10 日后实施）予以修订。

2）专家组织关于拒绝注册和（或）授予原产地名称使用权的决定；

3）商标注册，包括根据《马德里议定书》第 5 条第 6 款的规定；

4）注册和（或）授予原产地名称使用权。

针对上述异议进行预先审查是强制性的。

3. 审查委员会应由奇数（至少 5 人）成员组成，其中包括来自企业受权机构、商标保护和产品原产地名称保护领域以及受权机构公共理事会的代表。

4. 审查委员会不得包括下列人员：

1）专利代理人；

2）配偶、近亲或姻亲；

3）专家组织的雇员。

5. 审查委员会成员有下列任一情况的，可予以替换：

1）审查委员会会议参加人员基于本条第 4 款宣布回避或提出异议；

2）因暂时性残疾、休假或出差而缺席；

6. 审查委员会的每次会议应按受权机构确定的方式进行录像。

第 41 - 1 条　审查委员会对异议不予考虑的理由❶

1. 有下列任一情况的，异议不予考虑：

1）异议不属于审查委员会的审议范围；

2）异议未签字或由未经授权的人签字；

3）异议提交超过规定期限，且丧失延长或恢复期限的可能性；

4）申请人未在规定时间内消除与提交异议的形式、内容或程序要求相关的瑕疵。

在上述情况下，应向异议人发出无法受理异议且异议视为未提交的通知。

异议人或其代理人可在审查委员会公告其决定前撤销提交的异议。

第 41 - 2 条　对异议的审议❷

1. 审查委员会应按照受权机构确定的方式，在本法规定的期限内对异议

---

❶ 第 41 条根据哈萨克斯坦第 537 - Ⅳ号法律（2012 年 1 月 12 日颁布，自颁布之日起 10 日后实施）补充第 41 - 1 条。

❷ 第 41 条根据哈萨克斯坦第 537 - Ⅳ号法律（2012 年 1 月 12 日颁布，自颁布之日起 10 日后实施）补充第 41 - 2 条；根据第 161 - Ⅵ号法律（2018 年 6 月 20 日颁布，自颁布之日起 10 日后实施）予以修订。

进行审议。

2. 错过提出异议最后期限的，如果根据所提交的文件认定错过最后期限的理由是正当的，上诉委员会可予以考虑。

3. 经申请人书面请求，异议的审议期限可延长至 3 个月。

4. 有下列任一情况的，审查委员会有权延迟会议日期：

1）申请人表面上未表示异议，但其提出申请在其不参与的情况下审议异议的情况除外；

2）申请人提交需要时间提交补充证据的申请。

5. 审查委员会应作出下列任一决定：

1）支持异议；

2）支持部分异议；

3）拒绝审议异议；

4）拒绝支持异议。

审查委员会无权自行变更异议主题或依据。

6. 审查委员会的所有成员在审议异议时，应享有平等权利。审查委员会的决定应以其成员总数的多数票通过。

7. 作出的决定，应当自通过之日起 10 个工作日内送达异议申请人。

8. 复审委员会可应异议申请人请求不对异议进行审议。不予审议异议的决定应在复审委员会的会议记录中列出。

9. 对该决定可向法院提出上诉。

第 41 -3 条　对审查委员会决定的文书错误和技术性错误的更正❶

1. 在宣布对异议的决定后，作出决定的审查委员会无权撤销或变更该决定。

2. 审查委员会可主动或应参与审议异议的人员的要求，更正决定中的文书错误或明显的技术性错误。

有关更正事宜应在审查委员会会议上解决。审查委员会会议的时间和地点应通知参与审议异议的人员，但其缺席不应成为审议有关更正事宜的障碍。

3. 对上诉委员会决定的更正，应由上诉委员会作出补充决定。

---

❶ 根据哈萨克斯坦第 161 - Ⅵ号法律（2018 年 6 月 20 日颁布，自颁布之日起 10 日后实施）第 41 条增补第 41 -3 条。

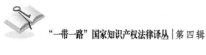

第41-4条 异议不予审议❶

1. 有下列任一情况的，审查委员会对异议不予审议：

1）异议申请人提出异议、被妥为告知审查委员会会议时间和地点、未声明可在其缺席的情况下审议异议，且在审查委员会第二次告知后仍未出席审查委员会会议；

2）异议申请人请求撤回异议。

2. 决定对异议不予审议的，应记录在上诉委员会的会议记录中。

第42条 争议的审议❷

1. 下列争议应由法院审议：

1）关于颁发商标或原产地证书的合法性问题；

2）对不使用商标的注册有效性提出异议；

3）商标所有人（版权持有人）和原产地名称使用权人的权利受到侵犯；

4）关于商标使用许可协议的缔结和签署；

5）关于驰名商标认定的合法性问题；

6）因与在哈萨克斯坦认定为驰名商标的商标相同或混淆性近似，且使用该商标可能使消费者对商品或其制造商产生误导时，关于商标注册终止的问题；

7）其他因证书引起的权利保护争议。

除本款1）项、4）项、5）项和6）项明确规定的争议外，如哈萨克斯坦有关"仲裁"和"调解"的法律未予以禁止，争议可由当事人协议仲裁或调解解决。

对本法第41条第2款所述专家组织的决定提出的请求陈述书，应在评审委员会审议相关异议后提交法院。

2. 专家组织基于生效法院判决对国家商标注册簿和国家原产地名称注册簿进行相应变更，包括终止商标、驰名商标或原产地名称注册的有效性，注销商标使用权登记或变更商标所有人（版权持有人）等，并公布注册变更相关信息。

---

❶ 根据哈萨克斯坦第161-Ⅵ号法律（2018年6月20日颁布，自颁布之日起10日后实施）第41条增补第41-4条。

❷ 第42条根据下列法律予以修订：哈萨克斯坦第161-Ⅵ号法律（2018年6月20日颁布，自颁布之日起10日后实施）；第217-Ⅵ号法律（2019年1月12日颁布，自颁布之日起10日后实施）。

第 43 条　违反有关商标和原产地名称的法律的责任❶

1. 侵犯商标专用权或原产地名称使用权的行为，是指未经商标所有人（版权持有人）、原产地名称或混淆性近似名称所有人的同意，将商标投入同质产品或服务的流通领域，就驰名商标而言，将商标投入任何商品和服务的流通领域。

侵犯商标所有人（版权持有人）或原产地名称使用权人专用权的行为，是指在传播媒介中使用商标或原产地名称。

2. 对于侵犯商标专用权或产品原产地名称使用权的行为，包括将其或与其混淆性近似的名称置于产品或其包装上，行为人应根据哈萨克斯坦法律承担责任。

第 43 − 1 条　商标专用权的用尽❷

在欧亚经济联盟任何一个成员国的领土上，由商标所有人（版权持有人）直接或经其同意的其他人在已合法投入流通的商品上使用该商标，不构成对商标专用权的侵犯。

第 44 条　商标所有人（版权持有人）和原产地名称使用权人的权利保护方法❸

1. 侵犯商标所有人（版权持有人）或原产地名称使用权人权利的，有义务立即停止侵权行为，并向商标所有人（版权持有人）或原产地名称使用权人赔偿所造成的损失。

2. 因确定使用商标、原产地名称、混淆性近似名称或驰名商标的合法性而产生的争议，应由法院根据哈萨克斯坦民事诉讼法规定的方式审理。

3. 未经商标所有人同意，擅自将商标、原产地名称或混淆性近似名称置于产品和其包装上的，应视为假冒商品。假冒商品及其包装，以及用于制造

---

❶ 第 43 条根据哈萨克斯坦第 161 − Ⅵ号法律（2018 年 6 月 20 日颁布，自颁布之日起 10 日后实施）予以修订。

❷ 根据哈萨克斯坦第 161 − Ⅵ号法律（2018 年 6 月 20 日颁布，自颁布之日起 10 日后实施）第 43 条增补第 43 − 1 条。

❸ 第 44 条根据哈萨克斯坦第 161 − Ⅵ号法律（2018 年 6 月 20 日颁布，自颁布之日起 10 日后实施）予以修订。

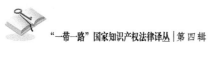

该等产品的工具、设备或其他设施和材料，应根据已生效的法院判决，停止流通并销毁，费用由违法者承担，但产品流通是为了公共利益，且不违反哈萨克斯坦保护消费者权利的立法要求的除外。

4. 在本条第 3 款所述情况中，所有人有权要求从假冒商品及其包装上去除非法放置的商标、原产地名称或混淆性近似名称。

5. 在从事工作或提供服务时侵犯商标所有人（版权持有人）或原产地名称使用权人权利的，有义务将商标或原产地名称或混淆性近似名称从从事工作或提供服务的材料中移除，包括文件、广告、标志。

6. 所有人在证明违法事实后，有权根据违法行为的性质，如经所有人同意将商标、原产地名称或混淆性近似名称置于同质（原）商品上时的市场价值，要求违法者按法院确定的数额而非实际损害进行赔偿。

第十三章 最后条款

第 45 条 专家组织服务费的支付❶

商标、原产地名称保护领域的专家组织的服务，应根据本法第 3 – 1 条的规定支付费用。

第 46 条 专利律师❷

1. 在哈萨克斯坦境内长期居住、受过高等教育、至少有 4 年工作经验、通过认证并在专利律师登记簿上登记的合格公民，有权成为专利律师。

候选人通过认证并由颁发的专利律师证书证实后即可在专利律师登记簿上登记。

对专利律师候选人的认证采取考试形式，测试其对哈萨克斯坦在知识产权保护方面的法律知识。

专利律师候选人的认证程序和在专利律师登记簿上的登记程序及其修订

---

❶ 第 45 条根据哈萨克斯坦第 161 – Ⅵ号法律（2018 年 6 月 20 日颁布，自颁布之日起 10 日后实施）予以修订。

❷ 第 46 条根据下列法律予以修订：哈萨克斯坦第 537 – Ⅳ号法律（2012 年 1 月 12 日颁布，自颁布之日起 10 日后实施）；第 161 – Ⅵ号法律（2018 年 6 月 20 日颁布，自颁布之日起 10 日后实施）。

第 46 条根据哈萨克斯坦第 537 – Ⅳ号法律（2012 年 1 月 12 日颁布，自颁布之日起 10 日后实施）补充第 46 – 2 条；根据第 161 – Ⅵ号法律（2018 年 6 月 20 日颁布，自颁布之日起 10 日后实施）予以修订。

应由受权机构决定。

专利律师登记簿应发布在受权机构的网络上。

2. 下列人员不得通过专利律师认证：

1）根据哈萨克斯坦法律被禁止从事商业活动的人；

2）受权机构和下级组织的雇员及其近亲属、丈夫（妻子）；

3）根据法定程序有未结案件或未清除犯罪记录的人；

4）根据本法拒绝其登记为专利律师的人。

3. 认证委员会可通过决议中止专利律师的活动：

1）依据是专利律师向认证委员会提交的申请；

2）期间为向根据哈萨克斯坦法律被禁止开展业务的个人以及受权机构及其下级组织的雇员通知的期间；

3）目的是澄清本法第 46 – 2 条第 1 款 2）项和 6）项以及第 5 款规定的情况。

在本款 3）项规定的情况下，专利律师的活动应暂停，直至认证委员会在 3 个月内作出相关决定。

导致专利律师活动中止的原因消除的，认证委员会应通过决议恢复其活动。

4. 专利律师作为申请人的代表，就知识产权客体的法律保护问题向受权机构和专家组织办理相关事宜。申请人和（或）商标所有人亦可直接向受权机构和专家组织办理相关事宜。

居住在哈萨克斯坦以外的个人或外国法律实体通过专利律师在受权机构及其组织中行使其作为申请人、商品商标、服务商标和原产地名称所有人以及利害关系人的权利。

住所地在哈萨克斯坦国内但暂居国外的个人，指定哈萨克斯坦国内通信地址的，无须通过专利律师即可行使申请人、商品商标、服务商标和原产地名称所有人以及利害关系人的权利。

5. 专利律师因转让行为而从转让人处获得的信息，在符合哈萨克斯坦关于保护官方和商业秘密立法规定的情况下，应被视为保密。

第 46 – 1 条　专利律师的权利和义务[1]

1. 专利律师受委托代表申请人（自然人或法律实体），雇主与其签订雇

---

[1] 第 46 条根据哈萨克斯坦第 537 – Ⅳ号法律（2012 年 1 月 12 日颁布，自颁布之日起 10 日后实施）补充第 46 – 1 条。

佣合同或自然人与其或其雇主签订民事合同，从事下列活动：

1）在知识产权保护、知识产权取得或转让方面提供咨询；

2）代表客户、让与人、雇主并根据其指示进行商品商标、服务商标和原产地名称注册申请的提交或完成工作。

3）针对商品商标、服务商标和原产地名称的权利保护问题与受权机构和（或）专家组织进行沟通，包括往来通信、准备和提出对审查决定的异议，参加专家组织专家委员会的会议。

4）帮助草拟、检查和随后发送许可（分许可）协议和（或）转让协议进行审查。

2. 专利律师的权限应以证书为准。

3. 在办理商标（服务商标）和原产地名称申请和（或）获得保护文件以及向评审委员会提出异议时，专利律师提交委托书副本的，专利律师应在提出上述申请或异议后3个月内向专家组织或受权机构提交委托书原件，委托书原件经认证后归还专利律师。

委托书以外文书写的，应提交经公证的哈萨克文和俄文译本。

4. 专利律师在本案中代表或咨询的人的利益与提出案件审理请求的人的利益相抵触或以其他方式参与审议的，或参与审议的人是专利代理人近亲属、丈夫（妻子）及其近亲属的，专利代理人有义务不接受指示。

第 46-2 条 专利律师证书的作废和专利律师登记簿中信息的删除❶

1. 有下列任一情况的，经认证委员会决定，可将专利律师从专利律师登记簿中除名。

1）向认证委员会提出个人申请；

2）丧失哈萨克斯坦公民身份或迁居并永久居住在哈萨克斯坦领土外；

3）专利律师中断执业超过5年；

4）根据生效的定罪判决，专利律师被判定犯罪；

5）专利律师死亡或被宣告失踪或死亡；

6）专利律师被认定为无行为能力人或限制行为能力人。

2. 根据认证委员会的决定或已发生法律效力的法院判决，经受权机构决

---

❶ 第46-2条根据哈萨克斯坦第161-Ⅵ号法律（2018年6月20日颁布，自颁布之日起10日后实施）予以修订。

定，可宣布专利律师证书作废，并删除专利律师登记簿中的相关信息。

3. 根据哈萨克斯坦第 161 - Ⅵ号法律（2018 年 6 月 20 日颁布，自颁布之日起 10 日后实施）废除。

4. 专利律师从专利律师登记簿中除名的，自录入相关信息之日起即丧失从事专利律师活动的权利，其专利律师登记证书应予以撤销或作废。

5. 自然人或法律实体对专利律师行为进行投诉的，受权机构应从受权机构成员中选出奇数成员组成名称委员会。名称委员会对收到的投诉进行审议期间，应暂停专利律师证书的效力，并在专利律师登记簿中注明。

基于投诉审议结果，名称委员会应作出下列任一决定：

1）建议受权机关向法院提起诉讼，终止专利律师证书。

2）拒绝投诉请求。

上诉委员会经简单多数作出决定并记录在案。可针对名称委员会的决定向法院提出复议。

第 47 条　国际注册❶

自然人和法律实体有权通过专家组织提交商标和原产地名称的国际注册申请。

国际注册申请的审议程序应由受权机构根据哈萨克斯坦批准的国际条约确定。

第 48 条　外国自然人、外国法律实体和无国籍人的权利

外国自然人、外国法律实体、无国籍人与哈萨克斯坦法人实体和个人一样，享有本法规定的权利、承担本法规定的责任，但哈萨克斯坦立法另有规定的除外。

哈萨克斯坦总统

---

❶ 第 47 条根据哈萨克斯坦第 161 - Ⅵ号法律（2018 年 6 月 20 日颁布，自颁布之日起 10 日后实施）予以修订。

以色列商标条例

康添雄* 方雅洁** 译

第一章 解 释

第1条 定义

在本条例中,

"标志",指二维或三维的字母、数字、文字、图形等或上述要素的组合。

"商标",指某人就其制造或交易的商品使用或意图使用的标志。

"国际商标",指根据《商标国际注册马德里协定有关议定书》(以下简称《马德里议定书》)和《商标国际注册马德里协定及该协定有关议定书的共同实施细则》在国际局注册的商标。

"在以色列注册的国际商标",指根据注册处处长基于第56 – 5条所收到通知进行注册且属于注册商标的国内商标;

"国内商标",指依据第17条的规定申请注册的注册商标。

"驰名商标",指在以色列为公众所熟知的商标,并且该商标的持有人为成员国公民或者永久性居民,或在以色列有进行活跃商业活动的工商业营业所,即使该标志不是在以色列注册或使用的商标;认定驰名商标应当考虑因持有人的营销努力使该商标受认可的程度;

"注册商标",指依据本条例规定在商标注册簿中注册的商标,并且是在以色列注册的国内商标或国际商标。

"服务商标",指某人就其提供的服务使用或意图使用的标志。

"证明商标",指供非从事商事活动的人使用,用以证明与其有利害关系的商品的原产地、原料、制造方法、质量或其他特定品质,或者证明与其有利害关系的服务的特定性质、质量或者服务类型的标志。

---

　* 译者简介:西南政法大学知识产权学院副教授、硕士生导师。
　** 译者简介:西南政法大学知识产权法学硕士研究生。

"集体商标"，指与特定商品或服务有利害关系的团体所有的，供团体成员使用的，意图用于标明商品或服务，或者在商品或者服务上使用或准备使用的标志。

"侵权"，指他人未经授权的下列任一行为：

（1）在同一种商品上使用与注册商标相同或近似的商标，或在类似商品上使用与注册商标相同或近似的商标；

（2）使用注册商标广告宣传同一商品类别或类似商品；

（3）在相同或同一类商品上使用驰名商标，甚至使用未注册的驰名商标，或者使用与驰名商标类似的容易使公众产生误导的标志；

（4）在不相同或者不相类似的商品上使用与已注册的驰名商标相同或近似的标志，足以使相关公众认为该商品与驰名商标持有人有特定联系，并且驰名商标持有人的利益可能因此受到损害。

"联盟国"，指依据《保护工业产权巴黎公约》（以下简称《巴黎公约》）成为保护工业产权联盟成员的国家，以及依据《巴黎公约》第 16－2 条的规定扩大的区域；

"世界贸易组织"指依据 1994 年 4 月 15 日在马拉喀什签署的条约成立的世界贸易组织；

"成员方"，指联盟国或世界贸易组织的成员方；

"地理标志"，指标示某个以色列境内的商品来源于某成员方、地区或区域的特定地理区域，且该商品的特定特征、性质或者信誉主要归因于该地理区域的标志；

"部长"，指司法部长。

第 2 条　对服务商标的适用

除另有规定外，本条例适用于商标的规定，须在加以必要的变通后适用于服务商标，并且本条例中对商标或者商品以及对暗指服务的商标的所有规定，均视为包括服务商标或者服务。

第 3 条　关于证明商标和集体商标的规定

在符合第 14 条和第 15 条规定的情况下，证明商标和集体商标应被视为商标和服务商标，且本条例对商标或服务商标的任何提述，应被视为包括证明商标和集体商标。

第二章　商标注册

第4条　注册簿及其内容

商标注册须备有商标注册簿（以下简称"注册簿"）。商标注册应注明下列内容：

（1）商标所有人的姓名、地址和职业；

（2）转让、移转和许可的通知；

（3）放弃声明；

（4）条件和限制；

（4A）注册国际商标的，注明其为国际商标；

（5）与商标注册有关的其他规定事项。

第5条　注册员

部长应委任一名商标注册处处长（以下简称"注册处处长"）负责商标注册簿。

第5-1条　司法职能分配和权力授予

（a）部长可将地方法院法官的职能分配给有律师资格的公务员（以下简称"知识产权审判员"），以履行注册员应履行的司法职责，或者行使本条例授予注册员的权力，但知识产权审判员不得行使本条例第42至45条以及第72条授予注册员的权力，部长将上述职责分配给注册副主管的，该注册副主管应被视为知识产权审判员。

（b）（a）款规定的知识产权审判员应当依据本条例规定履行职能，为履行其职能，应当被授予本条例授予注册处处长的权力。

（c）就本条例而言，（a）款规定的知识产权审判员采取的任何正当行为与注册处处长采取的行为具有同等效力。

第6条　登记簿向公众开放

（a）公众可在任何方便的时间依据相关规定查阅注册簿。

（b）任何人可以要求经核证的著录副本，但须支付规定的费用。

第三章 注册资格

第 7 条 注册商标专用权

希望取得注册商标专用权的，可依据本条例规定申请商标注册。

第 8 条 符合注册条件的标志

（a）任何能够将注册商标专用权人的商品与他人的商品区别开的标志，均可作为商标申请注册（以下将此类商标简称为"显著性标志"）。

（b）认定已被实际使用的商标是否具有显著性时，注册处处长和法院可考虑该使用对注册或意图注册在商品上的商标的显著特征的影响。

第 9 条 限定于特定颜色

商标注册时可限制商标全部或局部所使用的颜色，认定该商标的显著性时，注册处处长和法院应考虑商标的颜色。商标注册时未限制颜色的，应视为该商标可使用任何颜色。

第 10 条 注册范围

（a）商标注册必须针对特定商品或者商品类别进行。

（b）商品所属的商品类别由注册处处长认定，注册处处长作出的决定为最终决定。

第 11 条 不符合注册条件的标志

下列标志不得作为商标注册：

（1）提及国家总统或者其家庭成员，或者表明受总统支持的标志，以及导致他人认为该注册商标专用权人与总统存在联系或受总统支持的标志；

（2）同本国国旗、国徽相同或近似的，或者同本国国家机关的旗帜和徽记相同或近似的，以及同外国或政府间国际组织的旗帜、徽记等相同或近似的任何标志；

（3）同任何国家用以表明实施控制、予以保证的官方徽章、官方标志或者检验印记相同或近似的标志，以及导致他人认为该注册商标专用权人受到国家元首或者政府首脑支持，或者该注册商标专用权人向国家元首或者政府首脑提供商品或者服务的标志，但经授权的除外；

（4）含有"专利""获得专利的""皇家许可专利""已注册的""获注册外观设计""版权""假冒本品的均为伪劣商品"，或具有类似效果的文字的标志；

（5）有损或可能有损公共政策或道德的标志；

（6）带有欺骗性、易使公众对商品原产地产生误解并造成不正当竞争的标志；

（6A）包含商品的地理标志的标志，而该商品并非来源于该标志所标示的地区，或者商品来源于该标志所标示的地区但可能误导公众的；

（6B）包含商品的地理标志的标志，商品来源于该标志所标示地区，但该标志包含虚假陈述，导致公众认为商品并非来源于该标志所标示地区的；

（7）同具有特定宗教意义的标志相同或相似的标志；

（8）包含某人形象的标志，但获得该人同意的除外；包含死者形象的标志，注册处处长应当获得死者遗属的同意，注册处处长认为有合理理由的，无需获得死者遗属的同意；

（9）同他人在同一种商品或类似商品上已经注册的商标相同的标志，或过于近似具有欺骗性的标志；

（10）由数字、字母或文字组成的标志，该数字、字母或文字在贸易中通常用于区分或者描述商品或者商品类别，或者直接用于描述商品的特征和质量，但依照第8条（b）款或者第9条的规定具有显著特征的除外；

（11）一般用于表示地理位置或者姓氏的标志，但依照第8条（b）款或者第9条的规定具有显著特征的除外；

（12）包含葡萄酒或者含酒精饮品的地理标志的标志，而该葡萄酒或者含酒精饮品并非来源于该标志所标示的地区的；

（13）同他人在同一种商品或类似商品上的驰名商标相同的标志，或者过于近似具有欺骗性的标志，即使该驰名商标并未注册；或

（14）同他人在不相同或不相类似商品上已注册的驰名商标相同或近似的标志，该标志表明该商品与该已注册驰名商标的持有人和所有人存在联系，同时导致驰名商标的持有人的利益可能由于该标志的使用受到损害。

第 12 条　与他人名称相同的标志

申请注册的商标，同他人名称或者商号相同或近似，可能欺骗公众或者

导致不正当竞争的，由注册处处长驳回申请。

第 13 条 商品名称或描述

包含任何商品名称或描述的商标，在其他商品上申请注册的，注册处处长可驳回申请；但该标志在实际使用中含义发生变化的，并且商标申请人申请时对含义变化进行说明的，注册处处长可准予注册。

第 14 条 证明商标的注册

（a）注册处处长确信注册商标专用权人有资格证明商标所标示的特征的，可准予注册证明商标。

（b）即使证明商标缺乏第 8 条（a）款规定的显著特征，该证明商标仍可注册。

（c）证明商标的转让须经注册处处长批准。

第 15 条 集体商标的注册

（a）注册机构确信有关商标意在供有关个人团体成员使用，并且该团体对该商标的使用进行控制的，可予以注册集体商标。

（b）就本条例而言，集体成员对集体商标的使用视为该集体对商标的使用，无论该集体是否使用或是否意图使用该集体商标。

（c）集体商标的转让须经注册处处长批准。

第 16 条 国外注册商标的注册

（a）尽管有第 8 至 11 条的规定，已在原属国获得注册的商标申请在以色列注册的，注册处处长应予以核准注册，但出现以下任一情形的除外：

（1）在以色列注册该商标会侵犯他人在以色列在先取得的合法权利；

（2）该标志在任何方面均不具有显著特征；标志在细节上同其在原属国注册的商标不同，并且该细节不会改变商标的显著特征，也不会致使已在原属国获得注册的商标的识别功能受到不利影响的，该商业标识可作为商标注册；

（3）该标志仅由在贸易中用于表明商品种类、质量、数量、原产地、预期目的、生产时间或价值的标识或标记组成；

（4）在通用语言和真实的已建立的贸易惯例中，该标志是通用标志；

（5）该标志违反公共政策或常识；或

（6）该标志可能欺骗公众。

（b）"原属国"，就根据本条规定申请注册的商标而言，指申请人设有真实有效的工商营业所的成员国；在成员国没有此类营业所的，指其住所所在的成员国；在成员国境内没有住所的，指其国籍所在的成员国。

（c）注册处处长接受若非根据（a）款本无法注册的标志进行商标注册的，应在公布申请文书时及在注册簿中说明该事实。

第四章　注册程序

第17条　申请

任何人就使用的或者意图使用的商标需要取得商标专用权的，应按照规定的方式向注册处处长申请商标注册。

第17-1条　分案申请

（a）根据第17条的规定，通过一份申请就多个类别的商品申请注册同一商标的申请人，可请求注册处处长以规定的方式根据商品类别将其申请划分为多个单独的商标注册申请（本条简称"分案申请"），前提是没有其他人的商标依据第26条的规定就相同主题获得注册；注册处处长作出分案决定的，每份单独商标注册申请的日期应为原商标注册申请提交之日。

（b）已提交分案申请的，在注册处处长根据第23条公布受理申请之后，他人根据第24条对原商标注册申请提出异议的，视为对每一项单独商标注册申请提出异议。

第17-2条　合并申请

（a）已依据第17条的规定，就多个类别的商品分别提交单独的商标注册申请的申请人，在注册处处长根据第23条公布受理申请之后，可请求注册处处长以规定的方式合并该多份单独的商标注册申请（本条简称"合并申请"）。

（b）已提交合并申请的，注册处处长确信符合以下两项条件的，可将多份单独的商标注册申请合并为一份商标注册申请：

（1）各单独的商标注册申请均于同一日期提交；且

（2）单独的商标注册申请中对商标主张专有权的申请人与合并申请的申请人为同一人。

第18条　注册处处长的权力

（a）在符合本条例规定的情况下，注册处处长可驳回申请，或受理申请，或要求申请人满足条件、作出修改后受理申请，或以注册处处长认为适当的方式对使用方式、使用地点或就其他方面限制商标的使用。

（b）通过一份申请就多个类别的商品申请注册同一商标的，注册处处长可要求将该申请划分为多份商标注册申请，单独的商标申请提交之日即为原申请提交之日。

第19条　申诉

对注册处处长驳回申请的决定不服的，申请人应当将注册处处长作为被告向地方法院申诉。

第20条　错误和更正

注册处处长可在受理申请之前或之后随时更正申请书中的或与申请书有关的任何错误，或允许申请人根据其认为适当的措辞修改申请书。

第21条　放弃声明的要求

（a）商标中包含与贸易有关的通常事项或其他非显著特征，并且注册处处长认为申请人无权使用该事项全部或部分专有权利的，注册处处长审查该商标时，可根据注册条件，要求申请人声明放弃使用该事项的专有权利，或作出申请人认为必要的放弃声明，以界定注册商标专用权人享有的专有权。

（b）根据本条作出的放弃声明，不得影响注册商标专用权人的任何权利，但因商标注册而产生的权利除外。

第22条　申请的撤销

（a）申请人在注册处处长规定的时间内未遵守注册处处长的要求，且注册处处长已按规定方式向申请人发出通知，自通知之日起满3个月，申请人仍不遵守要求的，注册处处长可将该申请视为无效申请。

（b）当事人有合理理由的，注册处处长可根据当事人请求和相关规定，

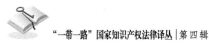

以规定方式在一定期限内延长本节所规定的期限。

第 23 条　公告

注册处处长受理申请的，或要求满足一定前提条件或作出限制后受理申请的，应在受理决定作出之时，以规定方式对收到的申请文件进行公告，并详细说明受理申请的前提条件和限制。

第 24 条　异议

（a）自公告之日起 3 个月内，任何人可就商标注册向注册处处长提出异议。

（a1）商标注册异议的理由包括：

（1）有正当理由使注册处处长应根据本条例规定有权驳回。

（2）异议人主张其为注册商标专用权人。

（b）上述异议通知应以规定方式发出，并详细说明反对理由。

（c）注册处处长应向商标申请人送达异议通知副本。

（d）商标申请人应以规定方式在规定时间内向注册处处长提交异议答辩书，陈述其提出注册申请所依据的理由。

（e）申请人不提交上述异议答辩书的，视为放弃商标注册申请。

（f）申请人提交异议答辩书的，注册处处长应向异议人送达异议答辩书副本，根据请求听取双方意见，并审查证据，决定是否予以注册并说明理由。

第 25 条　申诉

（a）对注册处处长根据第 24 条（f）款作出决定不服的，可向地方法院申诉。

（b）对注册处处长依据第 24 条（f）款作出决定不服的，应自该决定作出之日起 30 日内向地方法院申诉。

（c）法院应根据要求听取注册处处长的意见，并作出判决，决定是否予以注册并说明理由。

（d）法院审理期间，任何一方均可以规定方式或经法院特别许可提交补充材料供法院审议。

（e）除异议人在异议通知中陈述的理由外，异议人或注册处处长不得提出其他异议理由，但经过法院许可的除外；经法院许可提出其他异议理由的，申请人可以按规定方式发出通知后撤回商标申请，无须承担异议费用。

（f）法院在听取注册处处长意见后，可准许以实质上不影响商标特征的任何方式对拟注册商标进行修改；经修改的商标应在注册前按规定进行公告。

第 26 条　注册

注册处处长受理申请后，异议期期限届满无异议的，或虽有异议但不成立的，注册处处长应核准注册该商标，但申请有错误或法院另行指示的除外。

第 27 条　注册日期

商标注册申请提交的日期应作为商标注册日期。

第 28 条　商标注册证书

商标注册后，注册处处长应按规定格式向申请人签发商标注册证书。

第 29 条　竞争对手主张拥有相同商标

（a）不同申请人就多个类别的商品申请注册同一商标，或不同申请人在同一种商品或者同类商品上申请注册近似商标且容易导致混淆，且该项特别申请是在注册处处长受理在先申请后提交的，注册处处长可拒绝受理任何申请，直至不同申请人之间达成协议并由注册处处长批准；未达成协议或未予批准的，注册处处长应根据本条例规定决定受理的申请，说明理由并记录在册。

（b）对注册处处长根据（a）款作出决定不服的，应自决定作出之日起30 日内向地方法院申诉。

（c）申诉人应自向法院申诉之日起 30 日内向注册处处长提交申诉通知。

（d）在（b）款所述申诉程序中，法院应根据要求听取注册处处长的意见。

第 30 条　同时使用

（a）注册处处长认为存在标志已被善意使用等合理理由的，可准予不同申请人在相同或类似商品上申请注册相同或近似商标，但必须满足注册处处长认为合理的前提条件和使用限制。

（b）对注册处处长根据（a）款作出决定不服的，应自决定作出之日起

30 日内向最高法院申诉。法院应具有（a）款赋予注册处处长的所有权力。

（c）申诉人应自向法院申诉之日起 30 日内向注册处处长提交申诉通知。

（d）在（b）款所述申诉程序中，法院应根据要求听取注册处处长的意见。

第五章　注册商标的期限和续展

第 31 条　注册商标有效期

注册商标有效期为 10 年，自提交注册申请之日起计算，且可根据本条例第 32 至 35 条的规定续展。

第 32 条　注册商标的续展

注册商标专用权人在一定期限内以规定方式提交商标续展申请的，注册处处长应就商标注册的商品或商品类别对商标注册续展 10 年，自原始注册或最后一次续展注册的到期日（以下简称"到期日"）起算。

第 33 条　期限届满通知

（a）注册商标有效期届满前，注册处处长应以规定方式在规定期限内向注册商标专用权人发送通知，告知注册商标有效期届满的日期、续展费用以及其他与商标续展有关的事项。

（b）在到期日后 6 个月内（以下简称"宽展期"）未缴纳费用的，注册处处长应注销该商标，但下列情况除外：

（1）在宽展期内缴纳费用的，应按规定缴纳额外费用；或

（2）注册处处长可根据商标专有权人的申请，在其任何正当的情况下，基于其认为适当的条件，在支付未支付费用和为此规定的额外费用后，恢复注册的效力，但该申请应在宽展期到期后 6 个月内提交。

第 34 条　未续展的商标

商标因未缴纳续展费用而被注销的，自注销之日起 1 年内该商标仍应被视为注册商标。

第 35 条　商标续展的限制

注册处处长确信存在下列任一情形的，不适用第 34 条的规定：

（1）在商标注销之前 2 年内，未对商标进行实质性使用；或

（2）不会由于任何在先使用已注销的商标的行为，使得使用该商标有可能具有欺骗性或导致混淆。

第六章　注册商标的变更和撤销

第 36 条　应注册商标专用权人要求变更注册商标

（a）根据注册商标专用权人按规定方式提出的要求，注册处处长可实施下列行为：

（1）更正注册商标专用权人的姓名或地址；

（2）记录姓名或地址的任何变更；

（3）删减注册商标核定使用的任何商品或者商品类别；

（4）记录任何有关商标的放弃声明或备忘录，该记录不会扩大任何既有权利；或

（5）删除注册商标著录项目。

（b）对注册处处长根据（a）款作出决定不服的，应向法院申诉，注册处处长作为被申诉人。

第 36－1 条　就相同商标提起的若干注册之合并

（a）就多个商品获得同一商标注册的注册商标专用权人可请求注册处处长按规定方式将上述商标注册合并为一项商标注册（本条简称"合并注册申请"）。

（b）提交合并注册申请后，注册处处长确信前述商标注册均在同一天提出申请的，可以合并注册。

（c）注册处处长根据本条规定合并注册的，应将其记录在注册簿上，并根据第 4 条规定的项目记录被合并的各项注册内容。

第 37 条　［已废除］

第 38 条　非注册商标专用权人申请更正注册簿

（a）在符合本条例规定的情况下，认为自身合法权利由于注册簿上的疏漏信息、无充分理由而记入注册簿的信息、错误保留的信息或者有误或者有

缺陷的信息而受到侵害的,可按规定方式申请注册处处长进行更正。

(b) 对注册处处长就(a) 款所述申请作出决定不服的,应向地方法院申诉。

(b1) 申诉人应自向法院提交申诉之日起 30 日内向注册处处长提交申诉通知。

(b2)(b) 款所述申诉程序中,法院应根据要求听取注册处处长的意见。

(c) [已废除]

(d) [已废除]

第 39 条　商标注销

(a) 以某标志不符合本条例第 7 至 11 条注册条件,或该标志导致申请人在以色列的权利受不正当竞争影响为理由,根据第 38 条提出的注销在所有商品或商品类别上注册商标的申请,应当在第 28 条所述的商标注册证书签发之日起 5 年内提出。

(a1) 作为(a) 款规定的例外,对恶意注册的商标提起商标注销申请的,不受 5 年时间限制。

(b) 作为(a) 款规定的例外,

(1) 在原属国注册的非居民商标不得注销,但根据第 16 条的规定该商标禁止注册的除外。

(2) 依据第 8 至 11 条的规定不具备注册资格,但已依据第 16 条的规定准予注册的非国民商标,在原属国不再有注册效力的,可依据第 8 至 11 条阻止其注册的任何理由随时注销该商标;本条任何规定,均不能作为妨碍注册商标专用权人证明该标志在注销申请提出时可由以色列居民申请为商标的理由。

第 40 条　注册簿更正程序

法院命令更正注册簿的,法院应指示胜诉方向注册处处长送达更正通知书,注册处处长应在收到该通知后根据法院命令更正注册簿。

第 41 条　以不使用为由撤销注册商标

(a) 在不影响第 38 至 40 条规定一般性的情况下,任何有意提交申请的利害关系人均可以注册商标专用权人针对请求撤销注册的商品无使用商标的善意意图，也没有实际善意使用针对请求撤销注册的商品的商标，或在提出撤销申请之前3年内没有使用针对请求撤销注册的商品的商标为理由，请求注册处处长撤销在相同商品或同类商品或部分商品上（以下简称"要求撤销商标注册的商品"）的商标注册效力。

（b）能证明由于特殊原因在商业活动中不使用商标，而非无意图使用或放弃使用商标的，注册处处长不得根据（a）款规定撤销商标。

（c）就本条而言，有下列任一情况的，不得视为实际使用商标：

（1）在以色列仅在广告宣传中使用该商标，无论是在当地媒体还是在以色列能够接触的外国报纸，但法院或注册处处长认为有不在制造或销售的商品上使用商标的正当理由的除外。

（2）撤回根据第50条授予以色列制造商的商标使用许可，但以被许可人违反许可条件，或许可人自行打算在制造的商品上使用商标，或许可人打算许可他人在以色列使用商标为理由而撤回该许可的除外。

（d）撤销商标的申请应按规定方式提交注册处处长。

（e）对注册机构作出的撤销商标决定不服的，应向地方法院申诉。

（e1）申诉人应自提交申诉之日起30日内向注册处处长提交申诉通知。

（e2）在（e）款所述申诉程序中，法院应根据要求听取注册处处长的意见。

（f）在本条中，商标"使用"包括：

（1）注册商标专用权人或根据第50条规定经许可使用商标的人，以与注册簿中记录的不同形式使用商标，但未改变该注册商标的显著特征；

（2）注册商标专用权人根据第50条的使用，条件是其使用受标志所有人的控制。

第42条　更正程序中注册处处长的权利和义务

（a）在要求更正或更改注册簿的任何法律救济程序中，注册处处长有权出庭和陈述意见，并应在法庭要求时出庭。

（b）除非法院另有指示，否则注册处处长可向法院提交一份经签署的书面陈述，以代替出庭以及陈述意见，书面陈述应详细说明注册处处长进行的相关程序，或对争议事宜所作决定的理由，或处理类似案件的惯例和程序，或据注册处处长所知认为与该争议事宜有关的任何其他适当事宜，而上述书面陈述应被视为证据。

第 43 条　关于著录适用新分类的规定

经司法部批准，注册处处长可制定实施细则、规定格式和作出其他注册机构认为必须的事项，以授权自身在尽可能大的范围内通过新增、删减或更改注册簿的著录项目修改注册簿，以使商标核定使用的商品或商品类别能适应可能规定的任何新的或经修订的商品区分表。

第 44 条　著录的修改

（a）在行使第 43 条赋予的权力时，注册处处长不应对注册簿进行任何变更，使其具有增加变更前注册商标所针对的任何商品或商品类别的效果，无论是一类还是多类，或具有针对任何商品提前实现商标注册的效果。

（b）注册机构确信遵守（a）款规定会导致不适当的复杂性，并且扩大商品或商品类别或者提前商标注册不会实质性影响商品质量或使任何人的权利受到损害的，不适用（a）款规定。

第 45 条　著录修改的程序

（a）注册处处长应向受影响的申请人发送通知，将注册处处长修改注册簿的方案告知申请人，申请人对该方案不满意的，应将注册处处长作为被申诉人向地方法院进行申诉；修改方案的通知，如有任何修改，应予以公告。

（b）认为其权利因修改方案受到侵害的，可以该方案违反第 44 条规定为由，向注册处处长提出异议，对注册处处长就该异议所作决定不服的，应向地方法院申诉。

（c）申诉人应自向法院提交申诉之日起 30 日内向注册处处长提交申诉通知。

（d）在（b）款所述申诉程序中，法院应根据要求听取注册处处长的意见。

第七章　注册商标专用权人的权利

第 46 条　专有使用权

（a）附条件或者限制的注册商标，获准注册后，注册商标专用权人有权就核定使用的商品对其商标进行排他性使用。

（b）多人是同一种商品注册的相同商标或者实质相同商标的注册商标专用权人的，所有注册商标专用权人均享有该商标仅有唯一注册人时的所有权利，任何人均不因注册而取得该商标的排他性使用权，但注册处处长或者地方法院已界定其各自权利的除外。

第46-1条　驰名商标的专有使用权

（a）驰名商标持有人在以色列享有在同一种或同类商品上排他性使用该驰名商标的权利，即使该驰名商标未注册。

（b）他人在不相同或不相类似的商品上使用已注册的驰名商标，可能导致公众认为该商品与驰名商标持有人存在特定联系，同时致使驰名商标注册人的利益可能受到损害的，驰名商标注册人有权阻止。

第46-2条　展览期间的商标保护

在以色列政府主办或承认的国际展览会上展示的商品上使用的未经注册的商标，展览期间应当被视为注册商标。

第47条　合理使用救济

依据本条例获准注册的商标，注册商标专用权人无权阻止他人以其自身名义、企业名义、其企业所在地地理名称的名义、企业前身名义进行真实使用，或者任何人对其产品特征或质量真实描述的使用。

第48条　商标转让

（a）注册商标专用权人可转让其在全部或部分或商品类别上注册的商标，无论受让人是否具有与该商品有关的商誉，注册处处长认为受让人的商标使用行为可能会欺骗公众或有违公共政策的，可不予核准上述转让。

（a1）根据（a）款规定转让注册在部分商品或商品类别上的商标的，注册处处长应按规定方式将该商标注册进行分案注册。

（b）就（a）款和（a1）款而言，注册申请未决期间的商标，应被视为注册商标。

第 49 条　转让登记

（a）通过受让或依法取得注册商标专用权的，应向注册处处长申请变更注册商标专用权人，注册机构充分审查后，应根据申请人请求变更注册商标专用权人，并在注册簿中按规定方式记录该转让或其他有关注册商标专用权的法律文书。

（b）对注册处处长根据本条所作任何决定不服的，应以注册处处长为被申诉人，向地方法院申诉。

（c）除根据本条提出申诉外，任何文件或文书未根据本条记录在注册簿内的，除非法院另行指示，否则不得在任何法院作为证明商标专用权的证据。

第 50 条　商标使用授权

（a）注册商标专用权人可授权他人（本条简称"被授权人"）使用其在全部或部分商品上注册的商标。

（b）未根据本条规定登记的商标使用授权无效，且注册处处长登记时可附加其认为适当的条件和限制。

（c）被授权人在经营活动中使用商标，或遵守附加条件或限制使用商标的，被授权人的使用行为应被视为商标注册专用权人的排他性使用。

（d）有充分证据使得注册处处长确信就核定使用的商品商标使用行为不违反公共政策或不具有欺骗性的，注册处处长可对商标使用授权进行登记。

第 51 条　申请对授权进行登记

（a）注册商标专用权人和被授权人应按规定格式提交商标使用授权登记申请，注明：

（1）注册商标专用权人与被授权人的关系，包括注册商标专用权人对被授权人的使用行为的控制程度；

（2）授权使用商标的商品；

（3）已登记相同授权的，因授权使用商标而适用的条件和限制；和

（4）注册处处长要求确定授权期限的，授权的有效期。

（b）注册处处长可要求提供任何其认为在审查该项申请时可能有用的任何文件、证据或详情；

（c）（a）款和（b）款所述详情，除须登记外，不得向公众公开以供

查阅。

第52条　授权登记的变更和撤销

（a）注册商标专用权人按规定形式提出申请的，注册处处长可变更与授权使用商标的商品以及附加的条件和限制有关的一切事项。

（b）注册处处长可根据被授权人按规定形式提出的申请，撤销授权登记。

（c）有充分证据使得注册处处长确信商标使用授权或被授权人使用商标的行为违反公共政策，或可能具有欺骗性的，注册处处长可根据要求撤销商标使用授权登记。

（d）注册处处长应在听取所有利害关系人的意见后，根据本条规定撤销商标使用授权登记或者变更授权。

（e）注册商标被撤销或者被注销的，有关该商标的使用授权均无效。

（f）本条规定不得违反第38至40条的规定。

第52-1条　商标继续使用

尽管本条例有任何其他规定，提交申请注册商标，或善意注册商标，或因善意使用而获得商标权的，其注册适格性、注册有效性或商标使用权，不会仅因该商标与某地理标志或驰名商标相同或近似而受到不利影响，但商标注册申请或该权利的注册或获取应先于下列时间发生：

（1）就驰名商标而言，该商标被认定为驰名商标的日期；

（2）就地理标志而言，2000年1月1日或地理标志在其所指示的地理区域所在的成员国受到保护的日期。

第53条　申诉权

（a）对注册处处长根据第50至52条所作决定不服的，应向最高法院提起申诉。

（b）对注册处处长根据第50至51条所作决定不服的，应以注册处处长作为被申诉人，向最高法院提起申诉。

（c）对注册处处长根据第52条所作决定不服而提起申诉的，申诉人应自向法院提交申诉之日起30日内向注册处处长发送申诉通知。

（d）在根据（b）款进行的申诉程序中，法院应根据要求听取注册处处长的意见。

第八章　外国商标的注册

第 54 条　根据双边协定进行保护

（a）商标注册申请人自其商标在外国提出商标注册申请之日起 6 个月内，又在以色列提出商标注册申请的，根据该外国同以色列签订的并经由外交部长通知的生效双边协定，该商标注册申请人或者其法定代表人或受让人享有优先权。

（b）商标在以色列获准注册之日前发生的侵犯商标权行为，注册商标专用权人无权根据（a）款规定要求损害赔偿。

（c）商标注册不得仅因在（a）款所述 6 个月期限内在以色列使用而无效。

第 55 条　优先权

（a）曾在一个成员国内申请商标注册（以下简称"在先申请"）的申请人，可以根据本条规定在以色列提交商标注册申请，符合下列两项条件后，可要求其申请优先于在先申请提交之日后提交的任何注册申请：

（1）要求优先权的申请与在以色列的商标注册申请同时提出；且

（2）自首次在先申请提出之日起 6 个月内在以色列提出商标注册申请。

（b）就在以色列提交的商标注册申请中的部分商品或商品类别申请适用优先权规则的，可就该部分适用（a）款规定。

在以色列申请注册商标的，可在部分商品或商品类别上要求优先权，该商品或商品类别上的商标注册申请适用（a）款规定。

（b1）根据（a）款规定要求优先权的申请基于一项以上的在先申请，并且每项商标注册申请均要求优先权的，适用（a）款规定时根据商品或商品类别上最早的在先申请确定注册商标申请。

（c）在以色列提出商标注册申请之日前注册商标专用权被侵害的，不得根据本条例提出损害赔偿请求。

第 56 条　申请的提交

根据第 54 条或第 55 条提出的商标注册申请，应根据本条例以同普通商标注册申请相同的方式提出。

第八章 国际申请

第一节 定 义

第56-1条 定义

在本章中:

"国际商标持有人",指以其名义注册国际商标的人。

"国际申请",指根据《马德里议定书》第2条（2）款和第3条的规定向国际局提交的将商标注册为国际商标的申请。

"指定以色列的国际申请",指申请人指定以色列作为注册地点的国际申请。

"后续指定",指根据《马德里议定书》第3-2条的规定向国际局提交的国际商标注册领土延伸申请,在该申请中,申请人指定未在国际申请中指定的《马德里协定》的另一缔约方作为国际注册申请的商标注册地点。

"指定以色列的后续指定申请",指指定以色列作为国际申请的商标注册地点的领土延伸申请。

"指定以色列的申请",指指定以色列的国际申请或指定以色列的后续指定申请。

"《马德里协定》",指《马德里议定书》第1条所指的《商标国际注册马德里协定》（斯德哥尔摩）。

"国际局",定义见《马德里议定书》第1条和第11条。

"国际注册簿",定义见《马德里议定书》第2条（1）款。

"《马德里议定书》",指1989年6月27日在马德里签署的《商标国际注册马德里协定有关议定书》;

"议定书缔约方",指根据《马德里议定书》第1条成为《马德里议定书》缔约方的国家或政府间组织;

"原属局",指《马德里议定书》第2条（2）款所规定的,接受国际申请或后续指定申请的缔约方的办事处;

"《马德里实施细则》",指附表所列《商标国际注册马德里协定及该协定有关议定书的共同实施细则》（于2000年4月1日生效）。

第二节　以以色列为原属国的国际申请

第56-2条　注册处处长作为原属局

（a）根据第56-3条提出的国际申请和非指定以色列的后续指定申请应当向原属局提交，注册处处长应承担原属局的职责。

（b）注册处处长应根据本条规定负责处理（a）款中规定的申请，并应将其转交给国际局，本条未规定的其他事项，应适用《马德里议定书》和《马德里实施细则》。

第56-3条　国际申请或后期指定申请的备案

以色列国民、以色列居民或在以色列境内有真实有效的工商业营业所的任何人，已在以色列提交商标国际注册申请的，或商标国际申请获准注册的，可根据已提交的申请和已获准注册的国际商标，按照本章规定，向注册处处长提交以下国际注册申请：

（1）非指定以色列的国际申请；

（2）非指定以色列的后续指定申请，前提是申请人是国际商标注册所有人。

第56-4条　注册处处长与国际局的通信

注册处处长已向国际局递交国际申请的，应按照本章规定将下列事项通知国际局：

（1）根据第18条或第22条对国内基础申请作出驳回申请、附条件受理申请、更正、变更或对商标使用加以限制的最终决定，但作出上述最终决定的程序在决定日期之前开始；

（2）根据第19条对申诉作出的终审判决，但作出该终审判决的程序必须在决定日期之前开始；

（3）就根据第24条提出的异议通知作出的不予注册商标或不予部分注册商标的最终决定和最终判决，但该最终决定或者最终判决必须在决定日期之前作出，同时该异议通知必须针对根据基础申请提出的国际注册申请；

（4）基础注册的有效期在决定日期之前已经届满，同时该基础注册未根据第32条和第33条的规定续展；

（5）注销或者撤销基础注册的决定，该基础注册与注册商标专用权人在决定日期前根据第 36 条提交的商标注册申请一致；

（6）注销或撤销基础注册的最终决定和最终判决，该基础注册与注册商标专用权人在决定日期前根据第 39 条或第 41 条提交的商标注册申请一致；

（7）部长依据《马德里议定书》和《马德里实施细则》的条款规定的其他事项。

在本条中：

"基础申请"，指作为国际注册申请基础的以色列国内商标注册申请；

"决定日期"，指自商标国际注册之日起满 5 年的日期；

"基础注册"，指作为国际注册申请基础的国内商标。

第 56 - 5 条　国际申请或后期指定中的错误和更正

非以色列指定的国际申请或非以色列指定的后期指定申请中的错误应按照《马德里实施细则》进行更正，本条例第 20 条的规定不适用于此目的。非指定以色列的国际申请和非指定以色列的后续指定申请中的错误，应当依据《马德里实施细则》的规定更正，不得依据第 20 条的规定更正。

第三节　指定以色列的国际申请

第 56 - 6 条　本条例的条文对指定以色列的申请的适用性

注册处处长收到国际局递交的指定以色列的国际申请后，参照适用本条例规定，决定是否注册该商标，具体变化如下：

（1）第 17 条规定不适用；

（1a）第 17 - 1 条和第 17 - 2 条规定的分案申请和合并申请应适用《马德里议定书》第 9 条和《马德里实施细则》的规定；

（1b）第 20 条规定的更正指定以色列的国际申请上的错误，应适用《马德里实施细则》的规定。

（2）就第 24 条（c）款而言，第 24 条（b）款规定的异议通知副本，应根据《议定书》《马德里实施细则》在第 56 - 6 条开头部分规定的期限内向国际局递交。

（3）就第 26 条规定的注册而言，注册簿上应注明该商标为国际商标；

（4）下列规定应代替第 27 条规定：

（a）根据指定以色列的国际申请在以色列注册的国际商标，其注册日期为该国际商标在国际注册簿上注册的日期；

（b）根据指定以色列的后续指定申请在以色列注册的国际商标，其注册日期为该后续指定申请在国际注册簿上注册的日期。

第 56 -7 条　拒绝或提出异议的通知

（a）自指定以色列的申请送交注册处处长之日起 18 个月内，注册处处长应根据本章规定就下列事项通知国际局：

（1）商标不具备注册资格或申请只有根据第 18 条规定进行修改、变更或限制后方可被接受的决定；

（2）提交商标注册异议或存在可能提交异议的可能性，即使在上述 18 个月期间后。

（b）注册处处长应自异议期届满之日起 1 个月内向国际局通知（a）款（2）项所述的可能商标注册异议。

第 56 -8 条　国际商标的注册

注册处处长未在第 56 -6 条规定的期限内根据国际局的规定通知国际局的，应当准予注册该商标。

第 56 -9 条　关于异议最终决定的通知

（a）注册处处长就第 56 -6 条（a）款或（b）款所述商标注册异议作出决定，同时在作出决定之日起 30 日内未收到申诉通知的，注册处处长应将该决定通知国际局。

（b）对注册处处长关于异议的决定根据第 25 条提出申诉的，注册处处长应将法院就该申诉作出的最终判决通知国际局。

第 56 -10 条　国际商标替代国内商标

（a）根据本条提出的国际商标注册，满足下列所有条件的，应在所有方面代替国内商标注册：

（1）指定以色列的国际申请向国际局提交时该商标已经是国内商标；

（2）以同一人的名义同时在国际注册簿和国内注册簿上注册国际商标和

国内商标；

（3）国际商标已经注册在国内注册簿上，并且注册在国内商标注册的所有商品上。

（b）根据（a）款代替国内商标注册的国际商标注册，不得损害国内注册商标专用权人的权利；

（c）以国际商标注册代替国内商标注册的，应当在注册簿上注明。

第 56 – 11 条　本条例规定对国际商标的适用性

在以色列注册的国际商标，应参照适用本条例关于注册商标的规定，具体变化如下：

（1）就第 31 条和第 32 条的结尾部分而言，商标注册有效期的延长或续展应根据《议定书》第 6 条（1）款、第 7 条以及第 8 条和《马德里实施细则》的规定；

（2）第 33 条规定不适用；

（3）（a）就第 36 条、第 49 条、第 51 条和第 52 条而言，下列注册申请应通过原属局直接向国际局提出：

（1）根据第 36 条（a）款提出的注册变更申请；

（1a）由于转让或根据第 49 条（a）款规定而申请注册；

（2）根据第 51 条（a）款提出的商标授权使用登记申请；

（3）根据第 52 条（a）款提出的变更商标授权使用登记申请或根据第 52 条（b）款提出的撤销授权登记申请；

（4）就第 36 – 1 条而言，合并就同一商标提出的若干注册申请应符合《马德里议定书》第 9 条和《马德里实施细则》的规定。

（b）注册处处长收到国际局递交的（a）款所述申请的，应根据本条例规定作出决定。

第 56 – 12 条　国际商标注销或撤销的通知

根据第 39 条或第 41 条作出的有关注销或撤销在以色列注册的国际商标的最终决定或最终判决，注册处处长应根据本章规定通知国际局。

第 56 – 13 条　在国际注册簿中被注销或撤销的后果

（a）（1）就在以色列已注册的所有商品或商品类别，或者已注册的部分

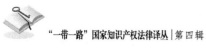

商品或商品类别上的国际商标,国际局通知注册处处长注销或者撤销的,注册处处长应根据具体情况在通知中指定的商品或商品类别上注销或撤销该国际商标,根据具体情况,国际商标在国际注册簿上注销或撤销之日即为国际商标在国内注册簿上注册或撤销之日。

(2)(1)项规定同时适用于根据第16条注册的商标,第39条(b)款的规定不适用于此情形。

(b)国际局向注册处处长通知注销或撤销国际商标的,指定以色列的国际申请中申请将该商标注册在某些商品上的,注册处处长应暂时不予注册。

第 56-14 条　国际商标转换为国内商标

原属局根据《马德里议定书》第6条(4)款规定发出通知注销或者撤销国际商标的,自国际商标注销或撤销之日起3个月内,国际注册商标专用权人在原先的商品或商品类别上申请注册与国际商标相同的商标的,适用下列规定:

(1)根据第56-12条(a)款规定注销或撤销在以色列注册的国际商标的,注册处处长应根据申请人申请将该国际商标注册为国内商标。

(2)(a)已根据第23条进行公告的指定以色列的国际注册申请,应转化为国内商标注册申请,对该国际注册申请提出的任何异议应视为对国内商标注册申请提出的异议。

(b)就第55条规定的适用于指定以色列的国际注册申请的优先权规则而言,该优先权规则适用于国内商标注册申请。

(3)国内商标注册日的确定适用第56-4条(4)项的规定。

第九章　商标侵权

第 57 条　侵权诉讼

(a)注册商标专用权人或驰名商标持有人可提起侵权诉讼;法院不得受理就未注册商标提起的侵权诉讼;

(b)[已废除]

第 58 条　使用作为证据

在侵权诉讼中,应采纳针对商标注册商品的式样或他人针对该商品合法使用的任何商标或式样的贸易习惯作为证据。

第 59 条　救济

（a）在侵权诉讼中，原告有权要求法院颁布禁令，在法院给予的救济之外，原告有权要求损害赔偿。

（b）针对不是注册商标的驰名商标的侵权行为，原告只能要求法院颁布禁令。

第 59 – 1 条　额外救济

（a）法院在审议结束后可作出下列命令：

（1）决定销毁实施侵权行为时生产的或用于侵权活动的财产（本条简称"财产"）；

（2）如原告要求，作为支付其价值的对价，按照未发生侵权时的价值，将财产所有权转移给原告。

（3）就财产采取其他措施，但法院不得允许被告享有财产所有权，即使被告已去除侵权标志，但例外情况除外。

（b）申请销毁财产的当事人应按局长规定方式向以色列警局发送通知，未向警局提供机会发表意见并陈述案情的，法院不得审查该申请。

第十章　惩　罚

第 60 条　惩罚

（a）有下列行为之一的，可处刑法（第 5737 – 1977 号法律）第 61 条（a）款（4）项规定罚金的 7 倍或 3 年有期徒刑：

（1）为进行交易，未经注册商标专用权人或者其代理人授权，在注册的商品上或该商品包装上使用注册商标或使用摹仿注册商标的标志，导致他人可能受欺骗；

（2）为进行交易，未经注册商标专用权人或其代理人授权，将附有注册商标的商品或经包装的商品进口至以色列，或进口至以色列的商品上附有的标志是摹仿他人的注册商标并导致他人受欺骗，但本款规定不适用于已在贴附标志的国家获得注册商标专用权人授权的商品；

（3）违反（1）项或（2）项规定，对已贴附标志或进口至以色列的商品进行出售、租赁或分销，或以商业规模出售或分销；

（4）违反（1）项或（2）项规定，为交易而存储已贴附标志或进口至以色列的商品。

（b）法人犯（a）款规定之罪的，应对法人处以双倍罚金。

（c）针对商标注册申请向注册处处长提供虚假资料的，处1年有期徒刑。

（d）（1）法人的公职人员必须实施控制，并采取一切可能措施，防止法人或其任何雇员实施本节规定的任何犯罪行为（以下简称"犯罪行为"），违反上述义务的，处刑法第61条（a）款（4）项规定的罚金。

（2）法人或其任何雇员犯罪的，推定该公职人员违反（1）项项下的义务，但有证据证明该公职人员已采取履行上述义务的必要行动的除外。

（3）在本款中，"公职人员"指法人的活跃董事、合伙人（不包括有限合伙人）和代表法人负责实施该犯罪行为的官员。

第61条　禁令

依据第60条定罪后，法院可发布禁令代替规定的刑罚措施，或在处以规定的刑罚后发布禁令，以制止该犯罪行为或制止再次实施该犯罪行为。

第62条　销毁或没收令

法院可以命令没收或销毁任何商品、包装材料、包装或广告材料，以及用于印制商标的材料、模具或其他设备，或在实施犯罪时使用的材料。

第63条　商标的虚假陈述

将未注册的商标陈述为已注册商标的，应对每项罪行处以750磅罚金。就本条而言，如果某人使用"注册"或任何表示或暗示该商标已获得注册的词，则视为该人将该标志陈述为注册商标。

第十一章　审判、证据和程序

第63-1条　针对注册处处长的其他决定提起申诉

对注册处处长根据本法作出决定不服的，经法院许可，均应当向法院申诉；"其他决定"指在注册处处长面前进行的程序中无法对讨论作出结论的决定。

第 63 -2 条　相关地方法院

（a）就本法而言，相关地方法院指耶路撒冷地区或特拉维夫地区的地方法院，由提起诉讼的人选择管辖；部长可命令其他法院管辖。

（b）本条规定不适用于第九章和第十章。

第 63 -3 条　就地方法院作出的判决或其他决定提起上诉

对地方法院根据本法作出的第 63 -1 条所述判决或其他决定不服的，经最高法院院长许可，或经最高法院院长指定的法官许可，应向最高法院上诉。该许可参照适用法院法第 41 条（b）款和（c）款的结论段落的规定。

第 64 条　注册作为有效性的证据

在与注册商标有关的任何法律程序中，注册商标专用权人的身份是原始注册有效性和所有后续商标转让和传转的初步证据。

第 65 条　注册处处长出具的证明

声称是由注册处处长根据本条例或根据实施细则的授权而作出的任何著录项目或任何事项而签署的任何证明，应当作为该著录项目已作出的初步证明，著录项目具体内容的初步证据，以及已作出或未作出事项的初步证据。

第 66 条　申请人的陈述

凡本条例或根据本条例订立的实施细则授予注册处处长自由裁量权的，商标注册申请人或注册商标专用权人在规定的时间内请求进行陈述的，注册处处长不得在其未进行陈述的情况下以损害商标注册申请人或者注册商标专用权人利益的方式行使自由裁量权。

第 67 条　向注册处处长提交证据

除本条例另行规定外，由注册处处长主持的法律程序中的证据，应根据证据条例（新版，第 5731 -1971 号条例）第 15 条规定以附誓言的书面证词的形式作出，该证据在国外形成，并且注册处处长没有其他指示的，应根据该国法律以书面誓言的形式作出；在注册处处长认为适当的情形下，可以口头证言代替或增补书面证据，并可准许交叉询问证人。

第 68 条 注册处处长相对于证人的权力

注册处处长拥有迫使证人出庭并听取其证言的权力。

第 69 条 费用

由注册处处长主持的法律程序中，注册处处长可判给当事人其认为合理的费用。

第 69 - 1 条 向海关局长发出通知

（a）注册商标专用权人的权利受侵害，或有合理理由认为其权利可能受侵害的，可向海关局长发出书面通知，声明其拥有的该注册商标专用权，要求延迟放行侵权商品，并且将该商品作为海关条例规定禁止进口的商品。

（b）根据（a）款发出的通知应包括商标注册证书副本以及以下内容之一：

（1）享有注册商标专用权的原始商品的样品，申请人对侵权商品的进口所提供的信息是依据该样品；

（2）便于海关局长比对原始商品和违法商品的目录或任何其他文件。

（c）注册商标专用权人应在其通知中向海关局长提供其所知下列信息详情：

（1）即将收到的包裹数量；

（2）就进口方式或运送侵权商品的船舶名称所作的充分说明；

（3）侵权商品预计运抵以色列的日期。

（d）注册商标专用权人应向海关局长提供初步证据，并提供海关局长规定数额的个人担保，以支付与延迟放行有关的任何费用；延迟放行无正当理由的，赔偿因延迟放行而可能造成的任何损失，还须缴付海关条例对此规定的任何费用。

（e）本条规定不适用于海关条例第 129 条所规定的为私人使用目的而进口的侵权商品。

第十二章 费用和实施细则

第 70 条 费用

就根据本条例提出的申请、注册及其他事宜，须按规定缴纳费用。

第 71 条　实施细则

（a）部长负责实施本条例，可就下列事项制定实施细则：

（1）根据本条例准备和传输文件的方式，且部长可制定与准备和传输电子文件以及使用安全电子签名或经认证电子签名有关的规则；在本款中：

"电子文件"，指根据本条例以电子方式交付并可以电子方式保存，且可作为输出文件调取的文件；

"电子交付""安全电子签名""已认证电子签名"，定义见电子签名法（第 5761 – 2001 号法律）；

"输出文件"，定义见计算机法（第 5755 – 1995 号法律）；

（2）根据本条例提出的申请、通知、诉讼及服务的费用；

（3）根据本条例提出的申诉、驳回申请以及提出申请的程序；

（4）与实施第八章第一节有关的任何事项，《马德里议定书》或《马德里实施细则》对该任何事项有规定的，应根据《马德里议定书》或《马德里实施细则》制定实施规则；

（5）根据本条例向注册处处长提交文件的保存方式，包括电子方式；

（6）审查注册簿以及提取和分发注册簿中著录项目的经认证副本，包括（1）项所规定的电子文件。

（b）就本条（a）款（2）项制定的规则，须经以色列议会经济委员会批准。

第 71 – 1 条　附件的变更

部长可下令变更附件。

第 72 条　注册处处长制定的规则

除本条例另行规定外，注册处处长可经部长批准，就以下事项制定实施细则、规定表格及一般地作出其认为适当的事情：

（1）规范本条例项下的惯例；

（2）［已废除］

（3）为商标注册目的对商品进行分类；

（4）制作商标复制品或要求复制商标及其他文件；

（5）以注册处处长认为合适的方式，保护和规范商标及其他文件副本的公告、销售和发行；

（6）规范与商标有关的注册处处长的其他业务及由注册处处长控制并受本条例调整的其他事项。

Yaakov S. Shapiro

司法部部长

巴基斯坦商标法

马海生* 译

巴基斯坦政府特别公报

2001 年 4 月 13 日，星期五，伊斯兰堡

第一部分

巴基斯坦政府法律、条例、总统令和规章

法律、司法、人权和议会事务部

（法律、司法和人权司）

伊斯兰堡，2001 年 4 月 13 日

F.2（1）/2001 号

现将总统制定之条例公布如下，以供公众知悉：

2001 年第 19 号条例

本条例旨在修订及合并有关商标的法律

鉴于为有利于修订和合并有关商标和不正当竞争的法律，对商标注册、商标保护、防止使用欺诈性商标，以及附带或相关事宜作出规定；

鉴于国民议会和参议院根据 1999 年 10 月 14 日的公告和 1999 年第 1 号临时宪法令而中止；

鉴于总统认为现存情况使得有必要立即采取行动，现依照 1999 年 10 月 14 日紧急状态公告和 1999 年第 1 号临时宪法令，结合 1999 年第 9 号临时宪法（修正）令，以及行使一切其为此而能行使的权力，巴基斯坦总统乐于制定并颁布以下条例：

---

* 译者简介：西南政法大学知识产权学院副教授，硕士生导师。

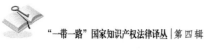

第1章 序 言

第1条 简称、效力范围和生效日期

（1）本条例可称为2001年商标条例。

（2）本条例适用于巴基斯坦全境。

（3）本条和第132条立即生效，本条例的其余规定应在联邦政府通过官方公报通知指定的日期生效。

第2条 定义

在本条例中，除非在主题或上下文中有抵触之处：

（i）"广告"，指为了促进商品或服务的提供所作出的与贸易、商业或行业有关的任何形式的陈述。

（ii）"转让"，就商标而言，指当事人以书面形式进行的转让；

（iii）"授权使用人"，在商标权人的控制下被授权使用与商品或服务有关的商标的人，包括被许可人；

（iv）"证明商标"，指第83条（1）款所定义的证明商标；

（v）"集体商标"，指第82条（1）款所定义的集体商标；

（vi）"比较广告"，指明示或暗示显示竞争对手或竞争对手提供的商品或服务的广告；

（vii）"公约申请"，指第25条（1）款所定义的申请；

（viii）"公约国"指第85条（b）项所定义的公约国；

（ix）"假冒商标商品"，指包装上的商标未经许可与该商品有效注册商标相同或者本质上不能区分，从而侵犯商标权人根据本条例所享有的权利的任何商品；

（x）"提交日期"：

（a）就商标注册申请而言，指根据第23条（1）款提出申请的日期；或

（b）就商标注册分案申请而言，指第32条（1）款所指的首次申请的提交之日；或

（c）就在展览期间提供临时保护的申请而言，指第26条（1）款所指的日期；或

（d）就公约申请而言，指第25条（2）款（a）项所指的日期；

（xi）"注册日期"，就特定商品或服务的商标注册而言，指特定商品或服务的商标注册根据第 33 条（3）款开始生效的日期；

（xii）"欺骗性相似"，就商标而言，指该商标与另一商标相似，以致可能欺骗或引起混淆；

（xiii）"淡化"，指降低驰名商标识别和区分商品或服务的能力，不论驰名商标所有人和其他方之间是否存在竞争及混淆或欺骗的可能性；

（xiv）"地区法院"，具有 1908 年民事诉讼法（1908 年第 5 号）所定义的含义；

（xv）"分案申请"，指第 32 条（1）款所定义的分案申请；

（xvi）"域名"，指第 84 条（1）款所定义的域名；

（xvii）"在先商标"，指第 18 条（1）款所定义的在先商标；

（xviii）"虚假商品说明"指：

（a）对其所适用的商品或服务的实质性方面不真实或具有误导性的说明；

（b）不论以附加、清除或以其他方式更改，在实质方面仍不真实或有误导性的有关商品或服务说明的任何改变；

（c）适用于下列的任何标记、排列或其组合：

（i）在商品上使用，可能导致人们相信由他人而非真实的制造或销售商所制造或销售；或

（ii）就服务而言，可能使人相信该服务是由他人而不是真实的提供者所提供；

（d）构成说明的适用于商品或服务的任何虚假姓名或其缩写，如果该姓名或其缩写：

（i）不是商标或商标的一部分；

（ii）未取得经营具有同一种类的商品或服务的人授权而与该人的姓名或其缩写相同或欺骗性相似；

（iii）是虚构之人的或者是不真实地从事与此类商品或服务有关的业务的人的姓名或其缩写；而且，商品说明是商标或商标的一部分这一事实也不妨碍该商品说明构成本条例所指的虚假商品说明。

（e）任何与商品或服务有关之人的虚假姓名、姓名缩写或描述，如果暗示为商品或服务之目的而认证或保证其性质或适用性的；

（xix）"地理标志"，就原产于特定国家或该国一地区或地方的商品而言，指在该国被承认的表明商品的标记，该商品：

（a）源于该国家、地区或地方；且

（b）具有可归因于该地理区域的质量、声誉或其他特征；

（xx）"商品"，指任何可进行贸易、商业或生产的物品；

（xxi）"公告"，指由注册处长授权公布的商标公告；

（xxii）"被许可人"，指通过交易使用注册商标的人；

（xxiii）"限制"，指对商标权人通过注册所取得之商标的专有使用权的任何限制，包括对使用方式的限制，对在巴基斯坦境内出售或以其他方式交易的商品或服务上使用的限制，或在出口到任何巴基斯坦境外市场的商品或服务上使用的限制；

（xxiv）"标记"，主要包括装置、品牌、标题、标签、票证、包括人名在内的名称、签名、单词、字母、数字、象征性元素、颜色、声音或其组合；

（xxv）"误导性广告"，指以任何方式（包括其呈现方式）欺骗或可能欺骗其所针对或可及之人，并且由于其具有欺骗性而可能影响他们的行为，或由于该等原因损害或可能损害竞争对手的任何广告；

（xxvi）"名称"，包括名称的任何缩写；

（xxvii）"通知"，指在公告中进行通知；

（xxviii）"异议人"，就商标注册而言，指根据第 28 条（2）款对商标注册提出异议的人；

（xxix）"包装"主要包括任何箱子、盒子、罐子、覆盖物、夹子、容器、器皿、匣子、瓶子、封皮、带子、卷轴、边框、小罐、杯子、楔子、塞子和木栓；

（xxx）"巴黎公约"，指第 85 条（a）项所定义的《保护工业产权巴黎公约》（以下简称《巴黎公约》）；

（xxxi）"许可使用"，就商标而言，指被许可人对商标的使用；

（xxxii）"前一权利人"，就声称是商标权人的人而言，指：

（a）如果商标在转让或移转给首次被提及之人以前已经转让或移转给一人或多人，则该另一人或多人中的任何人；或

（b）如果（a）项不适用，则指转让商标的人，或者该商标是从该人移转给首次被提及之人；

（xxxiii）"所规定"，就在高等法院进行的诉讼而言，指由高等法院制定的规则所规定；在其他情况下，指由根据本条例制定之规则所规定；

（xxxiv）"所有人"，就注册商标而言，指当时在登记册内登记为该商标

权人的人；

（xxxv）"在先权利人"，就商标而言，指有权禁止使用商标的人；

（xxxvi）"注册簿"，指根据第 10 条（1）款备存的商标注册簿；

（xxxvii）"注册处长"，指根据第 7 条任命的商标注册处长；

（xxxviii）"已注册"，指已根据本条例或 1940 年商标法注册（1940 年第 5 号）；

（xxxix）"注册商标"，指实际在注册簿上的商标；

（xl）"规章"，指根据本条例订立的规章；

（xli）"附表"，指本条例的附表；

（xlii）"被扣押商品"，指根据第 56 条扣押的商品；

（xliii）"服务"，指向用户或潜在用户提供的任何种类的服务，包括提供与任何工业或商业性质的业务有关的服务，包括但不限于银行、零售、含电信在内的通信、教育、法律、金融、保险、银会、房地产、运输、储存、材料处理、加工，提供包括电力或其他能源在内的商品，食宿、休闲、文娱、建筑、修理、新闻或信息的传送、广告；

（xliv）"近似商品"，包括同一种类的商品；

（xlv）"近似服务"，包括同一种类的服务；

（xlvi）"商品说明"，指任何直接或间接的说明、陈述或其他指示：

（a）关于任何商品的编号、数量、尺寸、规格或重量；或

（b）关于以行业常用或公认的分类而定的任何商品或服务的质量标准；或

（c）关于用作药品或食品的任何商品在目的、强度、性能或特性方面的适合性；或

（d）关于任何商品或服务制造、生产或提供的地点（或国家）、时间；或

（e）为其制造商品或提供服务的人员的姓名、地址或其他表明其身份的信息；

（f）关于制造或生产任何商品或提供服务的方式；或

（g）关于商品的原材料；或

（h）关于是现有专利、特权或版权的客体的任何商品，包括：

（a）就使用根据行业惯例通常被认为是对上述任何事项的指示的标记而作的任何说明；

（b）就报关单或船运单所载进口商品的说明；

（c）对于所有或任何上述事项可能被误解的任何其他说明；

（xlvii）"商标"，指能以图形方式表示的，可将一个企业的商品或服务与其他企业的商品或服务区分开的任何标记；

（xlviii）"商标注册处"，指根据第9条设立的商标注册处；

（xlix）"商号"，指一个人用来表示其商业或电话的名称，包括公司名称；

（l）"移转"，指通过法律手段进行的，移交给死者的个人代表以及任何其他方式移转，不是书面转让；

（li）"审裁处"，指注册处长或有关诉讼待其裁决的高等法院或地区法院（视情况而定）；

（lii）"不正当竞争"，指第67条所定义的不正当竞争；

（liii）"单词"，包括单词的缩写。

第3条 商品和服务相关联等

（1）在本条例中，

（a）如果以销售或其他方式交易商品，且由同一企业提供服务，且附有商品和服务的说明，则商品和服务应相互关联；

（b）如果商标用于包括二手商品、材料或物品在内的任何商品上，如果商标是在商品、材料或物品上织入、压印、加工、粘贴或附加的，则商标应被视为用于商品上；

（c）如商标以下列方式使用，则该商标即被视为用于商品或服务：

（i）用于在贸易过程中所办理或提供之商品的任何覆盖物、包装、文件、标签、带子、票据、卷轴或物件上；

（ii）以可能导致人们相信其指称、描述或标示该商品或服务的方式；

（iii）用在招牌上或广告中；

（iv）用于发票、清单、目录、商务信函、商务文件、价目表或其他商务文件中。

（2）商标所有人对下列商品或服务实施质量控制的：

（a）在交易过程中由他人处理或提供的商品；且

（b）针对其使用商标的商品或服务，

该他人应被视为在所有人的控制下针对商品或服务使用商标。

（3）他人在交易过程中处理或提供使用商标的商品或服务，且商标所有人对该他人的相关交易活动进行财务控制的，该他人应被视为在所有人的控制下针对商品或服务使用商标。

第4条 对商标使用等的提述

在本条例中，除文意另有所指外，凡提及：

（a）使用商标，应包括针对商品或在商品上使用商标；

（b）针对商品使用商标，应包括在商品上使用商标，反之亦然；

（c）注册处长，应解释为包括提及任何官员，当其依照第7条（2）款履行注册处长的职能时；且

（d）商标注册处，应解释为包括提及任何商标注册处的分支机构。

第5条 审裁处关于商标使用的决定

（1）如果已经认定某人以不影响商标显著性的添加或变更方式使用了商标，审裁处在考虑到案件情况后，如认为适当，可以决定该人已使用了商标。

解释：为消除疑虑，现澄清，如商标由任何字母、文字、名称或数字的任意组合而组成，为施行本条例，该商标的任何口头表示均为商标的使用。

（2）根据本条例或任何其他现行有效的法律，在巴基斯坦将商标用于将从巴基斯坦出口的商品或服务，以及就在巴基斯坦销售或以其他方式交易的将被出口的商品或服务所做的任何将构成商标使用的其他行为，应被视为构成就这些商品或服务出于任何目的而使用商标，为该目的的使用属于实质性使用。

（3）商标用于商品或服务与标记使用人之间，在贸易存续过程中的任何关联形式，不能仅基于商标已经或将要用于商品或服务以及标记或先前标记的使用人之间在商业中的之前或目前的贸易存在过程中的不同关联形式，而认定会引起欺骗或混淆。

第6条 不禁止适用其他法律

本条例的规定，是对其他现行有效法律的补充，而非减损。

第2章 注册处长、商标注册处和商标注册

第7条 注册处长及其他官员的任命

（1）联邦政府可在官方公报中通过通知任命一名官员，该官员称为商标

注册处长。

（2）联邦政府可任命其认为适当的其他人员，在注册处长的监督和指示下履行注册处长根据本条例不时授权履行的职能。

第 8 条　注册处长审查、撤回或移交案件的权力

注册处长可以通过书面命令：

（a）审查任何官员的任何职能、事务、案件或决定；或

（b）撤回任何官员或职员的任何职能、事务或案件；

注册处长可以亲自处理该等职能、事务或案件，无论是从头开始还是从被撤销的阶段开始；或在任何阶段将该等职能、事务或案件移交给另一官员或工作人员。

第 9 条　商标注册处及其分支机构

（1）为实施本条例，应设立商标注册处。

根据 1940 年商标法（1940 年第 5 号）设立的商标注册处，即为就本条例而言的商标注册处。

（2）为了方便商标注册，可以在联邦政府认为合适的地方设立商标注册处的分支机构。

（3）商标注册处应备有印章。

第 10 条　商标注册簿

（1）为实施本条例，应在商标注册处备存一份名为"商标注册簿"的记录，并在其中记录所有注册商标的详细资料，包括所有人的名称、地址和说明，转让和交易的通知，被许可人的名称、地址和说明，免责声明、条件、限制以及可能规定的与注册商标有关的其他事项，但任何明示、暗示或推定的信托通知均不得记录在注册簿中，注册处长也不应收到任何该等通知。

（2）在联邦政府的监督和指导下，商标注册簿应由注册处长控制和管理。

（3）商标注册簿可全部或部分由电脑备存；为实施本条例，为备存商标注册簿而使用电脑作出的任何特定或其他事项的真实记录均构成商标注册簿内的条目。

（4）应在商标注册处的分支机构处备存注册簿的副本以及注册处处长以商标公告通知所指示的其他文件的副本；

但通过计算机备存全部或部分商标注册簿，且分支机构的人员可以以读取屏幕或打印副本的方式访问计算机终端获取全部或部分商标注册簿详细信息或记录在其中的其他事项的，即符合本款关于在分支机构备存商标注册簿副本的要求。

（5）在规定的条件和限制下，商标注册簿应在任何方便的时间开放给公众查看。

（6）通过计算机备存全部或部分商标注册簿，且希望查看全部或部分商标注册簿的人可以读取屏幕或打印副本的方式访问计算机终端获取全部或部分商标注册簿详细信息或记录在其中的其他事项的，即符合（5）款的要求。

第 11 条　商标注册簿登记内容和已实施事项作为证据

（1）商标注册簿中任何条目的印刷、书写或计算机生成的副本，表明经由注册处长证明并盖有商标注册处印章的，应在巴基斯坦所有高等法院、地区法院及所有法律程序中接纳为证据，无须再加以证明或出示正本。

（2）任何证明书，表明是由注册处长就其依本条例或规章授权所作任何条目、事项或事情而签署的，即为该条目及其内容已作出，或该事项或事情已作出或未作出的表面证据。

第 12 条　商品和服务的分类

（1）可以根据本条例针对下列内容进行商标注册：

（a）商品；

（b）服务；或

（c）商品和服务，

但上述内容应由按照国际商品和服务分类在规定的商品或服务分类中所包含的内容组成。

（2）关于商品或服务所属类别的任何问题均应由注册处长决定，注册处长的决定为最终决定。

第 13 条　商品和服务分类字母索引的公布

（1）注册处长可以规定的方式发布商品和服务分类的字母索引。

（2）任何商品或服务没有规定在根据（1）款发布的商品和服务字母索引中的，其分类应由注册处长根据第 12 条（2）款确定。

第 14 条　拒绝注册的绝对理由

（1）下列标志不得作为商标注册：

（a）不符合第 2 条第（xlvii）项要求的标记；

（b）没有任何显著特征的商标；

（c）仅由直接表示商品或者服务的种类、质量、数量、预期目的、价值、原产地、商品生产日期或者服务提供日期，以及商品或者服务的其他特征的标志构成的商标；

（d）仅由已成为通用语言的日常用语或诚信和公认的行业惯例的标志或标记组成的商标；

但商标在申请注册之日前已实际上因使用而获得显著特征或者属于驰名商标的，不得根据（b）、（c）项或（d）项拒绝该商标注册。

（2）标记仅由以下内容构成的，不得将其注册为商标：

（a）由商品自身的性质产生的形状；

（b）获得技术效果所需的商品形状；或者

（c）使商品具有实质价值的形状。

（3）任何商标如由任何令人反感的设计组成，或其包含任何令人反感的设计，或存在下列任一情况的，均不得针对任何商品或服务进行注册：

（a）由于其可能欺骗或引起混乱或其他原因而无权在高等法院或地区法院获得保护；

（b）无论是就商标本身而言，还是就打算注册的商品或服务而言，可能会损害巴基斯坦任何一类公民的宗教敏感性；或

（c）违反现行有效法律或道德。

（4）出于恶意提出申请的，不得注册商标。

第 15 条　关于颜色的限制

（1）商标可以全部或部分限制为一种或多种指定的颜色，需要决定商标显著性的任何裁决都必须考虑该限制。

（2）只要商标注册不存在颜色限制，应视为针对所有颜色注册。

第 16 条　禁止使用化合物的名称

（1）任何单一化学元素或有别于混合物的单一化学化合物的常用和公认

的名称，或经世界卫生组织宣布并由注册处长不时以规定的方式通知为国际非专有名称的词语，不得作为化学物质或制剂的商标注册，而即使第44条有任何规定，任何此类注册应就第98条而言视其为在注册簿中记录的无充分理由的事项，或在注册簿中错误保留的事项。

（2）本条不适用于仅用于表示商标权人或被许可人的品牌或者对化学元素或化合物的制造有别于他人制造的化学元素或化合物，并与供公众使用的适当名称或描述相联系的词语。

第17条　拒绝注册的相对理由

（1）商标与在先商标相同，且申请商标注册的商品或服务与在先商标所注册的商品或服务相同的，不予注册商标；

（2）商标因下列原因不予注册：

（a）商标与在先商标相同，且申请商标注册的商品或服务与在先商标所注册的商品或服务近似；或

（b）商标与在先商标近似，且申请商标注册的商品或服务与在先商标所注册的商品或服务相同或近似，且部分公众可能会产生混淆，该混淆包括与在先商标存在联系的可能性。

（3）商标存在下列情况的：

（a）与在先商标相同或近似；及

（b）所注册的商品或服务与在先商标注册的商品或服务不近似，

如果在先商标在巴基斯坦享有声誉，且无正当理由使用在后商标将不公平地利用或损害在先商标的显著特征或声誉，则该商标不得予以注册。

（4）商标在巴基斯坦的使用可能会因下列原因被阻止的，该商标不得予以注册：

（a）根据保护在贸易过程中使用的未注册的商标或其他商标的任何法律，特别是反假冒法；或

（b）根据本条（1）、（2）、（3）款或本款（a）项所述权利以外的在先权利，特别是根据版权设计权法或注册外观设计法。

（5）在先商标的所有人或其他在先商标的所有人同意该商标注册的，本条的规定不妨碍该商标的注册。

（6）不同的人分别就同一商品或商品类别的商标分别提出注册申请，且该等商标彼此相同或近似的，注册处长可在其认为合适的情况下拒绝将其中

任何商标注册，直至高等法院或地区法院对其权利作出裁决为止。

第 18 条 "在先商标"的含义

在本条例中，"在先商标"指：

（a）注册商标或符合《巴黎公约》规定的公约商标，其申请注册日期比有关商标的注册日期更早，在适当情况下应考虑针对商标主张的优先权；

（b）根据第 26 条（1）款提交的商标；或

（c）在相关商标申请注册之日，或在适当的情况下就该申请主张优先权之日，该商标有权根据《巴黎公约》作为驰名商标受到保护。

（2）本条例所称"在先商标"，包括已就其提出注册申请且该商标如已注册则根据（1）款（a）项或（b）项将会成为在先商标的商标，但该商标须如此注册。

（3）（1）款（a）项或（b）项所规定商标注册期满后 1 年内，在决定在后商标的注册可能性时仍应继续考虑该商标，除非注册处长认为在有效期届满前 2 年内该商标未被善意使用。

第 19 条 商标诚实同时使用时相对理由的提出

（1）注册处长认为商标注册申请存在下列任一情况的：

（a）存在第 17 条（1）、（2）款或（3）款所列的条件所涉及的在先商标；或

（b）存在使第 17 条（4）款所列的条件得以成就的在先权利；

但申请人向注册处长证明已诚实地同时使用了申请注册的商标的，注册处长不得基于在先商标或其他权利而拒绝该申请，除非该在先商标或其他权利的所有人在异议程序中提出异议。

（2）在本条中，"诚实地同时使用"，指申请人或经其同意在巴基斯坦境内的使用，等同于根据 1940 年商标法（1940 年第 5 号）第 10 条（2）款规定的诚实地同时使用。

（3）本条任何规定不影响：

（a）根据第 14 条的规定拒绝注册；

（b）根据第 80 条（2）款提出宣布无效的申请。

第 20 条　商标部分注册和系列商标注册

（1）商标权人就商标任一部分单独主张专有使用权的，可申请将整个商标和该部分注册为独立的商标。

（2）每一独立商标均须符合适用于独立商标的所有条件，并须具备独立商标的所有附带条件。

（3）就同一商品或服务或同一类别商品或服务主张是多个商标的所有人，商标在实质性细节上彼此相似，但在以下方面有所不同的：

（a）与使用或打算使用的商标相关的商品或服务的说明或陈述；

（b）有关数量、价格、质量或地名的声明或陈述；

（c）其他具有非显著特征且不会对商标的显著性造成重大影响的事项；或

（d）商标或其任何部分的颜色，

如寻求注册该等商标，可以在一次注册中作为一个系列注册。

第 21 条　注册须作出放弃声明

商标包含：

（a）未以所有人的名义单独注册为商标的任何部分；

（b）尚未单独提出申请的任何部分；或

（c）业内常见的或以其他方式具有非显著性的任何事项的；

审裁处在决定是否将该商标列入或保留在注册簿上时，作为该商标列入注册簿的条件，可以要求所有人放弃就该部分或全部或任何部分（视情况而定）的专用权，或作出审裁处认为对界定所有人登记之权利所必需的其他放弃声明；

但放弃声明除针对其作出放弃声明的商标注册权利外不影响商标权人的任何权利。

第 3 章　注册程序与注册期间

第 22 条　注册申请

（1）商标注册申请须按规定方式书面向商标注册处长提出。

（2）在不限制申请中可能包括其他详情的情况下，申请必须含有下列内容：

（a）商标注册请求；

（b）申请人的全称和地址；

（c）关于所注册商标的商品或服务的说明；

（d）商品或服务的国际分类；

（e）商标图样；和

（f）由代理人代表申请人申请注册的，代理人的全称、地址和具体联系方式。

（3）申请书应声明，申请人正在将该商标用于商品或服务，或者正经其同意而使用，或者他有善意使用该商标的意图。

（4）申请书中未包含（2）款和（3）款所要求的所有详情的，注册处长可以拒绝接受该申请。

（5）申请应缴纳规定的申请费。

第 23 条　提交日期

（1）商标注册申请的提交日期应为向注册处长提供包含第 22 条规定详情的文件的日期。

（2）在本条例中，凡提及注册申请日，均指申请提交日期。

第 24 条　商标共有

（1）与商标有利害关系的两人或多人之间的关系，使得其中任何一人除下列情况外均无权使用该商标的：

（a）代表该两人或所有人；或

（b）就其在贸易过程中与之有联系的商品或服务，

该等人员可根据第 22 条共同申请注册。

（2）将注册商标共同授予两人或多人的，在无相反约定的情况下，每个人均应享有该注册商标中相等的不可分割的份额。

（3）根据（2）款或其他条款，两人或多人共同拥有注册商标的，适用下列规定：

（4）除非有相反约定，否则每个共有人有权由其本人或其代理人为自身利益，在不经他人同意或无须向他人说明的情况下，实施任何本属于侵犯注册商标的行为。

（5）一个共有人不得未经另一或其他共有人同意，

（a）授予注册商标使用许可；或

（b）转让其在注册商标中的份额或针对其份额收取费用。

（6）侵权诉讼可由任何共有人提起，但未经高等法院或地区法院许可，该共有人不得继续进行该诉讼，除非另一人或每一其他人作为原告加入或追加为被告。

（7）由此被传唤为被告的共有人，除非参与诉讼，否则不承担任何诉讼费用。

（8）（6）款和（7）款不影响对单一共有人的申请给予临时救济。

（9）本条并不影响受托人或个人代表的相互权利和义务，也不影响其本身的权利和义务。

第25条 公约申请的含义、优先权

（1）"公约申请"，指一人在一个或多个公约国家妥为提出的商标注册申请。

（2）若：

（a）某人已妥为提出"公约申请"的；且

（b）自提出公约申请或第一次提出公约申请之日起6个月内，该人或另一人（以下简称原权利人的"权利继承人"）根据本条例，就相同商标，在已经在其他公约国所注册的部分或全部相同的商品或服务或商品及服务范围内，以规定的方式向注册处长提出申请的，

该人或该人的权利继承人在根据本条例提出申请时，或在根据本条例提出申请后的规定期限内，且在申请被受理前，可享有商标注册的优先权。

（3）根据本条例提出的注册申请是在（2）款所述规定的优先期限内提出的：

（a）确定优先权的有关日期应为第一次提出公约申请的日期；且

（b）在该日期至根据本条例提出申请之日期间，该商标在巴基斯坦的任何使用均不应影响该商标的可注册性。

（4）在公约国根据其国内立法或国际协定提出的等同于正常的国家申请的任何申请，均应视为产生优先权。❶

---

❶ 就本款而言，"正常的国家申请"，指足以确定在该国提出申请的日期的申请，不论该申请的后续结果如何。

（5）在同一公约国提交的涉及与第一项公约申请相同主题的后续申请在提交后续申请时符合下列条件的，应视为第一项公约申请，其提交日期为优先权期间的开始日期：

（a）先前申请已被撤回、放弃或拒绝，未向公众开放查阅，亦没有遗留任何尚待行使的权利；且

（b）先前申请未作为主张优先权的依据。

（6）（5）款所述先前申请此后不得作为主张优先权的依据。

（7）根据公约申请主张优先权的方式，应以规定的方式提出。

（8）因公约申请而产生的优先权，可与申请一同转让或独立转让。

（9）（2）款所述申请人的"权利继承人"应据此解释。

第 26 条　申请在展览期间提供临时保护

（1）商标注册申请人在官方或官方认可的展览会上展示带有该商标的商品或提供了使用该商标的服务，且在展览会上首次展示带有该商标的商品或提供使用该商标的服务之日起 6 个月内，经其请求，应视为该商标已于该日申请注册。

（2）带有该商标的商品或使用该商标提供的服务的展览证明，必须是展览主管部门出具的证明，说明该商标首次用于展览中的商品或服务的日期。

（3）本条规定不得使申请人对同一商标享有其他任何优先权。

（4）在展览期间，对商品或服务的临时保护的授予，应符合规定的条件。

第 27 条　对申请的审查

（1）注册处长应在切实可行范围内尽快审查商标注册申请是否符合本条例的规定。

（2）为施行（1）款，注册处长应在其认为有需要的范围内检索在先商标。

（3）注册处长认为注册申请不符合要求的，应通知申请人，并给予申请人在注册处长规定的期限内作出陈述或修改申请的机会。

（4）申请人未无法使注册处长相信申请符合上述规定，或未能修改申请以符合上述规定，或未能在指定限期届满前作出回应的，注册处长应拒绝受理该申请。

（5）注册处长认为申请符合注册规定的，应完全受理该申请，或按其认

为合适的条件或限制受理该申请。

（6）拒绝或有条件受理的情况下，注册处长应以书面方式说明其决定的理由和其作出决定时所使用的材料。

（7）审裁处认为根据个案的所有情况这样做是公平合理的，可在受理申请前或受理申请后任何时间，更正申请中或与申请有关的任何错误，或允许申请人根据审裁处认为合适的条款修改其申请；

但不得允许实质性影响商标显著性或扩大申请所涵盖的商品或服务范围的修改或更正；

且在申请公布后才允许对申请进行修改或更正的，该修改或更正也应当予以公布。

第28条　公布、异议程序和意见

（1）商标注册申请被受理后，不论是完全受理还是附条件或限制受理，注册处长应在受理后将该申请及相应的受理条件或限制（如有）尽快在商标公告上公布；就所有法律目的而言，在商标公告公布该商标即构成该商标已获受理的充分通知；

但是，如注册处长认为在特殊情况下适宜的，可在受理申请前公布该申请。在注册处长认为合适的情况下，该商标申请被受理后可再次予以公布，但注册处长不受此约束；

但是，如申请因上述但书规定的任何特殊情况而予以公布，注册处长须同时公布令其作出该公布的特殊情况。

（2）任何人可自注册申请公布或重新公布之日起2个月内，或在经注册处长同意并以规定方式、缴纳规定费用后不超过2个月延展期内，向注册处长提出注册异议。

（3）根据（2）款提出的异议，应以规定方式书面提出，并应陈述异议理由。

（4）注册处长应按规定方式向申请人送达异议副本。自申请人接到异议副本1个月内，或在经注册处长同意并以规定方式、缴纳规定费用后不超过2个月延展期内，申请人应以规定方式向注册处长提交一份反陈述书，说明其申请所根据的理由；否则，其申请将被视为放弃。

（5）申请人提交本条（4）款所述反陈述的，注册处长应以规定方式将反陈述书副本送达异议人。异议人认为必要的，可以自收到反陈述副本1个

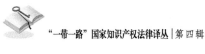

月内，或在经注册处长同意并以规定方式、缴纳规定费用后不超过 2 个月延展期内，以规定方式向注册处长提出反驳。

（6）异议人提出反驳的，注册处长应按规定方式将反驳书副本送达申请人。

（7）异议人和申请人所依据的任何证据，应按规定方式及在规定时间内提交注册处长。异议人和申请人需要陈述意见的，注册处长应给予其机会。

（8）除非程序被中止或驳回，否则注册处长应在给予异议人和申请人一次陈述意见的机会后决定是否允许注册，以及注册的条件或限制（如有）。

（9）如果注册处长认为根据案件所有情况是公平合理的，可以允许以规定的方式修正异议、反陈述和反驳意见的任何错误，或修改异议、反陈述和反驳意见。

第 29 条　异议理由

（1）可以根据本条例规定的拒绝商标注册申请的任何一项由对商标注册提出异议，但商标不能以图形表示的理由除外。

（2）可以根据申请人不存在下列意图而对商标注册提出异议：

（a）在巴基斯坦就申请书所限定的商品、服务或商品及服务使用或授权使用该商标；或

（b）将该商标转让给法人团体，供其就申请书所限定的商品、服务或商品及服务在巴基斯坦使用该商标。

（3）可基于以下任何一项理由，对商标注册提出异议：

（a）申请人不是该商标的所有人；

（b）该申请或为支持该申请而提交的文件的修改违反本条例规定；

（c）注册处长根据在要项上存在虚假的证据或陈述而受理注册申请；或

（d）特殊情况下申请的预受理公布不存在充分理由或原因。

（4）对特定商品或服务的商标注册，可以下列理由提出异议：

（a）该商标与某一驰名商标或者某一在该商标就该商品或服务注册的优先权日之前已经在巴基斯坦获得声誉的商标实质上相同或欺骗性近似；

（b）由于另一商标的声誉，使用该商标会造成淡化或可能造成欺骗或混淆。

（5）对特定商品的商标注册，可因该商标包含指示下列商品来源的地理标志而提出异议：

（a）并非相关商品原产国的国家，或国家的某一区域或地区；或

（b）并非相关商品原产地的某一区域或地区。

（6）在先商标申请被提出异议的，第 17 条（2）款（b）项的规定应中止适用。

第 30 条　以异议通知提出人以外的人的名义提出异议的情况

若：

（a）某人提出异议通知后，该人在提出异议时享有的权利或利益转归另一人；且

（b）该另一人：

（i）以规定方式通知注册处长该权利或利益已转归该另一人；且

（ii）未撤回异议，

异议可以继续进行，如同异议是以该另一人的名义提出的一样。

第 31 条　申请的撤回

（1）申请人可随时撤回申请或限制申请所涵盖的商品或服务。

（2）申请已经公布的，（1）款规定的撤销或限制也应公布。

第 32 条　"分案申请"的定义

（1）"分案申请"，指已经根据第 22 条就某些商品、服务或商品及服务提出商标注册申请的人根据本条所提出的其他申请：

（a）就任何或所有该等商品、服务或商品和服务仅注册商标的一部分；或

（b）就根据第 22 条所提出申请的仅部分商品、服务或商品和服务的商标注册。

（2）只有在根据第 22 条提出的商标注册申请待决的情况下，方可就商标或商标的一部分提出分案注册申请。

（3）分案申请应作为根据第 22 条提出的申请进行。

但分案申请应视为已在根据第 22 条所提出申请之日提交。

第 33 条　注册

（1）申请已被受理的；且

（a）在第 28 条（2）款规定的期限内没有提出异议；或

（b）所有异议程序已被撤回或作出有利于申请人的决定，

注册处长应在规定期限内将该商标予以注册，但在考虑自受理申请以来所知悉的事项后，发现该申请被错误受理的除外。

（2）未在规定期限内缴纳规定注册费的，商标不得予以注册；未在规定期限内缴费的，视为撤回申请。

（3）应以提交注册申请之日作为已注册商标的注册日，且就本条例而言，该日期应被视为注册日期。

（4）商标注册后，注册处长应以规定方式予以公布，并以规定注册形式向申请人发出证书，证书加盖商标注册处的印章。

（5）商标注册因申请人的原因而未在自申请日起的 12 个月内完成的，注册处长可在以规定方式向申请人发出通知后将该申请视为放弃，但该申请在通知书中指明时间内完成的除外。

第 34 条　注册期限和续展

（1）商标的注册期限为 10 年，自注册之日起算。

（2）注册可根据第 35 条续展，有效期为 10 年。

第 35 条　注册的续展

（1）商标注册可应商标权人的要求续展，但应缴纳规定的续展费用。

（2）注册处长应在商标注册期限届满前，将届满日期及商标注册续展的方式通知商标权人。

（3）续展请求应在注册期限届满之前提出，同时提交续展费；亦可在规定的不少于 6 个月的延展期内提出，但应支付额外续展费。

（4）续展自前一注册期限届满之日起生效。

（5）除首次续展外，注册处长可要求续展申请须附有在巴基斯坦使用该商标的证据。

（6）未根据本条规定续展商标注册的，注册处长应从注册簿中删除该商标。

但是，注册处长可在符合规定条件的情况下（如有）恢复已从注册簿上删除的商标注册。

（7）商标注册的续展或者恢复，应在商标公告上公布。

第 36 条　因未支付续展费而从注册簿中删除的效力

因未支付续展费而根据本条例从注册簿中删除的商标，在移除之日后的 1 年内，就另一商标的注册申请而言，该商标仍应被视为存在于注册簿上，除非审裁处认为存在下列任一情形：

（a）在商标被撤销前的 2 年内，该商标未被善意使用；或

（b）不会因已删除商标的先前使用而导致使用所申请注册商标引起欺骗或混淆。

第 37 条　注册商标的变更

（1）除（2）款另有规定外，注册商标在注册或续展期间内不得在注册簿中更改。

（2）商标包括商标权利人的名称或地址的，注册处长可应权利人的要求，允许对注册商标进行变更，但变更仅限于更改该名称或地址，而不能实质上影响该商标的显著性。

（3）根据（2）款作出的任何变更，注册处长应以规定方式公布该变更以及主张受变更影响的人所提出的反对意见。

第 38 条　注册商标的放弃

（1）注册商标权利人可就其注册的部分或全部商品或服务放弃注册商标。

（2）联邦政府可按规定在政府公报上公布：

（a）放弃注册商标的方式和后果；及

（b）保护对该注册商标享有权利的其他人的利益。

第 4 章　注册及其效力

第 39 条　注册所赋予的权利

（1）注册商标是动产。

（2）注册商标权人对未经其同意在巴基斯坦使用该商标而被侵犯的商标享有专属权利。

（3）在不损害注册商标权人根据现行有效的任何其他法律取得任何救济的权利的情况下，该商标受到侵犯的，所有人亦有权根据本条例获得救济。

（4）本条例中所述侵犯注册商标的行为，均指侵犯所有人的权利。

（5）权利人的权利自注册之日起生效；

但是，在该商标实际注册之日前，不得提起侵权诉讼。

（6）根据本条例注册商标所赋予的权利，应扩及根据1940年商标法（1940年第5号）所注册的商标。

第40条　侵犯注册商标

（1）在商业中就与注册商标相同的商品或服务使用与注册商标相同的标识的，构成对注册商标的侵犯。

（2）在商业中有如下使用标识情形的，构成对注册商标的侵犯：

（a）标识与该商标相同，且用于与该商标注册的商品或服务近似的商品或服务；或

（b）标识与该商标欺骗性近似，且用于与该商标注册的商品或服务相同或近似的商品或服务，在部分公众中可能产生混淆，包括可能与该商标产生联想。

（3）在商业中就下列情形使用与注册商标相同或欺骗性近似的标识的，构成对注册商标的侵犯：

（a）与该商标注册的商品属同一类别的商品；

（b）与该商标注册的商品密切相关的服务；

（c）与该商标注册的服务属同一类别的服务；或

（d）与该商标注册的服务密切相关的商品。

（4）在商业中使用下列标识的，构成对注册商标的侵犯：

（a）与该商标相同或欺骗性近似；且

（b）用于与该商标的商品或服务不相似的商品或服务，

而该商标是驰名商标或者在巴基斯坦境内享有声誉，无正当理由使用该商标不公平地利用或者损害了该商标的显著性或者声誉。

（5）将注册商标作为商号或者商号的部分使用的，构成对注册商标的侵犯。

（6）以向他人包括注册商标权人销售域名为目的，将注册商标作为自身域名或域名的部分或者未经注册商标权人同意获得该域名的，构成对注册商标的侵犯。

（7）将注册商标用于拟作为标签或商品包装的材料上，且在应用该标识

时知道或有理由相信该标识的应用没有获得所有人或被许可人的妥为授权的，视为使用材料侵犯注册商标的当事人。

（8）在所有法律程序中，销售、许诺销售或展示带有侵犯注册商标的标识的商品，或将该等商品投放市场，或为出售或任何商业目的而管有，或制造任何该等商品的，视为侵犯注册商标的当事人，除非其能证明：

（a）在采取一切合理预防措施的情况下，没有理由怀疑该标识的真实性；且

（b）应审裁处要求，已提供其所能提供的关于向其提供商品之人的所有信息；或

（c）其以其他方式无害行事的。

第41条　因违反特定限制而侵犯商标

除第42条另有规定外，注册商标权人或有权如此行事的被许可人已促致在据以注册商标的商品上展示"注册商标"字样，或在其包装上或在向公众提供商品的容器上展示禁止任何下列行为的公告：

（a）在最初向公众提供的商品的状态、条件和包装被改变后，将该商标应用于已注册的商品，或在与该等商品有实质关系的情况下使用该商标；

（b）更改、部分移除或删除适用于注册商品并与该等商品有实际关系的商标的任何图示；

（c）如该商标已应用于注册商品，或与注册商品有实质关系而使用，且伴随有其他显示所有人或被许可人已处理该等商品的内容，全部或部分删除或删除该商标的任何图示而没有完全删除或删除其他内容；

（d）就注册商品使用另一商标或与该等商品有实质关系的商标；

（e）如商标已应用于注册商品，或与注册商品有实际关系，在该商品上或在该商品的包装或容器上使用任何可能损害该商标声誉的内容，任何人如实施或授权他人实施上述任何禁止行为，应承担侵犯该商标的责任：

但如果商品的所有人在不知道禁止通知的情况下善意取得商品，或因从先前取得该商品所有权之人取得商品的所有权，不视为侵犯该注册商标。

第42条　未侵犯商标的情形

（1）下列情况不构成对注册商标的侵犯：

（a）善意使用：

（i）该人的姓名或营业场所的名称，只要该使用不会导致混淆的可能或以其他方式干扰现存的商标或其他财产权；或

（ii）该人的业务前任人的名称或前任人的营业地的名称；

（b）善意使用标记用以表明：

（i）商品或服务的种类、质量、数量、预定用途、价值、地理来源或其他特征；或

（ii）生产商品或提供服务的时间；

（c）善意使用该商标以表明商品的预定用途，特别是作为配件或备件或服务；或

（d）该人为比较广告的目的而使用该商标。

（2）使用根据第 39 条赋予的注册商标使用权受注册簿上记载的任何条件或限制的约束的，因在任何地方就拟出售或以其他方式交易的商品或就提供的服务，或就拟出口到任何市场的商品或服务，或在考虑到任何该等限制后注册不适用的任何其他情况下，使用上述任何该等商标，不得视为侵犯该商标权利。

（3）商标注册受放弃声明约束的，使用商标声明放弃的部分，不构成对商标的侵犯。

第 43 条　注册作为有效的表面证据

在所有与根据本条例或根据 1940 年商标法（1940 年第 5 号）注册的商标有关的法律程序中，已注册为商标权人的事实，应成为该商标的原始注册及其后的所有转让和传转的表面证据。

第 44 条　注册五年后作为有效的确证

在所有与注册商标有关的法律程序中，在商标的原始注册日期起 5 年后，除非该商标是通过欺诈手段获得的，或该商标违反第 14 条（3）款的规定，否则该商标的原始注册在各方面均应视为有效。

第 45 条　保留用作物品或物质的名称或说明的文字

（1）商标注册不得仅因在注册日之后使用该商标所包含或构成物品、物质或服务的名称或说明的任何文字而被视为无效；

但是，如能证明存在下列任一情况：

（a）上述词语作为物品、物质或服务的名称或描述，由一人或从事贸易的人进行著名和确定地使用，而非用于在贸易过程中与商标权人或被许可人有关的商品或服务，或者在证明商标的情况下，用于由所有人证明的商品或服务的；或

（b）该物品或物质是根据在本条例生效时有效的专利或在本条例生效后授予的专利制造的，在专利有效期届满后 2 年或以上的时间内，上述词语是该物品或物质唯一可行的名称或描述的，

适用（2）款的规定。

（2）（1）款但书（a）款或（b）项所述事实已针对任何文字得以证明的：

（a）就第 96 条项下的任何法律程序而言，商标仅由上述文字构成的，就有关物品或物质，或同一种类的任何商品，或该服务，或同一种类的任何服务的注册而言，应视为错误地留在注册簿上的记项；或

（b）为与该商标有关的任何其他法律程序的目的：

（i）该商标仅由该等文字构成的，商标权人根据本条例或届时生效的任何其他法律所享有的使用该商标的一切权利；或

（ii）商标中含有该等文字及其他事项的，商标权人享有的使用该等文字的一切权利，

就物品或物质，或同一类别的任何商品，或服务，或同一类别的任何服务而言，均应视为在（1）款但书（a）项所述的使用首次变得著名且确立之日，或在上述但书（b）项所述的 2 年期限届满之时终止。

第 5 章　侵权程序

第 46 条　侵权诉讼

（1）除本条例另有规定外，侵犯注册商标的行为可由商标权人提出诉讼。

（2）与其他任何财产权受到侵犯可获得的救济一样，在侵权诉讼中，商标权人可获得损害赔偿、禁令、交出所得利润或其他方式的救济。

（3）本条例任何规定均不得视为影响对假冒他人商品或假冒他人服务之人提起诉讼，或获得相应救济的权利。

第 47 条　涂掉侵权标志的命令

（1）认定侵犯注册商标的，高等法院或地区法院可作出命令，要求相关

人员：

（a）在其拥有、保管或控制的任何侵权商品、材料或物品上，涂掉、移除或删除该侵权商标；或

（b）在涂掉、移除或删除侵权商标并非合理可行的情况下，确保销毁侵权商品、材料或物品。

（2）根据（1）款发出的命令没有得到遵守，或高等法院或地区法院认为该命令很可能不会得到遵守的，高等法院或地区法院可命令将侵权商品、材料或物品交付高等法院或地区法院指定人员，以涂掉、移除或删除侵权商标或视情况销毁侵权商品、材料或物品。

第 48 条　上缴侵权商品、材料或物品的命令

（1）注册商标权人可向高等法院或地区法院申请命令，要求将他人在商业中拥有、保管或控制的任何侵权商品、材料或物品交付给注册商标权人或高等法院或地区法院指定的其他人员。

（2）在第 50 条规定的期限届满后，不得提出申请；除非高等法院或地区法院根据第 51 条作出命令或认为有理由作出命令，否则不得作出命令。

（3）未根据第 51 条作出命令的，根据本条作出命令向其交付侵权商品、材料或物品的人，在根据该条作出命令或决定不作出命令之前，应保留该等商品、材料或物品。

（4）本条不影响高等法院或地区法院的任何其他权力。

第 49 条　"侵权商品、材料或物品"的含义

（1）除（2）款另有规定外，就注册商标而言，商品或其包装带有与注册商标相同或欺骗性地近似的商标的，且

（a）在商品或其包装上使用该商标是对该注册商标的侵犯；

（b）该商品拟进口到巴基斯坦，而在巴基斯坦就该商品或其包装使用该商标将构成对该注册商标的侵犯；或

（c）以侵犯该注册商标的其他方式就商品使用该商标。

（2）（1）款不得解释为影响可合法进口至巴基斯坦的商品的进口。

（3）材料上注有标识，而该标识与注册商标相同或欺骗性近似，且材料具有下列情形之一的，为"侵权材料"：

（a）以侵犯注册商标的方式，作为商业用纸用于标示或包装商品，或用

于宣传商品或服务；或

（b）意图如此使用，而该使用将侵犯注册商标。

（4）就注册商标而言，"侵权物品"指下列物品：

（a）专门为制作与该商标相同或近似的复制品而设计或改造的；且

（b）他人拥有、保管或控制，知道或有理由相信其已经或将被用于生产侵权商品或材料。

第50条　其后无法获得交付救济的期间

（1）自下列日期起3年后，不得申请作出第48条项下的命令，但（2）款另有规定的除外：

（a）就侵权商品而言，该商标应用于该商品或其包装的日期；

（b）就侵权材料而言，该商标应用于该材料的日期；或

（c）就侵权物品而言，侵权物品的制作日期。

（2）在（1）款规定的全部或部分期间内，注册商标权人：

（a）无行为能力❶的；或

（b）因欺诈或隐瞒而无法发现使其有权申请作出命令的事实的，

申请可在其恢复行为能力或视情况而定在作出合理努力后能够发现该等事实之日起3年期满前的任何时间提出。

第51条　处置侵权商品、材料或物品的命令

（1）侵权商品、材料或物品已按照根据第48条所作出的命令交付的，可向高等法院或地区法院申请：

（a）命令将其销毁或没收给高等法院或地区法院指定人员；或

（b）决定不作出上述命令。

（2）高等法院或地区法院在考虑应作出何种命令时，应考虑侵犯注册商标诉讼中可获得的其他救济措施是否足以补偿商标权人和任何被许可人并保护其利益。

（3）多人对商品、材料或物品有利害关系的，高等法院或地区法院应作出其认为公正的命令。

（4）高等法院或地区法院决定根据本款不应作出命令的，在交付前拥有、

---

❶ 在本款中，"无行为能力"，具有1908年诉讼时效法（1908年第9号）中相同的含义。

保管或控制商品、材料或物品的人有权获得返还。

第 52 条　对无理由威胁提起侵权诉讼的救济

（1）以他人侵犯下列商标为理由，威胁要对他人提起诉讼的：

（a）注册商标；或

（b）声称已注册的商标，

任何受威胁侵害的人均可向提出威胁的人提起诉讼以寻求救济。

（2）可针对下列内容申请救济：

（a）声明威胁不合理；

（b）不得继续威胁的禁令；或

（c）赔偿其因威胁而遭受的任何损失。

（3）原告有权获得（2）款规定的任何救济，但被告证明据以威胁提起诉讼的行为构成或一旦实施将侵犯相关注册商标的除外。

（4）被告证明存在（3）款所述情况，但原告表明该商标注册在相关方面无效或可被撤销的，有权获得（2）款规定的任何救济。

（5）就本条而言，仅仅通知商标已注册或已提出注册申请的，不构成诉讼威胁。

（6）本条规定不得使律师、辩护人或代理人因以专业身份代表客户实施行为而承担任何诉讼责任。

第 6 章　侵权商品、材料或物品的进口

第 53 条　侵权商品、材料或物品可视为被禁止

（1）注册商标权人可书面通知海关官员：

（a）其是注册商标权人；

（b）与该注册商标有关的侵权商品、材料或物品，或对其来源或制造者身份有虚假说明的商品，将在通知中指明的时间和地点从巴基斯坦境外运抵巴基斯坦，并根据 1969 年海关法（1969 年第 4 号）应受到海关当局的控制；且

（c）其请求海关官员将该等商品作为禁止商品。

第 54 条　海关当局发出的干预通知

根据第 53 条向海关官员发出通知时，通知应随附通知发出人向相关海关

当局作出赔偿，并就因错误暂停商品清关导致的损失或损坏，向任何商品进口商、收货人或所有人作出补偿的承诺。

第 55 条　向海关当局提供担保或等效保证

海关官员可要求申请人提供足以保护商品进口商、收货人或所有人的担保或等效保证，但该等担保或等效保证不得不合理地阻止诉诸该等程序。

第 56 条　海关官员可扣押带有侵权商标的商品

适用第 53 条的商品：

（a）在商品上带有海关官员认为与注册登记商标相同或近似的商标；且

（b）属于与注册登记商标有关的商品的，

除非海关官员确信不存在认为商品进口会侵犯商标的合理理由，否则海关官员应扣押商品，并将被扣押商品存放在海关官员指示的安全地点。

第 57 条　扣押通知

海关官员还应在切实可行范围内尽快：

（a）通过亲自送达或紧急邮寄方式，向商品的进口商、收货人或所有人发出书面扣押通知，指明商品并说明商品根据第 56 条予以扣押；且

（b）向申请人发出书面通知：

（i）指明商品并说明商品根据第 56 条予以扣押；

（ii）提供商品的进口商、收货人或所有人的全称和地址，以及海关官员基于合理理由认为可能帮助申请人识别该商品的进口商或所有人的任何信息；且

（iii）说明除非申请人向对该事宜具有司法管辖权的地区法院针对商品提起侵犯注册商标的诉讼，并自申请人收到通知后 10 个工作日内或（如海关官员根据第 60 条（1）款延长期限的）延长期限内，向海关官员发出提起诉讼的书面通知，否则商品应向进口商、收货人或者商品所有人予以放行。

第 58 条　商品的没收

任何被扣押商品的进口商、收货人或所有人在申请人就商品的商标侵权提起诉讼之前的任何时间，通过向海关官员发出书面通知，同意海关官员没收商品的，商品应由海关官员予以没收。

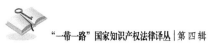

第 59 条　商品的放行

（1）申请人在规定期间内未作出下列行为的，海关官员应向其指定进口商、收货人或所有人放行被扣押商品：

（a）针对商品提起侵犯注册商标的诉讼；且

（b）向海关官员发出提起诉讼的书面通知。

（2）存在下列情况的，海关官员亦应向其指定的进口商、收货人或所有人放行被扣押商品：

（a）在规定期间届满前，申请人通过向海关官员发出书面通知，同意放行商品；且

（b）此时：

（i）申请人尚未就商品提起侵犯注册登记的诉讼；或

（ii）申请人已撤销提起的诉讼。

（3）存在下列情况的，海关官员可以在指定期间届满前，向其指定的进口商、收货人或所有人放行被扣押商品：

（a）考虑到商品被扣押后海关官员知悉的信息，其确信不存在认为因商品进口而侵犯注册商标的合理理由的；且

（b）申请人至今尚未就该商品提起侵犯该注册商标的诉讼或其未被告知有关诉讼的。

第 60 条　对进口商品提起侵权诉讼

（1）申请人可以就被扣押商品提起侵犯注册商标的诉讼，且在符合下述（2）款（b）项规定的情况下，在就商品根据第 57 条向申请人发出通知规定的 10 个工作日内，向海关官员发出通知；或

（i）在指定期间届满前，申请人已向海关官员发出延长指定期间的申请的；且

（ii）海关官员确信就相关情况而言这样做是公平合理的，已将指定期间最多延长 10 日的，

在此延长期间内，向海关官员发出通知。

（2）审理案件的地区法院：

（a）可基于任何人提出的申请允许该人作为本案共同被告加入诉讼；且

（b）应允许海关官员或其妥为授权代表出席并作出陈词。

（3）除（4）款另有规定，除地区法院给予本条规定以外的任何救济，地区法院：

（a）如认为公正，可基于其认为适当的条件，随时命令向其指定的所有人放行被扣押商品；或

（b）命令没收被扣押商品。

（4）地区法院不得作出有利于下列行为的命令：

（a）将假冒商标商品再出口；

（b）未经授权移除贴在假冒商标商品上的商标；及

（c）在当地出售该等商品。

（5）地区法院认定商品的进口未侵犯注册商标，且商品的指定进口商、收货人或所有人使法院确信因扣押商品而使其遭受损失或损坏的，法院可以命令申请人就自提起诉讼之日起或之后的任何期限内所造成的任何部分损失或损坏，按照法院确定的金额，向被告支付补偿。

（6）自提起诉讼之日起3周后，地区法院未作出禁止放行商品的命令的，海关官员应向指定进口商、收货人或所有人放行商品。

（7）地区法院命令放行商品的，海关官员应遵守该命令，但第63条另有规定的除外。

第61条　被许可人针对任何被扣押商品提起侵权之诉

如果注册商标的独占被许可人是任何被扣押商品的申请人，该被许可人可以在规定的期限内就该商品提起注册商标侵权诉讼，而无须首先确定所有人是否愿意提起诉讼。

第62条　没收商品的处置

（1）除（2）款另有规定外，根据本章规定没收的任何商品应由海关官员根据1969年海关法（1969年第4号）没收商品的方式予以处置。

（2）海关官员不得以可能有利于下列行为的方式处置商品：

（a）将假冒商标商品再出口；

（b）未经授权移除贴在假冒商标商品上的商标；及

（c）在当地出售该等商品。

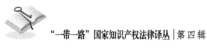

第 63 条　海关官员控制商品的权力

尽管本章中有任何其他规定，海关官员不得：

（a）放行或处置任何商品；或

（b）就商品采取任何措施，以赋予地区法院根据第 60 条作出的任何命令以效力，

且海关官员应向地区法院提出申请获得该等商品，并允许其根据届时有效的任何法律控制商品。

第 64 条　不充分担保

根据第 53 条或第 61 条就注册商标发出通知的申请人根据第 55 条提供的担保不足以支付联邦政府因海关官员根据本章采取的行动而产生的费用的，费用与担保金额的差额：

（a）应作为申请人所欠联邦政府的债务；且

（b）应由联邦政府根据 1969 年海关法（1969 年第 4 号）第 202 条予以收回。

第 65 条　联邦政府对因扣押遭受的损失不承担责任

联邦政府对使任何人因下列原因遭受的任何损失、损害或延误不承担责任：

（a）海关官员根据本章扣押或未扣押商品的；或

（b）放行任何被扣押商品的。

第 66 条　海关官员的规章制定权

海关官员可以制定规章制度，规定发出通知的形式，要求通知发出人提供所有权证据并且遵守可能规定的其他条件，包括支付涵盖行政费用的费用。

第 7 章　不正当竞争和比较广告

第 67 条　"不正当竞争"的定义和相关规定

（1）"不正当竞争"，指在工业或商业事务中违反诚实商业惯例的任何竞争行为，且在不损害上述规定的情况下，此类行为可包括：

（a）以任何方式造成与竞争者的机构、商品、服务或工业或商业活动混淆的所有行为；

（b）在贸易过程中提出虚假指控，使竞争者的企业、商品、服务或工业或商业活动失去信誉；

（c）在贸易过程中使用可能会在货物或服务的性质、制造过程、特点、成分、质量或是否适合货物或服务的目的方面误导公众的标示或指控；

（d）在工业或商业事务过程中，导致他人未经该信息的合法人同意，以违反诚实工业或商业惯例的方式披露、获取或使用该信息的任何行为或做法，只要该信息与销售或制造货物或提供服务有关，且❶

（i）在一定程度上属保密，即无论作为一个整体还是就其各部分的精确排列和组合而言，该信息尚不为通常处理该信息的圈内人士所普遍知悉或易于获取；

（ii）由于其保密性而具有商业价值；且

（iii）已由该信息的合法控制人在当时情况下采取合理步骤对该信息进行保密；

（e）在贸易过程中作出虚假或欺骗性陈述；

（f）误导性广告；或

（g）以欺骗方式注册或申请注册商标。

（2）不正当竞争的任何行为应属非法行为。

（3）可以向具有司法管辖权的地区法院就不公平竞争行为提起诉讼。

第68条　误导性广告和比较广告

（1）就比较而言，比较广告在符合下列条件的情况下是合法的，即：

（a）根据第2条（xxiv）项和本条（2）款不具有误导性；

（b）其比较的是满足相同需要或者旨在用于相同用途的商品或者服务；

（c）其客观地比较该等商品和服务的一种或多种材料、相关和可核查的和有代表性的特征，其中可能包括价格；

（d）在刊登广告者与竞争对手之间，或者刊登广告者的商标、商号、其他识别标志、商品或服务与竞争对手的商标、商号、其他显著标志、商品或

---

❶　就（d）项而言，"违反诚实工业或商业惯例的方式"，应至少指违反合同、违反信任和诱使违约等做法，且包括第三方明知或因重大过失而不知其参与获取未披露信息的情况。

服务之间，不会在市场上产生混淆；

（e）不会诋毁或贬低竞争对手的商标、商号、其他识别标志、商品、服务、活动或情况；

（f）对于具有产地标记的产品，其在任何情况下，与具有相同标记的产品相关；

（g）其不会不正当地利用竞争对手的商标、商号或其他识别标志的声誉，或竞争产品的原产地名称；且

（h）其不会将商品或服务作为带有受保护商标或商号的商品或服务的仿制品或复制品进行呈现；

（2）在确定广告是否具有误导性时，审裁处应考虑其所有特点，特别是其中所载有关下列内容的任何信息：

（a）商品或服务的特点，如其可得性、性质、执行、组成、制造或提供的方法和日期、对目的的适用性、用途、规格、地理或商业来源或预期的使用结果，或对商品或服务进行的试验或检查的结果和实质特征；

（b）价格或者计算价格的方式，以及提供商品或者提供服务的条件；及

（c）刊登广告者的性质、属性和权利，例如其身份和资产、其资格及工业、商业或知识产权的所有权或其获得的奖项和荣誉。

（3）对禁止误导性广告或监管比较广告具有合法权益的任何人，均可向审裁处对此类广告提起法律诉讼。

（4）对于根据（3）款向审裁处提出的所有申诉，审裁处应在其作出下列命令前，应考虑涉及的所有利益，特别是公众利益：

（a）刊登广告者发布更正声明；

（b）停止误导性广告，或者对于尚未发布但即将发布的未经许可的比较广告，禁止进行此类发布。

（5）本条不排除自律组织对误导或比较广告的主动控制，亦不排除有关人员向该等机构求助，如果向该等机构提起的程序是在（3）款所述审裁处程序之外。

第8章　转让和传转

第69条　注册登记商标的转让

（1）注册商标应像其他私人财产或动产一样，通过转让、遗嘱处置或法

律规定进行传转。

（2）注册商标亦可针对企业商誉或独立地进行传转。

（3）注册商标的转让或以其他方式传转可以部分进行，即仅适用于下列方面的有限转让或传转：

（a）部分而非全部注册商标的商品或服务；或

（b）以特定方式或在特定地点使用该商标。

（4）注册商标的转让或与注册商标有关的同意，除非由转让人或（视情况而定）个人代表以书面签署，否则不具效力。

（5）（4）款的规定应适用于以担保方式进行的转让，如同适用于任何其他转让一样。

（6）注册商标的转让或以其他方式传转应与其他私人财产或动产一样可成为押记的对象。

（7）本条例任何规定不得被解释为影响未注册商标作为企业商誉一部分进行转让或其他传转。

第70条　对影响注册商标的交易进行登记

（1）下列人员向注册处长提出了申请后：

（a）主张通过可登记交易有权享有注册商标中或注册商标项下利益的人；或

（b）主张因该交易而受影响的任何其他人，

应将规定的交易详情登录注册登记簿。

（2）下列交易为可登记交易：

（a）注册商标或其任何权利的转让；

（b）根据注册商标授予的许可；

（c）就注册商标或注册商标中或注册商标项下任何权利授予任何固定或浮动担保权益；

（d）个人代表就注册商标或注册商标中或注册商标项下的任何权利作出同意；及

（e）高等法院、地区法院或其他主管当局作出转让注册商标或注册商标中或注册商标项下权利的命令。

（3）在申请登记规定的可登记交易详情前：

（a）对于在不知情情况下取得该注册商标中或注册商标项下冲突利益的

人来说，该交易无效；且

（b）主张因交易而成为被许可人的人不受第 69 条、第 77 条或第 79 条保护。

（4）可以通过规则对下列事项作出规定：

（a）修订与许可有关的登记详情，以反映许可条款的任何变更；及

（b）在下列情况下从注册簿中删除该等详情：

（i）登记详情显示授予许可为固定期限且该期限届满的；或

（ii）未注明期限的，在可能规定的期限后，注册处长已告知当事人其意图从注册簿中删除相关详情。

（5）还可通过规则作出规定，应担保权益受益人的申请或经其同意，修改或从注册簿中删除有关该权益的详情。

第 71 条　商标作为物权客体的登记申请

（1）第 39 条（1）款、第 24 条（2）至（7）款、第 69 条和第 70 条的规定，经必要修改后，适用于商标注册申请，如同适用于注册商标。

（2）在第 70 条适用的情况下，就影响商标注册申请的交易而言，凡提述在注册簿记入详情及提出登记详情的申请，应解释为提述就该等详情向注册处长发出通知。

第 9 章　商标使用和被许可人

第 72 条　拟成立公司拟使用商标

（1）注册处长确信存在下列任一情况的，商品或服务的商标注册申请，不得仅以申请人似乎不使用或不打算使用该商标为由而被拒绝，亦不得撤销商标注册许可：

（a）公司根据 1984 年公司法（1984 年第 47 号）或其任何修订成立和登记，且申请人意图向该公司转让商标，以便于该公司就该等商品或服务使用商标的；或

（b）申请人意图通过允许使用的方式使用商标。

（2）第 73 条的规定就根据本款注册的商标具有效力，犹如该条（1）款（a）项对注册申请人认为商标应由其使用的意图的提述，已被其认为商标应由有关公司或授权使用者使用的提述所取代。

（3）在（1）款（a）项适用的情况下，审裁处可要求申请人就与任何异议或上诉有关的任何程序的费用提供担保；未妥为提供担保的，可视为放弃该申请。

（4）在（1）款（a）项适用的情况下，商品或服务的商标是以申请人名义以向公司转让商标的意向作为依据而注册的，除非在规定的期间内或在以规定方式向注册处长提出申请后允许的不超过 6 个月的进一步期限内，该公司已注册为商标权人，否则在该期间届满时，该注册即告失效，而处长须据此修订注册簿。

第 73 条　注册的撤销

（1）存在下列任一情况的，商标注册可予以撤销：

（a）在完成登记程序后 5 年内，商标权人或其授权使用者未在巴基斯坦就其注册的商品或服务进行善意使用，且不存在不使用商标的适当理由；

（b）该善意使用已被不间断地暂停 5 年，且不存在不使用商标的适当理由；

（c）由于商标权人的作为或不作为，该商标在商业经营中就所注册商品或服务成为通用名称；且

（d）由于商标权人或经其同意就注册商标的商品或服务使用商标，有可能误导公众，特别是在该等商品或服务的性质、质量或地理来源方面。

（2）就（1）款而言，商标的使用应包括以不同元素的形式使用，但不改变商标在其注册形式中的显著特征。

（3）商标注册在 5 年期限届满后但在提出撤销申请前开始或恢复使用的，不得以（1）款（a）项或（b）项规定的理由撤销该商标注册，只有在准备开始或恢复使用的工作在商标权人获悉提出申请前就开始了的情况下，才可视为撤销。

（4）撤销申请可由利害关系人向注册处长提出，但下列情况除外：

（a）商标相关程序在高等法院或地区法院未决的，应向高等法院或地区法院（视情况而定）提出申请；且

（b）向注册处长提出申请的，注册处长可在程序任何阶段将该申请移转高等法院或地区法院。

（5）撤销理由只涉及部分注册商标的商品或服务的，撤销仅涉及该等商品或服务。

（6）商标注册在任何程度范围内被撤销的，商标权人的权利应被视为自

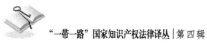

下列时间开始在该程度范围内停止：

（a）申请撤销之日；或

（b）注册处长、高等法院或地区法院确信在较早日期存在撤销理由的，自该较早日期。

（7）商标注册以提供恶意担保为理由被撤销或宣告无效的，申请人应自撤销或宣布无效（视情况而定）之日起 2 年内，禁止就相同或近似商标申请注册。

第 74 条　由商标权人以外的人使用商标

（1）商标的允许使用应被视为由商标权人使用商标，且不应被视为由商标权人以外的人使用商标，该使用根据本条例或现行有效的任何其他法律是具关键性的使用。

（2）审裁处在决定将商标使用利益向谁转让时，不得将利益转给除下列人员外的其他任何人：

（a）商标进行注册的，商标所有权人；或

（b）商标作为驰名商标有权受到《巴黎公约》保护的，商标所有人。

第 75 条　注册商标许可

（1）注册商标使用许可可以是普通许可，也可以是有限许可。

（2）有限许可尤其适用于：

（a）注册商标的部分但并非全部商品或服务；或

（b）以特定方式或在特定地点使用该商标。

（3）除非由授权人或其代表书面签字，否则许可无效。

（4）除非许可另有规定，否则许可应对授权人利益的权利继承人具有约束力。

（5）许可规定的，被许可人可以授权分许可，且在本条例中提及的许可人或被许可人，应包括分许可人或分被许可人。

第 76 条　独占许可的定义

（1）在本条例中，"独占许可"，指允许被许可人排除所有其他人（包括许可授予人）以许可人授权方式使用注册商标的普通许可或有限许可，且"独占被许可人"应作相应解释。

（2）独占被许可人应对受许可约束的权利继承人享有相同的权利，如同其针对许可授予人一样。

第77条　商标侵权时针对被许可人权利的一般规定

（1）除第61条另有规定外，被许可人有权（除非被许可人或其利益来源的任何被许可人另有规定）要求该注册商标权人就影响其利益的任何事项提起侵权诉讼。

但是，商标权人：

（a）拒绝如此行事；或

（b）在要求如此行事后2个月内未如此行事的，

被许可人可以其自身名义提起诉讼，如同其是商标权人一样。

（2）被许可人根据本条提起侵权诉讼的，未经高等法院或地区法院许可，在未将商标权人作为原告加入或追加为被告前被许可人不得继续诉讼；

但是，上述规定不得影响就被许可人提起的申请，给予临时救济；

（3）根据（2）款规定被追加为被告的商标权人，除非其参与诉讼，否则无须承担诉讼中的任何费用。

（4）在注册商标权人提起的侵权程序中，应考虑被许可人遭受的或可能遭受的任何损失，高等法院或地区法院可就原告应在多大程度上代表被许可人持有任何金钱救济的收益作出其认为合适的指示。

（5）独占被许可人根据第78条（1）款享有受让人的权利和救济的，本条规定适用该独占被许可人，如同其未注册商标权人一样。

第78条　独占被许可人享有受让人的权利和救济

（1）独占许可可以规定，被许可人在许可规定的范围内，对许可授予后发生的事项享有与许可转让相同的权利和救济，在作出该规定的情况下或在其规定范围内，被许可人有权在不违反许可规定和本条下列规定的情况下，以自身名义对商标权人以外的人提起侵权诉讼。

（2）独占被许可人的任何该等权利和救济应与注册商标权人的权利和救济一致，且在本条例中针对侵权提及的注册商标权人应作相应解释。

（3）在独占被许可人根据本条提起的诉讼中，被告可以提出如果诉讼是由注册商标权人提起时其本可以提出的任何抗辩。

（4）商标权人或独占被许可人就注册商标提起的侵权诉讼完全或部分涉

及其同时享有起诉权的侵权行为的，未经高等法院或地区法院许可，在另一方作为原告加入或追加为被告前，商标权人或独占被许可人（视情况而定）不得继续诉讼；

但是，上述规定不得影响就商标权人或被许可人提起的申请，给予临时救济。

（5）根据（4）款规定被追加为被告的人，除非其参与诉讼，否则无须承担诉讼中的任何费用。

（6）就注册商标提起的侵权诉讼完全或部分涉及商标权人和独占被许可人同时享有起诉权的侵权行为的：

（a）高等法院或地区法院在评估损害赔偿时，应考虑下列内容：

（i）许可期限；和

（ii）任何一方就侵权行为已获得或可获得的金钱救济；

（b）法院已就侵犯该等权利向他们当中的另一方判给损害赔偿的，法院不得指示交出所得利润；及

（c）如有交出所得利润的指示，高等法院或地区法院应在他们之间的协议规限下基于公正将利润分摊给他们。

（7）无论商标权人和独占被许可人是否作为诉讼的当事双方，（6）款规定应予以适用，高等法院或地区法院可以针对程序的一方当事人应在多大程度上代表另一方当事人持有金钱救济收益作出其认为适当的指示。

（8）注册商标权人应在申请根据第48条作出命令前，通知同时享有起诉权的任何独占被许可人，且在被许可人提出申请后，高等法院或地区法院在考虑许可条款后，可根据该条作出其认为适当的命令。

（9）除非独占被许可人和商标权人有任何不同约定，否则（4）至（8）款应具有效力。

第79条　放弃注册商标

（1）商标权人可就注册商标的部分或全部商品或服务放弃注册商标。

（2）可以通过规则对下列事项作出规定：

（a）放弃的方式和效力；及

（b）对注册商标享有权利的其他人的权益的保护。

第 80 条　注册无效的理由

（1）商标注册可以以该商标注册违反第 14 条或其任何规定为由而宣告商标注册无效。

（2）商标注册违反第 14 条（1）款（b）、（c）项或（d）项的，如果因商标使用而在商标注册后就注册商标的商品或服务获得显著特征的，商标不应被宣布无效。

（3）可以因下列理由，宣布商标注册无效：

（a）存在符合第 17 条（1）、（2）款或（3）款所列条件的在先商标；或

（b）存在符合第 17 条（4）款所列条件的在先权利，

但该在先商标或其他在先权利的权利人同意注册的除外。

（4）利害关系人可向注册处长、高等法院或地区法院提出宣布无效的申请，但下列情况除外：

（a）与所涉商标相关的程序在高等法院或地区法院未决的，应向高等法院或地区法院提出申请；且

（b）在任何其他情况下，已向注册处长提出申请的，注册处长可在诉讼任何阶段将申请提交至高等法院或地区法院。

（5）商标注册涉及欺诈的，注册处长可以向高等法院或地区法院申请宣布注册无效。

（6）无效理由仅针对注册商标的部分商品或服务存在的，该商标应仅就该等商品或服务宣布无效。

（7）商标注册在任何程度被宣布无效的，应在该程度被视为从未注册，但本规定不影响过去已完成的交易。

第 81 条　默许的效力

（1）在先商标或其他在先权利的所有人自注册之日起在知悉相关使用的情况下连续 5 年默许在巴基斯坦使用注册商标的，不再享有下列基于该在先商标或其他权利的任何权利：

（a）申请宣布在后商标注册无效；或

（b）就在后商标已经使用的商品或服务对其使用提出异议，

但在后商标注册属恶意申请或使用的除外。

（2）适用（1）款的，在后商标权人无权对在先商标的使用或在先权利

的利用（视情况而定）提出异议，尽管也不得再针对其在后商标主张在先商标或权利。

第 82 条　集体商标

（1）"集体商标"，指将作为商标权人的团体的成员的商品或服务与其他企业的商品或服务区分开来的商标。

（2）本条例的规定适用于集体商标，但附件一另有规定的除外。

第 83 条　证明商标

（1）"证明商标"，指表示与其使用有关的商品或服务在原产地、商品制造方式或服务性能、质量、准确度或其他特征方面经商标权人认证的标志。

（2）本条例的规定适用于证明商标，但附件二另有规定的除外。

第 84 条　域名

（1）"域名"，指一种便于用户使用且可替代互联网地址的标记。

（2）本条例的规定适用于域名，但附件三另有规定的除外。

第 10 章　《巴黎公约》

第 85 条　"《巴黎公约》"和"公约国"的含义

在本条例中：

（a）"《巴黎公约》"，指 1883 年 3 月 20 日签订并经不时修改或修订的《保护工业产权巴黎公约》；且

（b）"公约国"，指除巴基斯坦外的《巴黎公约》公约国。

第 86 条　驰名商标的保护

（1）在本条例中，凡提及有权作为驰名商标受到保护的商标，均指根据《巴黎公约》享有该权利且在巴基斯坦因为其是下列人员的商标而为人所熟知：

（a）公约国国民；或

（b）居住在公约国或在公约国有真实有效的工业或商业营业所，

无论该人是否在巴基斯坦开展业务或具有任何商誉，且提及的该商标权

人应加以相应解释。

（2）就本条例而言，审裁处在确定商标是否为驰名商标时，无须要求该商标在巴基斯坦注册或以销售商品或服务的形式实际使用，应考虑以下因素作为确定该商标驰名地位的相关标准：

（i）商标在巴基斯坦或世界各地的认可度；

（ii）商标固有的或获得的显著性强度；

（iii）商标在巴基斯坦或世界各地的使用和广告宣传持续期间；

（iv）商标在巴基斯坦或世界各地具有的商业价值；

（v）商标在巴基斯坦或世界各地使用和广告宣传的地理范围；

（vi）商标在巴基斯坦或世界各地已获得的品质和形象；及

（vii）商标在巴基斯坦或世界各地获得排他性使用和注册，且就相同或近似的商品或服务，是否存在已有效注册或使用的相同或欺骗性近似的第三方商标。

（3）有权作为驰名商标受《巴黎公约》保护的商标的所有人有权在下列情况下通过禁令禁止在巴基斯坦使用与驰名商标相同或欺骗性近似的商标或其主要部分：

（a）针对相同或近似的商品或服务，如果使用可能引起混淆；或

（b）该使用会稀释驰名商标的显著性特征。

（4）根据（3）款授予的权利须受第 81 条规定的约束，而该款任何规定均不影响继续善意使用在本条例生效前已开始使用的商标。

第 87 条　公约国的国徽

（1）由公约国国旗组成或含有公约国国旗的商标，未经该国主管当局授权，不得注册，但注册处长认为未经授权允许以拟议方式使用该国旗的除外。

（2）由受《巴黎公约》保护的公约国的纹章或任何其他国家徽章组成或包含的商标，未经该国主管部门授权，不得注册。

（3）由公约国采用的官方标志或标记以及表示控制和保证的标志或标记组成或包含的商标，如该标志或标记受《巴黎公约》保护，未经有关国家主管当局授权，不得就与其表示控制和保证的商品或服务相同或类似的商品或服务进行注册。

（4）本条关于国旗和其他国家徽章以及官方标志或标记的规定，应同样适用于从纹章角度看模仿该旗帜或其他徽章、标记或标记的任何物品。

（5）本条任何内容均不妨碍被授权使用某国国徽、官方标志或标记的该国国民提出的商标注册申请，尽管该商标与另一国商标相似。

（6）根据本条规定商标注册需要或将需要公约国主管当局授权的，该当局有权通过禁止令禁止未经其授权而在巴基斯坦使用该商标。

第88条　国际组织的徽章

（1）由受《巴黎公约》保护的任何徽记、缩写或名称组成或包含此类徽记、缩写或名称的商标，未经有关国际组织授权不得注册，除非在注册处长看来，以拟议方式使用该徽记、缩写或名称：

（a）没有向公众表明组织和商标之间存在联系；或

（b）不可能就使用者和组织之间的联系程度对公众造成误导。

（2）本条与国际组织徽章有关的规定应同样适用于从纹章角度模仿任何此类徽章的物品。

（3）根据本条规定商标注册需要或可能需要国际组织授权的，该组织应有权通过禁止令限制在巴基斯坦使用未经其授权的任何商标。

（4）本条任何规定不应影响在本条例生效前开始善意使用相关商标的人的权利。

第89条　根据《巴黎公约》第6条之三发出的通知

（1）就第87条而言，仅在下列情况下，公约国除其国旗和官方标志和印记外的国徽，应被视为受《巴黎公约》保护：

（a）相关国家已根据《巴黎公约》第6条之三（3）款通知巴基斯坦其希望保护该国徽、标志或印记；

（b）通知仍有效；且

（c）巴基斯坦未根据《巴黎公约》第6条之三（4）款表示异议，或已撤回该异议。

（2）就第88条而言，仅在下列情况下，国际组织的徽章、缩写和名称，应被视为受《巴黎公约》保护：

（a）相关组织已根据《巴黎公约》第6条之三（3）款通知巴基斯坦其希望保护该徽章、缩写和名称；

（b）该通知仍有效；且

（c）巴基斯坦未根据《巴黎公约》第6条之三（4）款表示异议，或已撤回该异议。

（3）根据《巴黎公约》第 6 条之三（3）款发出的通知仅对收到该通知后 2 个月以上提出的注册申请有效。

（4）注册处长应备存下列清单并在所有合理的时间内免费供公众查阅：

（a）国徽和官方标志或印记；和

（b）国际组织的徽记、简称和名称；

其根据《巴黎公约》第 6 条之三（3）款的通知当前受《巴黎公约》保护。

第 90 条　代理人或代表的行为

（1）商标注册申请人是进口商，或不是第 128 条规定的代理人，或在公约国是商标权人的代表：

（a）且所有权人对申请提出异议的，应拒绝注册；或

（b）申请未被提出异议而获批准的，所有权人可以：

（i）申请宣布注册无效；或

（ii）申请更正注册簿，以将其名称替代为注册商标权人。

（2）尽管有本条例赋予的权利，所有权人仍可通过禁止令禁止在巴基斯坦使用任何未经其授权的商标。

（3）该代理人或代表证明其行为存在正当理由的，不适用（1）款或（2）款的规定。

（4）根据第（1）款（a）项或（b）项提出的申请，应在所有权人获悉该注册后 3 年内提出，所有权人默许使用连续 3 年或以上的，不得根据（2）款发出禁止令。

第 91 条　商标适用的商品或服务的性质

就根据本条例注册商标而言，拟应用商标的商品或服务的性质，在任何情况下均不会对该商标的注册构成障碍。

第 92 条　商号

商号无论是否构成商标的一部分，均应受到保护，而无须根据本条例进行备案或注册。

第 11 章　纺织品的特别规定

第 93 条　纺织品

联邦政府应规定本章条款适用的商品类别（在本章中称为纺织品）所使用的商标，在符合上述规定的前提下，本条例的其他规定适用于该等商标，如同其适用于其他类别商品所使用的商标一样。

第 94 条　对纺织品的注册限制

（1）就作为布匹的纺织品而言：

（a）单独由线头组成的商标不得注册为商标；

（b）线头不应被视为适用于区分；且

（c）商标注册不得给予线头专有使用权。

（2）就任何纺织品而言，字母或数字或字母与数字组合的注册应受到可能规定的条件和限制的约束。

第 95 条　咨询委员会

（1）联邦政府可按规定的方式，为本章的目的，成立一个或多个由熟悉纺织业惯例的人士组成的咨询委员会。

（2）注册处长应就纺织商品的商标注册申请中出现的任何纺织业特有情况，征求任何此类咨询委员会的意见。

（3）任何此类咨询委员会的会议地点和事务处理方式应按规定确定。

第 12 章　注册簿的更正和改正

第 96 条　注册簿的更正或改正

（1）有充分利害关系的人均可以申请更正注册簿中的错误或遗漏，但不得就影响商标注册有效性的事项，提出更正申请。

（2）可以向注册处长提出更正申请，但下列情况除外：

（a）与所涉商标相关的程序在高等法院或地区法院未决的，应向高等法院或地区法院提出申请；且

（b）已向注册处长提出申请的，注册处长可在诉讼任何阶段将申请提交

至高等法院或地区法院。

（3）除非注册处长或高等法院或地区法院另有指示，否则更正注册簿后，相关错误或遗漏应视为从未发生过。

（4）注册商标权人或被许可人如以订明的方式提出申请，注册处长可将其名称或地址的任何更改记录在注册簿内。

第97条　采用新分类记项

（1）注册处长如认为有需要，可为注册商标的目的，按规定实施任何经修订或替代的商品或服务分类。

（2）注册簿上的现有记项可予以修订，以记录可能规定的任何新分类。

（3）（2）款和（3）款所述任何修订权力的行使不得扩大注册所赋予的权利，但注册处长认为遵从该规定会牵涉过度复杂性，且任何扩大不属于实质性，亦不会对任何人的权利造成不利影响的除外。

（4）注册处长可以：

（a）要求注册商标权人在订明时间内提交注册簿修订建议；及

（b）未如此行事的，取消或拒绝续展商标注册。

（5）（4）款所述任何建议均应予以公布，并可按规定方式提出异议。

第13章　违规、处罚和程序

第98条　"应用商品说明"的含义

（1）存在下列任一行为的，应被视为将商品说明应用于商品或服务：

（a）将商品说明应用于商品本身或针对商品或服务而使用；

（b）将商品说明应用于出售、为出售而展示、为出售或为任何贸易或制造目的而持有的任何包件，或与之一起出售；

（c）在应用商品说明的任何包件或其他物品中或与之一起放置、装入或附加用于出售、为出售而展示、为出售或任何贸易或制造目的而持有的任何商品；

（d）以任何方式使用商品说明，使人合理地相信与该商品说明有关的商品或服务是由该商品说明设计或描述的；或

（e）就商品或服务而言，在任何标志、广告、发票、目录、商业信函、价目表或其他商业文件中使用商品说明，并且按照参照所使用商品说明提出

的要求或订单向他人交付货物或提供服务。

（2）商品说明不论是织在、印在、以其他方式加工成、附在或贴在商品或任何包装或其他东西上，均应视为应用于商品。

第 99 条　应用虚假商品说明等的处罚

有下列任一行为的：

（a）将任何虚假商品说明应用于商品或服务；

（b）将国家、地点、名称或地址的虚假显示应用于任何根据第 126 条规定必须标明制造或生产商品的国家或地点或制造商或为其制造商品的人的名称和地址的商品；

（c）篡改、修改或涂改根据第 126 条规定应用于任何商品的产地标记；或

（d）促致任何上述事项发生，

除非其能证明其行为没有欺诈意图，否则将被处以 3 个月以上 2 年以下监禁，或处以 5 万卢比以上罚金，或两者并处。

第 100 条　对第二次或以后定罪的加重处罚

已被判定犯有第 99 条规定罪行的，如再次被判定犯有任何该罪行，应对第二次及以后每一次罪行处以 6 个月以上 3 年以下监禁，或处以 10 万卢比以上罚金，或两者并处。

第 101 条　对伪造注册簿记项的处罚

在注册簿中作出或促致作出虚假记项，或作出或促致作出任何书面记录，伪称是注册簿记项的副本，或是注册簿记项副本的文字，或出示或提交或安排出示或提交任何该等书面记录作为证据，而明知该记项或书面记录是虚假的，应处以 3 个月以上 2 年以下监禁，或处以 5 万卢比以上罚金，或两者并处。

第 102 条　错误陈述商标已注册的处罚

（1）任何人不得就下列内容作出下列陈述：

（a）就不属于注册商标的商标，表明其是注册商标；

（b）就并非作为商标单独注册的部分注册商标，表明该部分单独作为商

标注册；

（c）就事实上没有注册商标的任何商品或服务，表明注册商标已进行注册；或

（d）表明商标注册赋予任何情况下的商标专有使用权，但在考虑到记入注册簿中的限制后，该注册事实上并未赋予该权利。

（2）违反（1）款规定的，应处以1个月以上6个月以下监禁，或处以2万卢比以上罚金，或两者并处。

（3）就本条而言，在巴基斯坦使用"注册"一词或任何其他明示或默示提及注册的其他措辞，应被视为在注册簿中的注册，但下列情况除外：

（a）该词或其他措辞与其他词直接联系使用，而该其他词至少与该词或其他措辞的字符一样大，并且表明该提述针对的是根据巴基斯坦以外某国家的法律作出的商标注册，而在该国家，根据其法律该提述所指的注册事实上是有效的；

（b）该其他表达本身乃显示该提述是指（a）项提及的注册；或

（c）该词是就根据巴基斯坦以外某国家的法律注册为商标的标记，以及就将出口往该国家的商品或供在该国家使用的服务而使用的。

（4）注册处长可主动或在接获书面投诉后，传召任何被指称违反（1）款（a）至（d）项任何规定的人提出理由，说明为何不应对其采取行动；

但是，注册处长的权力应限于（2）款规定的额度，或在待定的情况下，拒绝商标注册申请，或在商标已注册的情况下，宣布注册无效，或视情况而定，采取多种措施。

第103条　政府徽号和国徽的使用限制

未经正式授权，在任何贸易、业务、职业或专业中：

（a）以可能造成误导的方式使用巴基斯坦国旗；

（b）使用政府徽号或与该徽号非常相似以致相当可能会使人受骗的徽号，而使用方式相当可能会令人相信该人获得妥为授权使用政府徽号；

（c）Quaid－i－Azam Mohammad Ali Jinnah 或 Allama Dr. Mohammad Iqbal 的姓名、头衔和外貌，或其任何变体，或任何纹章、徽记或头衔，其方式可能会令人相信该人受雇于联邦政府或任何省政府或任何该政府的任何部门，或向其供应货物，或与之有关；或

（d）联合国或联合国设立的任何附属机构或世界卫生组织或世界知识产

权组织或世界贸易组织的徽章、正式印章和名称或名称的任何缩写，其使用方式可能会令人相信其已得到该等组织的主管当局妥为授权使用该徽章、印章或名称，

该人可在注册处长或任何获准使用该徽号、纹章、徽记或头衔的人提出诉讼时，以禁止令限制其继续如此使用上述物品，

但本条任何规定不得解释为影响含有该徽号、纹章、徽记或头衔的商标权人继续使用该商标的权利（如有）。

第 104 条 公司犯罪

（1）公司犯本条例所订罪行的，该公司和在犯案时负责处理该公司业务的每一名主管和负责人，均应视为犯了该罪行，并可据此被检控和惩罚；

但如果其能证明罪行是在其不知情的情况下实施的，或其已尽一切努力防止该罪行发生的，本款任何规定均不会使任何该人受到任何惩罚。

（2）尽管（1）款有任何规定，公司犯有罪行，且能够证明该罪行是在公司任何董事、经理、秘书或其他高级人员的同意或纵容下发生的，或该罪行的发生可归因于公司任何董事、经理、秘书或其他高级人员的任何疏忽的，该董事、经理、秘书或其他高级人员亦应被视为犯有该罪行，并应受到检控及惩罚。

解释：就本条而言：

（a）“公司”，指任何法人团体，包括合伙企业、商号或其他个人联合体；

（b）“董事”，就商号而言，指该商号的合伙人。

第 105 条 对犯罪行为判给赔偿的权力

（1）在根据本条例提起的任何诉讼中，高等法院或地区法院在判处罚金时，可指示向权利被侵犯的人或该人的继承人或法律代表支付不超过其判处罚金50%但与该人所受损失相称的金额作为赔偿。

（2）根据（1）款支付赔偿时，不得影响其在高等法院或地区法院就同一事项可能提起或待决的诉讼或其他程序中提出任何索赔的权利。

第 106 条 在巴基斯坦教唆在境外实施行为的惩罚

在巴基斯坦境内教唆在巴基斯坦境外实施如在巴基斯坦境内实施根据本条例将构成犯罪的任何行为的，可在巴基斯坦境内任何地方以教唆罪对其进

行审判，并处以如果其本人在该地实施教唆行为所应受到的惩罚。

第107条　不适当描述营业地点与商标注册处有关系的处罚

在营业地或在签发的任何文件上，或以其他方式，使用会使人合理地相信其营业地是商标注册处，或与该处有正式联系的文字的，即为犯罪，可处以2年以下监禁，或处以罚款，或两者并处。

第14章　其他条款和一般性规定

第108条　注册处长要求使用表格的权力

（1）注册处长可要求使用其为任何目的而指示的表格，而该等表格是与商标注册或根据本条例在其面前进行的任何其他法律程序有关的。

（2）表格和注册处长关于其使用的任何指示应以规定的方式通知。

第109条　与申请和注册商标有关的信息

（1）在商标注册申请公布后，注册处长应根据请求向请求人提供请求中可能指明的与该申请或由该申请产生的任何注册商标有关的资料，并允许其查阅与该申请有关的文件，但须遵守可能规定的限制。

（2）根据（1）款提出的任何请求，须以规定的方式提出，并附有规定的费用。

（3）在公布商标注册申请前，注册处长不得公布构成该申请或与该申请有关的文件或资料，也不得将该文件或资料传达给任何人，但下列情况除外：

（a）在规定的情况和范围内；或

（b）经申请人的同意，

但须符合（4）款的规定。

（4）某人被告知已提出商标注册申请，且该申请如获准申请人将就该申请公布后的行为对其提起诉讼的，尽管该申请尚未公布，其仍可根据（1）款提出请求，并相应地适用该款规定。

第110条　费用、费用担保和罚金

（1）可通过规则作出规定，授权注册处长在根据本条例向其提出的任何程序中：

（a）判给任何一方当事人其认为合理的费用；

（b）强加其认为合理的条件；和

（c）指示支付费用或罚金的方式和支付方。

（2）注册处长的任何该等命令可与民事法院的判决一样执行。

（3）可通过规则作出规定，授权注册处长在规定的情况下，要求在其面前进行诉讼程序的一方就该程序或上诉程序的费用提供担保，并规定不提供担保的后果。

第 111 条　注册处长席前的程序

（1）在根据本条例向注册处长提出的所有程序中：

（a）注册处长拥有民事法院的一切权力，以便接受证据、主持宣誓、强制证人出庭、强制披露和出示文件、为审查证人而发出委托，以及颁发经争论有效证书；

（b）证据应以宣誓书方式提供，但注册处长如认为合适，可录取口头证据以代替或补充宣誓书证据。

（2）在规定时间内以书面形式要求注册处长行使本条例或根据本条例制定的规则赋予其的任何权力的，注册处长不得在未给予该方陈述意见机会的情况下，以对出现在其席前的任何一方不利的方式行使该权力。

第 112 条　争论注册有效证书

在任何法律程序中，商标注册有效性受到质疑，且所作决定有利于商标权人的，审裁处可为此颁发证书；颁发该证书后，在随后质疑上述有效性的任何法律程序中，该商标权人在获得对其有利的最终命令或判决后，除非该最终命令或判决因充分的理由另有指示，否则有权在法律从业者和客户之间获得其全部成本、费用和开支。

第 113 条　注册处长出席涉及注册簿的程序

（1）在向法院提起涉及下列方面申请的所有程序中：

（a）撤销商标注册申请；

（b）宣布商标注册无效；或

（c）更正注册簿，

注册处长有权出席和陈词，且如果高等法院指示，应出席。

（2）除非高等法院另行指示，否则注册处长可以向高等法院提交由其书面签字的陈述书以代替出庭，而该陈述书应提供下列详情：

（a）就争议事项，向注册处长提出的任何程序；

（b）由注册处长作出对争议事项有影响的决定理由；

（c）商标注册处在类似案件中的做法；或

（d）其作为注册处长认为适当的争议相关事项和其所知的事项，

且该陈述书应被视为构成诉讼证据的一部分。

（3）注册处长根据本条获授权或可能获授权或被要求作出的任何事项，均可由其妥为授权的人员代为作出。

第114条　对注册处长决定的上诉

（1）除非本条例另有明确规定，否则应在规定期限内，就注册处长根据本条例或根据本条例所订立的规则作出的任何决定，向具有司法管辖权的高等法院提起上诉；

但高等法院或地区法院正在审理与受质疑商标有关的任何诉讼或其他程序的，应向该高等法院或地区法院所处司法管辖区内的高等法院（视情况而定）提起上诉。

（2）在注册申请人对注册处长根据第21、22条或第28条所作决定提出的上诉中，除非得到高等法院明确许可，否则注册处长或反对上诉的任何一方均可提出除上述决定中记录的理由或该方在注册处长审理程序中所提理由以外的其他理由；提出任何该等补充理由的，注册申请人在以规定方式发出通知后，可撤回其申请，而无须支付注册处长或反对其申请的各方的费用。

（3）在符合本条例的规定和根据本条例制定的规则的前提下，1908年民事诉讼法（1908年第5号）的规定适用于根据本条例向高等法院或地区法院提出的上诉。

第115条　向联邦政府提起的程序

在根据本条例在联邦政府进行的所有程序中，证据应以宣誓书的形式提供，但联邦政府如认为合适，可取得口头证据以代替宣誓书证据，或作为宣誓书证据的补充，并为此目的拥有第111条（a）款所述的民事法庭的所有权力。

第 116 条　在特定案件中选择向高等法院、地区法院或注册处长提出申请的程序

根据本条例，申请人可选择向高等法院、地区法院或注册处长提出申请：

（a）但任何有关该商标的诉讼或程序在高等法院或地区法院待决的，该申请须向高等法院或地区法院（视情况而定）提出；且

（b）在任何其他情况下，申请是向注册处长提出的，其可在程序任何阶段将该申请转交给高等法院或地区法院。

第 117 条　向地区法院提起侵权诉讼

任何侵犯商标或与商标的任何权利有关的诉讼，均不得在对案件审理有管辖权的地区法院的下级法院提起。

第 118 条　在向高等法院或地区法院提起程序中的注册处长费用

在根据本条例向高等法院或地区法院提起的所有程序中，注册处长的费用应由高等法院或地区法院（视情况而定）酌情决定，但不得命令注册处长支付任何当事方的费用。

第 119 条　商标使用的证明责任

在根据本条例提起的任何程序中，就注册商标的使用提出问题的，应由所有权人证明注册商标的使用。

第 120 条　作为公务员的特定人员

根据本条例任命的人应被视为 1860 年巴基斯坦法典（1860 年第 45 号）第 21 条所指的公务员。

第 121 条　供公众查阅的文件

（1）除非在本条例中另有规定：

（a）注册簿和以注册簿记项为依据的任何文件；

（b）针对商标注册的任何异议通知书，向注册处长提出的更正申请、与之相关的抗辩书，以及当事方在向注册处长提起的任何程序中提供的任何宣誓书或文件；

（c）注册处长在公告中指明的其他文件，

在符合规定的条件下，应在商标注册处公开供公众查阅。

（2）在向注册处长提出申请并且在支付规定费用后，任何人均可获得注册簿任何记项或在（1）款中提及的任何文件的核证副本。

第122条　根据本条例提起的任何程序的一方当事人死亡

如果根据本条例进行的任何法律程序（并非在高等法院或地区法院进行的任何程序）的一方当事人在程序未决期间死亡，注册处长根据要求并在获得证据令其信纳死者的权益已经传转的，可在该程序中以其权益继承人取代死者，或注册处长认为死者的权益已由尚存各方充分代表的，可允许该程序继续进行，无须以其权益继承人取代。

第123条　时间的延长

（1）注册处长在收到以订明方式向其提出的申请并随附订明费用后，信纳有充分理由延长作出任何并非本条例明文规定的作为的时间的，不论如此指明的时间是否已届满，其可在其认为合适的条件规限下，延长该时间，并据此通知有关各方。

（2）（1）款不得视为要求注册处长在处理延长时间的申请前听取各方意见，不得对注册处长根据本条发出的任何命令提出上诉。

第124条　不得强迫注册处长和其他人员出示注册簿等

注册处长或商标注册处的任何人员，在其并非诉讼一方的任何程序中，不得强迫其出示注册簿或由其保管的任何其他文件，而该等文件的内容可藉出示根据本条例发出的经核证副本而予以证明，亦不得强迫其出庭作证，以证明其中所记录的事项，但高等法院或地区法院就特别案件作出命令的除外。

第125条　要求商品表明产地标记的权力

（1）联邦政府可在官方公报中发出通知，要求通知中规定的任何种类商品，凡在巴基斯坦境外制造或生产并进口到巴基斯坦的，或在巴基斯坦境内制造或生产的，应自通知指定的日期起不少于3个月，在商品上注明制造或生产该等商品的国家或地点，以及制造者或为其制造商品的人的姓名和地址。

（2）根据（1）款发出的通知，可具体说明应用该等标记的方式，即是对商品本身还是以任何其他方式应用，以及必须有标记的时间或场合，即是仅在进口时,还是在销售时,仅在批发时,还是零售时,还是两者兼而有之。

(3) 1897 年通用条款法(1897 年第 10 号)第 23 条的规定,应适用于根据(1)款发出的通知,如同该等规定适用于制定规则或细则,而制定这些规则或细则的条件是事先公布。

(4) 根据(1)款发出的通知,不适用于在巴基斯坦境外制造或生产并进口到巴基斯坦的商品,如果海关官员在进口时信纳其是打算出口的,不论是在巴基斯坦转运或过境后还是其他情况。

第 126 条 送达地址

(1) 在根据本条例进行的任何程序中,每个申请人或对方当事人,如果不在巴基斯坦境内居住或开展业务,应提供在巴基斯坦境内送达的地址,就与有关法律程序有关的所有目的而言,该地址可被视为该人的实际地址。

(2) 送达地址应被视为申请人或对方当事人的地址,且与申请或异议通知有关的所有文件均可通过递交或通过挂号信方式发送至申请人的送达地址(视情况而定)。

第 127 条 商标代理人

(1) 根据本条例或在本条例项下应由任何人作出的任何行为(作出任何宣誓书除外),该行为除由该人亲自作出外,可在订明条件的规限下,由已按订明方式在商标注册处注册为商标代理人的正式获授权代理人代替该人作出。

(2) 联邦政府可通过在官方公报上发布通知,制定关于商标代理资格、注册和行为的规则。

第 128 条 费用

(1) 须就本条例项下的申请和注册及其他事项缴付订明的费用。

(2) 可以通过规则对下列事项作出规定:

(a) 就两项或多项事项支付一笔费用;及

(b) 返还或免除费用的情况。

第 129 条 对联邦政府和省政府具有约束力

本条例的规定应对联邦政府和省政府具有约束力。

第 130 条　与任何其他政府达成互惠安排的权力

在不损害 1994 年与贸易有关的知识产权协定第 3 条和第 4 条的情况下，联邦政府可通过在政府公报上发出通知为本条例的目的与其他政府达成互惠安排。

第 131 条　高等法院制定规则的权力

高等法院可以就其根据本条例向其提出的所有程序订立与本条例规定一致的规则。

第 132 条　联邦政府制定规则的权力

（1）联邦政府可在符合事先公布的条件的情况下通过在政府公报上发布通知为实现本条例的目的制定规则。

（2）特别是在不损害上述权力一般性规定的情况下，该等规则可以规定如下所有或任何事项：

（i）根据第 10 条（1）款纳入注册簿中的事项；

（ii）根据第 10 条（5）款注册簿供公众查阅所受的条件和限制；

（iii）根据第 12 条商品和服务国际分类规定对商品和服务进行的分类；

（iv）根据第 12 条（2）款公布按字母顺序排列的商品和服务分类索引；

（v）注册处长根据第 16 条通知将某个词语作为国际非专利商标名的方式；

（vi）根据第 22 条（1）款提出商标注册申请的方式；

（vii）根据第 25 条（2）款（a）项提出公约申请的方式和期限；

（viii）基于根据第 25 条（7）款提出的公约申请与主张优先权方式有关的事项；

（ix）在根据第 26 条（4）款展出期间就商品或服务提供临时保护的条件；

（x）根据第 28 条（2）款向注册处长发出反对根据第 28 条（1）款刊登广告或重新刊登广告的注册申请的通知的方式，以及须就该申请缴付的费用，根据第 28 条（2）款提出延期申请，以及须就该申请缴付的费用。

（xi）向申请人送达通知副本的方式、根据第 28 条（4）款提出的延期申请以及为该申请所需缴纳的费用，发送关于该申请的理由和所需缴纳费用的反陈述；

（xii）向对方当事人送达反陈述的方式、第 28 条（5）款规定的延期申请以及为该申请所需缴纳的费用，向注册处长发送复辩书；

（xiii）根据第 28 条（6）款向申请人送达复辩书副本的方式；

（xiv）根据第 28 条（7）款提交任何证据的方式和提交此类证据的时间限制；

（xv）根据第 28 条（9）款允许改正异议通知、反陈述或复辩书中任何错误或任何修订的方式；

（xvi）根据第 30 条（b）款（i）项通知注册处长的方式；

（xvii）根据第 33 条（1）款申请注册的时间；

（xviii）根据第 33 条（2）款应支付的费用和应支付的时间；

（xix）根据第 33 条（4）款公布注册的方式和注册证明的格式；

（xx）根据第 33 条（5）款发出通知的方式；

（xxi）根据第 35 条（2）款将续展注册的到期日期告知注册商标权人的方式；

（xxii）根据第 35 条（3）款支付额外续展费用的额外期间；

（xxiii）根据第 35 条（6）款恢复从注册簿中删除注册的方式和条件；

（xxiv）根据第 37 条（3）款公布变更和主张因变更受影响的任何人提出反对意见有关的事宜；

（xxv）根据第 38 条（2）款发送弃权书的方式和效力，以及保护对注册商标享有权利的其他人的利益的方式和效力；

（xxvi）根据第 59 条（2）款（a）项申请人通过向海关官员发出通知同意放行商品的时间期间；

（xxvii）根据第 70 条（1）款和（3）款在注册簿中填写的交易详情；

（xxviii）根据第 70 条（4）款和（5）款中规定的事项；

（xxix）根据第 72 条（4）款提出申请和就该申请应支付费用的方式；

（xxx）根据第 93 条对商品进行的分类；

（xxxi）根据第 94 条（2）款纺织品的字母或数字或其任何组合可获准登记的条件和限制；

（xxxii）根据第 95 条（1）款成立一个或多个咨询委员会的方式，及根据该条第（3）款召开会议和开展业务相关事项的方式；

（xxxiii）根据第 96 条（4）款提出申请的方式；

（xxxiv）根据第 97 条（1）款对商标进行注册而言，与注册处长授权实施其认为必要的事项以便于对商品或服务进行任何修订或替换分类有关的事项；

（xxxv）根据第 97 条（4）款（a）项提出修订建议的时间；

（xxxvi）根据第 97 条（5）款提出反对意见的方式；

（xxxvii）根据第 108 条（2）款注册处长告知表格和就其使用作出任何指示的方式；

（xxxviii）根据第 109 条（1）款强加限制、提出申请和支付款项的方式；

（xxxix）根据第 109 条（3）款商标注册申请、构成申请的文件或信息或与申请有关的文件或信息可由注册处长公布或传达给任何人的情况和范围；

（xl）根据第 110 条（1）款而言与向注册处长赋予权利有关的事项；

（xli）有关授权注册处长要求在其席前进行程序的一方就该等程序或上诉程序提供费用担保的事项，以及不根据第 110 条（3）款提供担保的后果；

（xlii）对注册处长根据本条例或根据本条例制定的规则作出的任何决定向高等法院或根据第 114 条（1）款具有管辖权的地区法院提出上诉的期限；

（xliii）根据第 114 条（2）款发出通知的方式；

（xliv）根据第 121 条（1）款所列文件供公众查阅的条件；

（xlv）根据第 121 条（2）款获得核证副本应支付的费用；

（xlvi）根据第 123 条（1）款提出申请和支付申请费用的方式；

（xlvii）根据第 127 条（1）款由正式授权代理人实施除作出任何宣誓书之外的任何行为的条件；

（xlviii）根据第 127 条（2）款与商标代理人资质、注册和行为有关的事项；

（xlix）根据第 128 条（1）款提出申请、注册和其他事项应支付的费用；

（l）根据第 128 条（2）款与就两项或多项事项支付单独费用相关的事项和返还或免除费用的情况；

（li）根据附件一第 5 条（2）款制定必须遵守规章的进一步要求；

（lii）根据附件二第 6 条（2）款制定必须遵守规章的进一步要求；

（liii）根据附件三第 2 条（3）款对互联网相关计算机服务进行确定和分类的程序；

（liv）根据附件四第 2 条（2）款和第 9 条第（2）款制定填写记项的程序；

（lv）根据附件四第 11 条（2）款提出申请和支付申请费用的方式；

（lvi）在注册簿中填写额外信息；

（lvii）注册处长根据本条例判给费用的规定；

（lviii）与设立注册处分支机构有关的事项；

（lix）在根据本条例向注册处长、联邦政府提起的程序中，提出申请、发出通知和告知事项的方式；

（lx）与本条例要求告知的时间或期限有关的事项；

（lxi）与商标注册处或其分支机构业务有关的事项和监管根据本条例规定由注册处长或联邦政府酌情处理的一切事项；及

（lxii）要求规定或可能规定的任何其他事项。

第 133 条　过渡性事项

在本条例生效时，附件四的规定对过渡性事项，包括根据 1940 年商标法（1940 年第 5 号）注册的商标的处理，以及根据该法提出的注册申请和其他待决程序，具有效力。

第 134 条　废除和保留

（1）特此废除 1940 年商标法（1940 年第 5 号）。

（2）在本条例生效时存在的商标注册处及其分支机构应继续，如同其是根据本条例成立的一样。

（3）委任至根据 1940 年商标法（1940 年第 5 号）设立的商标注册处的注册处长、其他官员和任何其他人员应被视为委任至根据本条例设立的商标注册处。

附件一

［见第 82 条（2）款］
集体商标

第 1 条　概述

本条例的规定应适用于集体商标，但本附件另有规定的除外。

第2条　构成集体商标的标志

就集体商标而言，第2条（xlvii）项对将一个企业的商品或服务与其他企业的商品或服务进行区分的提述，应解释为对作为商标权人的社团成员的商品或服务与其他企业的商品或服务进行区分的提述。

第3条　地理来源标记

（1）尽管有第14条（1）款（c）项的规定，可注册的集体商标由区分商品或服务的地理来源的标志或标记组成。

（2）该商标权人无权禁止根据在工业或商业事项中的诚实做法，特别是由有权使用地理名称的人使用该标志或标记。

第4条　集体商标在特点或显著特征方面不存在误导性

（1）公众易于被商标的特点或显著特征误导的，特别是该商标易于被当成其他内容而不是集体商标时，该集体商标不应予以注册。

（2）因此，注册处长可以要求申请注册的商标包括表明其是集体商标的说明。

（3）尽管有第27条（7）款的规定，可以对申请加以修改以便于符合任何该等要求。

第5条　集体商标使用管理规定

（1）集体商标的注册申请可与商标使用管理规定一起提交给注册处长。

（2）在（1）款所述规定应指明获授权使用商标的人、成为团体成员的条件以及商标使用条件（如有），包括对滥用的制裁。

（3）（1）款所述规定必须遵守的任何其他要求，可按规定实施。

第6条　注册处长对规定的批准

（1）除非管理商标使用的规定符合下列要求，否则不得对集体商标进行注册：

（a）符合第5条（2）款的要求和可能规定的任何进一步要求；及

（b）未违反公共政策或公认的道德准则。

（2）在公布集体商标注册日期后规定期限结束前，申请人应向注册处长提交规定，并支付规定的费用；未能支付费用的，应视为撤销申请。

第 7 条　接受或拒绝申请的程序

（1）注册处长应考虑是否满足第 6 条（1）款规定的要求。

（2）注册处长认为不满足该等要求的，应通知申请人，允许其在注册处长规定的期间作出陈述或提出修正规定。

（3）申请人无法使注册处长信纳其满足该等要求，或未提交修改规定以满足该等要求，或未在规定期间结束前作出回复的，注册处长应拒绝申请。

（4）注册处长认为其满足该等要求和其他注册要求的，应接受申请，并根据第 28 条的规定进行；

第 8 条　规定应予以公布

（1）应公布关于集体商标使用的规定，并可就第 6 条（1）款规定的事项发出异议通知和提出意见。

（2）（1）款规定是对据以反对申请或提出意见的任何其他理由的补充。

第 9 条　规定可供查阅

注册集体商标使用管理规定应以注册簿相同的方式供公众查阅。

第 10 条　对规定的修订

（1）对注册集体商标使用管理规定的修订，只有将修订后的规定提交给注册处长并由其接受后方生效力。

（2）在接受任何修订规定前，注册处长可在其认为有利的情况下，促致公布经修订的规定。

（3）注册处长公布修订规定的，可就第 6 条（1）款规定的事项，发出异议通知和提出意见。

第 11 条　对授权使用人权利的侵犯

下列规定适用于注册集体商标的授权使用人，如同适用于商标被许可人一样：

（a）第 40 条（7）款；

（b）第 51 条（2）款；和

（c）第 53 条。

第 12 条　侵犯注册集体商标

（1）本条规定对于授权使用人在注册集体商标受侵犯时的权力，应具有效力。

（2）获授权使用人有权要求商标权人就影响其利益的任何事项提起侵权诉讼，但须遵守其与商标权人之间的任何相反约定。

（3）商标权人：

（a）拒绝如此行事的；或

（b）在被要求如此行事后 2 个月内未如此行事的，

获授权使用人可以以自身名义提起诉讼，如同其是商标权人一样。

（4）根据本条提起侵权诉讼的，未经高等法院或地区法院许可，在商标权人作为原告加入或追加为被告前，获授权使用人不得继续进行该诉讼。

（5）（4）款的规定不得影响就获授权使用人提出申请给予的临时救济。

（6）根据（4）款追加为被告的商标权人，除非参与诉讼，否则不承担任何诉讼费用。

（7）在注册集体商标权人提起的侵权诉讼中，获授权使用人遭受或可能遭受的任何损失均应予以考虑，高等法院或地区法院可就原告应在多大程度上代表该等使用人持有任何金钱救济的收益作出其认为合适的指示。

第 13 条　撤销注册的额外理由

除第 73 条规定的撤销理由外，集体商标注册可出于下列原因予以撤销：

（a）商标权人使用商标的方式已经导致该商标变得易于以附件一第 4 条（1）款提及的方式误导公众；

（b）商标权人未能遵守或未能确保遵守商标使用管理规定；或

（c）对商标使用管理规定作出的修订使得该等规定：

（i）不再符合第 5 条（2）款的要求和可能规定的任何进一步条件；或

（ii）违反公共政策或公认的道德准则。

第 14 条　注册无效的额外理由

除第 80 条规定的无效理由外，集体商标注册可以以商标注册违反附件一第 4 条（1）款和第 6 条（1）款为理由宣布无效。

附件二

[见第83条（2）款]
证明商标

第1条　概述
本条例的规定应适用于证明商标，但本附件另有规定的除外。

第2条　构成证明商标的标志
就证明商标而言，在第2条（xlvii）项对将一个企业的商品或服务与其他企业的商品或服务进行区分的提述，应被解释为将已证明的商品或服务与未证明的商品或服务进行区分的提述。

第3条　地理来源标记
（1）尽管有第14条（1）款（c）项的规定，可注册的证明商标由区分商品或服务的地理来源的标志或标记组成。

（2）该商标权人无权禁止根据在工业或商业事项中的诚实做法，特别是由有权使用地理名称的人使用该标志或标记。

第4条　商标权人的业务性质
商标权人经营的业务涉及提供经认证种类的商品或服务的，不得注册认证商标。

第5条　证明商标在特点或显著特征方面不存在误导性
（1）公众易于被商标的特点或显著特征误导的，特别是该商标易于被当成其他内容而不是证明商标时，该证明商标不应予以注册。

（2）因此，注册处长可以要求申请注册的商标包括表明其是证明商标的说明。

（3）尽管有第27条（7）款的规定，可以对申请加以修改以便于符合任何该等要求。

第 6 条　证明商标使用管理规定

（1）证明商标的注册申请可与商标使用管理规定一起提交给注册处长。

（2）（1）款所述规定应说明获授权使用证明商标的人、该商标的特征、证明机构如何检验该等特征和监督商标使用、与商标使用相关的任何费用（如有）以及争议解决程序。

（3）（1）款所述规定必须遵守的任何其他要求，可按规定实施。

第 7 条　注册处长对规定的批准

（1）除非符合下列要求，否则不得对证明商标进行注册：

（a）商标使用管理规定：

（i）符合第 6 条（2）款的要求和可能规定的任何进一步要求；及

（ii）未违反公共政策或公认的道德准则；且

（b）申请人有资格证该商标注册的商品或服务。

（2）在申请注册证明商标日期后规定期限结束前，申请人应向注册处长提交规定，并支付规定的费用；未能支付费用的，应视为撤销申请。

第 8 条　接受或拒绝申请的程序

（1）注册处长应考虑是否满足附件二第 7 条（1）款规定的要求。

（2）注册处长认为不满足该等要求的，应通知申请人，允许其在注册处长规定的期间作出陈述或提出修正规定。

（3）申请人无法使注册处长信纳其满足该等要求，或未提交修改规定以满足该等要求，或未在规定期间结束前作出回复的，注册处长应拒绝申请。

（4）注册处长认为其满足该等要求和其他注册要求的，应接受申请，并根据第 28 条的规定进行。

第 9 条　规定应予以公布

除反对申请或提出意见的任何其他理由外，应公布关于注册证明商标使用的规定，并可就附件二第 7 条（1）款规定的事项发出异议通知和提出意见。

第 10 条 规定可供查阅

注册证明商标使用管理规定应以注册簿相同的方式供公众查阅。

第 11 条 对规定的修订

(1) 对注册证明商标使用管理规定的修订，只有将修订后的规定提交给注册处长并由其接受后方生效力。

(2) 在接受任何修订规定前，注册处长可在其认为有利的情况下，促致公布经修订的规定。

(3) 注册处长公布修订规定的，可就附件二第 7 条 (1) 款规定的事项，发出异议通知和提出意见。

第 12 条 对注册证明商标转让的同意

未经注册处长同意，转让或以其他方式传转注册证明商标无效。

第 13 条 对授权使用人权利的侵犯

下列规定适用于注册证明商标的授权使用人，如同适用于商标被许可人一样：

(a) 第 40 条 (7) 款；

(b) 第 51 条 (2) 款；和

(c) 第 53 条。

第 14 条 高等法院或地区法院考虑获授权使用人遭受的损失

在注册证明商标权人提起的侵权诉讼中，获授权使用人遭受或可能遭受的任何损失均应予以考虑，高等法院或地区法院可就原告应在多大程度上代表该等使用人持有任何金钱救济的收益作出其认为合适的指示。

第 15 条 撤销注册的额外理由

除第 73 条规定的撤销理由外，证明商标注册可出于下列原因予以撤销：

(a) 商标权人已开始进行附件二第 4 条规定的业务；

(b) 商标权人使用商标的方式已经导致该商标变得易于以附件二第 5 条 (1) 款提及的方式误导公众；

（c）商标权人未能遵守或未能确保遵守商标使用管理规定；或

（d）对商标使用管理规定作出的修订使得该等规定：

（i）不再符合附件二第 6 条（2）款的要求和可能规定的任何进一步条件；或

（ii）违反公共政策或公认的道德准则；或

（e）商标权人不再有资格证明该商标注册的商品或服务。

第 16 条　注册无效的额外理由

除第 80 条规定的无效理由外，集体商标注册可以以商标注册违反附件二第 4 条、第 5 条（1）款和第 7 条（1）款为理由宣布无效。

附件三

［见第 84 条（2）款］

域名

第 1 条　概述

本条例的规定应适用于域名，但本附件另有规定的除外。

第 2 条　注册要求❶

（1）域名如作为源标识符使用的，可以作为相关商品或服务的商标进行注册。

（2）域名注册申请人应证明其通过互联网使用该域名提供商品或服务。该等证据的形式应是显示使用域名作为来源标识符的样本。

（3）可以通过规则作出规定，对与互联网相关的计算机服务进行进一步识别和分类。

第 3 条　地理来源标记

（1）尽管有第 14 条（1）款（c）项的规定，可注册的域名由可用以区分商品或服务的地理来源的标志或标记组成。

---

❶　解释：就本条而言，在互联网上使用域名来将一个企业与另一个企业的商品或服务进行区分的，该域名应被视为源标识符，但使用域名作为单纯的方向性参考的，类似于使用电话号码或商业地址，不应视为使用域名作为源标识符。

（2）该标志的所有人无权禁止他人根据在工业或商业中的诚实做法使用该标志或标记，特别是由商标使用地理名称的人所使用。

第 4 条　域名在特点或显著特征方面不存在误导性

（1）公众易于被商标的特点或显著特征误导的，特别是该商标易于被当成其他内容而不是域名时，该域名不应予以注册。

（2）因此，注册处长可以要求申请注册的商标包括表明其是域名的说明。

（3）尽管有第 27 条（7）款的规定，可以对申请加以修改以便于符合任何该等要求。

第 5 条　受理、异议和注册程序

本条例中适用于商标的受理、注册和异议的规定，亦适用于域名。

第 6 条　注册期间和续展

尽管有第 32 条和第 33 条的规定，域名注册期间为自注册之日起 5 年，但只要该域名在互联网上实际使用，其可按相同期限续展。

第 7 条　第 73 条的规定不适用于域名

第 73 条的规定不适用于域名。

第 8 条　规则

可以通过规则作出规定，对与互联网相关的计算机服务进行进一步识别和分类。

附件四

［见第 134 条］

过渡性规定

第 1 条　引言

（1）在本附件中：

（a）"现有注册商标"，指在本条例生效前，根据 1940 年商标法（1940 年第 5 号）注册的商标或证明商标；

（b）"1940 年法"，指 1940 年商标法（1940 年第 5 号）；

（c）"旧法"，指在本条例生效前适用于现有注册商标的 1940 年法和届时有效的任何法律。

（2）就本附件而言：

（a）在本条例生效前已提出但尚未最终确定的申请，应视为未决；且

（b）提出申请的日期根据 1940 年法应被视为提交日期。

第 2 条　现有注册商标

（1）现有注册商标在本条例生效时应转至注册簿，且除本附件另有规定外，应如同根据本条例注册一样具有效力。

（2）根据 1940 年法第 11 条（3）款规定以系列商标注册的现有注册商标，应以同样方式在新注册簿中进行注册。

（3）可通过规则作出规定，将该等记项以本条例规定的记项形式进行记录。

（4）在任何其他情况下，指明现有注册商标与其他商标有关联的注释，应在本条例生效时即告失效。

第 3 条　免责声明、限制和条件

在本条例生效前，在根据 1940 年法备存的注册簿上填写的、与任何现有注册商标有关的免责声明、限制或条件应转至注册簿，并应具有与根据第 15 条填入注册簿相同的效力。

第 4 条　侵权的效力

（1）除（3）款的规定外，第 39 至 42 条的规定自本条例生效时起适用于现有注册商标，第 46 条的规定适用于本条例生效后作出的侵犯现有注册商标的行为。

（2）旧法应继续适用于在本条例生效之前发生的侵权行为。

（3）下列行为不构成对下列内容的侵犯：

（a）现有注册商标；或

（b）与现有注册商标的显著特征相同或实质上相同且针对相同商品或服务进行注册的注册商标，

在本条例生效后，继续使用，但该使用根据旧法不得构成对现有注册商

标的侵权。

第5条　侵权商品、材料和物品

第48条的规定应适用于在本条例生效之前或之后制作的侵权商品、材料或物品。

第6条　被许可人或获授权使用人的权利和救济

（1）第75条的规定应适用于在本条例生效之前授予的许可，但是仅针对本条例生效后实施的任何侵权行为。

（2）附件二第14条的规定应仅适用于在本条例生效之前发生的侵权行为。

第7条　注册商标的共有

第24条的规定应自本条例生效之日起适用于在本条例生效之前将两人或多人注册为共有权人的现有注册商标；

但只要共有权人保持1940年法第17条（2）款所述关系，则应被视为其约定排除第24条（2）款和（3）款的规定。

第8条　注册商标的转让

（1）第67条的规定应适用于在本条例生效后发生的，与现有注册商标有关的交易和事项，并且旧法应继续适用于在本条例生效之前发生的交易和事项。

（2）在本条例生效后，根据1940年法第35条记录的现有记项应转至注册簿，且具有与根据第70条记录的记项相同的效力。

（3）根据1940年法第35条提出的注册申请，在本条例生效时在注册处长席前仍未决的，应视为根据第70条提出的注册申请，并应相应地进行处理，

但注册处长可要求申请人修订其申请，以符合本条例的要求。

（4）在本条例生效之前，根据1940年法第35条提出的、已由注册处长决定但尚未作出最终决定的注册申请应根据旧法处理，且（2）款的规定应适用于在注册簿内由此产生的任何记项。

（5）在本条例生效前有人通过转让或传转对现有注册商标享有权利，但

未注册其所有权的，在本条例生效后的任何注册申请应根据第70条提出。

（6）在（3）款或（5）款规定适用的情况下，1940年法第35条（2）款的规定应继续适用，且就未注册的后果而言，不适用第68条（3）款的规定。

第9条　注册商标的许可

（1）第73条和第74条（2）款的规定应仅适用于在本条例生效后授予的许可，且旧法应继续适用于本条例生效之前向获授权使用人授予的许可。

（2）在本条例生效后，根据1940年法第39条记录的现有记项应转至注册簿，且具有与根据第70条记录的记项相同的效力。

（3）可以根据规则作出规定，以本条例规定要求填写记项相同的形式填写在（2）款中提及的记项。

（4）作为注册使用人进行注册的申请，在本条例生效时在注册处长席前仍未决的，应被视为根据第70条（1）款提出的许可注册申请，并应相应地进行处理；

但注册处长可要求申请人修订其申请，以符合本条例的要求。

（5）作为注册使用人进行注册的申请，在本条例生效时已由注册处长决定但尚未作出最终决定的，应根据旧法律处理，且（2）款的规定应适用于在注册簿内由此产生的任何记项。

（6）在本条例生效后根据1940年法第42条未决的任何程序应根据旧法处理，且应对注册簿作出任何必要的改动。

第10条　未决注册申请

（1）根据1940年法提出的商标注册申请，如根据1940年法第15条（1）款或该条（1）款的但书进行公布，或在本条例生效前已发出公布命令的，应根据旧法处理，但须符合以下各款规定；已注册的，就本附件而言，该商标应视为现有注册商标。

（2）本条例生效后，1940年法第12条关于处理注册申请的规定不予考虑。

第11条　未决申请的转换

（1）本条例生效前未决注册申请尚未根据附件四第15条（1）款或1940

年法第 15 条（1）款但书公布，也尚未作出进行此类公布命令的，申请人可以通知注册处长，主张根据本条例规定确定该商标的可注册性。

（2）根据（1）款发出的通知应以规定格式，在支付相关费用后，在本条例生效后不迟于 12 个月发出。

（3）根据（1）款妥为发出的通知不可撤销，具有申请应被视为在本条例生效后立即作出的效力。

第 12 条　按照旧分类注册的商标

注册处长可行使其权力，确保不符合第 12 条所规定分类制度的任何现有注册商标符合该制度要求。

第 13 条　海外申请主张优先权

尽管公约申请是在本条例生效前提出的，但第 25 条规定仍适用于在本条例生效后根据本条例提出的注册申请。

第 14 条　注册的期间和续展

（1）第 32 条（1）款的规定适用于根据本条例生效后提出的申请而进行的商标注册，而旧法适用于任何其他情况。

（2）因本条例生效之日或之后未能续期的，适用第 32 条（2）款和第 33 条的规定，而在任何其他情况下，旧法继续适用。

（3）在（1）款或（2）款提及的任一情况下，何时支付费用无关紧要。

第 15 条　未决注册商标变更申请

根据 1940 年法第 48 条提出的但在本条例生效后未决的申请，应根据旧法处理，并应在注册簿中作出任何必要的变更。

第 16 条　因不使用而撤销

（1）根据 1940 年法第 37 条提出的但在本条例生效后未决的申请，应根据旧法处理，并应在注册簿中作出任何必要的变更。

（2）根据第 73 条（1）款（a）项或（b）项提出的申请，可在本条例生效后任何时间就现有注册商标提出。

但是，在本条例生效后 5 年内，不得根据 1940 年法第 38 条申请撤销现有注册商标的注册。

第 17 条　更正申请

（1）根据 1940 年法第 46 条或第 47 条提出的但在本条例生效后未决的申请，应根据旧法处理，并应在注册簿中作出任何必要的变更。

（2）根据针对现有注册商标适用的第 80 条提起的程序而言，本条例的规定在所有关键时间视为已生效；

但是，不得以第 17 条（3）款规定的理由与先前为不同商品注册的商标相冲突而对现有注册商标的有效性提出异议。

第 18 条　与证明商标使用有关的规定

（1）调整根据 1940 年法存放在商标注册处的现有注册证明商标的使用规定，在本条例生效后，应视作根据附件二第 6 条提交。

（2）本条例生效前任何有关修订规定的要求，均应根据旧法处理。

穆罕默德·拉菲克·塔拉尔

总统

马利克·哈卡姆·汗

起草人/增设秘书

·2003 年第 36 号法律·

斯里兰卡知识产权法（商标法部分）

王广震* 译

第一章　商标和商号

第 101 条　定义

就本部分而言，除文意另有所指外：

"证明商标"，指表明针对使用该商标的商品或服务，通过由商标所有人就商品的产地来源、材质、制造模式或服务的履行、质量、准确性或其他特征进行证明的商标；

"集体商标"，指旨在用于区分在注册所有人控制下使用该商标的不同企业的商品或服务的产地来源或其他共同特征的任何可见标志；

"企业经营"，指由已经注册或组建成立，并且无论是否根据与从事或意图从事任何业务的公司、合作社或工商户有关的任何现行法律注册的个人、合伙企业、公司或合作社开展的任何业务、行业或其他活动，且包括政府或在斯里兰卡或任何地点开展业务的任何国有企业实施的任何商业经营；

"虚假商品描述"，就其所适用的商品或服务而言，实质性地具有虚假或误导性的商品描述，并且包括通过添加、删除或其他方式对商品描述作出的任何变更，前提是此类变更实质性地作出了虚假或误解描述，并且商品描述作为商标或部分商标的事实并不妨碍此类商品描述作为本节定义的虚假商品描述；

"地理标识"，指识别某一商品来源于某国的领土或该领土内的一个地区或地方的标识，而该商品所具有的质量、声誉或其他特性实质上归因于其地

---

　* 译者简介：法学博士，西南政法大学知识产权学院硕士生导师。

理来源；

"商品"，指作为交易、制造或买卖对象并且包括服务的任何事物；

"产地标记"，指用以表明产品或者服务起源于某一特定国家或者国家集团、地区或者地方的任何表述或者标志；

"商标"，指商标或服务商标；

"名称"，包括名称的任何缩写；

"人员"，指制造商、经销商、交易商或所有人，包括任何法人或非法人团体；

"服务商标"，指用于区分一个企业的服务与另一个企业的服务的任何可见标志；

"商品描述"，指直接或间接的任何描述、陈述或其他标识：

（a）关于任何商品的编号、数量、尺寸、规格或重量；

（b）关于任何商品的制造或生产地点或国家；

（c）关于制造或生产任何商品的模式；

（d）关于任何商品构成的材料；

（e）关于作为受到本法案保护的现有版权、相关权利、工业设计或专利或任何其他事宜标的的商品；

（f）关于服务的质量、种类或性质；

（g）关于根据在行业中的常用或公认分类，任何商品的质量标准；或

（h）关于任何商品的用途、强度、性能或性状的适合性；

并且根据该行业的惯例，使用通常被视为上述任何事项标识的任何数字、文字或标记，应被视为作为本节定义的商品描述；

"商标"，指用于区别一个企业商品与另一个企业商品的任何可见标志；

"商号"，指识别自然人或法人企业的名称或标示。

第二章　商标的获许

第 102 条　商标的获许

（1）除后续规定外，本部分授予的商标专用权应通过注册取得。

（2）商标注册可以授予下列人员：

（a）有效申请最先符合条件的人员；或

（b）就其申请，最先有效申请优先权的人员：

但是，此类商标不得根据第 103 条和第 104 条不予以受理。

（3）商标可以特别包括商品或集装箱的随意或想象标示、名称、笔名、地名、标语、装置、浮雕、字母、数字、标签、信封、徽记、印刷品、印戳、印章、装饰图案、边缘、镶边、颜色和形状的组合或安排。

第 103 条　基于客观理由不予受理的商标

（1）下列商标不得进行注册：

（a）包含由商品或服务的固有性质或其工业功能所规定的形状或形式；

（b）仅包含在交易中用于指示商品或相关服务的种类、质量、数量、意图、价值、原产地、生产时间或供货时间的标志或指示；

（c）仅包含已经成为目前语言中的或者真实的、在斯里兰卡已建立的贸易实践中的习惯的专门标识或者标志的商标、商品或相关服务的习惯标示；

（d）无法将一个企业的商品或服务与其他企业的商品或服务区分开来；

（e）包含任何诽谤性设计或违反道德或公共秩序，或者在局长或可将该事宜提交至任何法院看来，可能冒犯任何社区的宗教或种族敏感性；

（f）在商品或相关服务的性质、来源、地理标识、制造工艺、特点或用途适用性方面，有可能对业界或公众造成误解；

（g）不会以特殊或特别方式代表个人或企业的名称；

（h）根据其通常意义，具有地理名称或别名；

（i）复制或模仿任何国家、任何政府间国际组织或根据国际公约成立的任何组织的徽章、旗帜或其他徽记、首字母、名称或缩写，但经该国主管当局或国际组织授权的除外；

（j）复制或模仿某个国家的官方标准或品质证明，但经该国主管当局授权除外；

（k）与某个商标或集体商标、证明商标相类似，以至于可能误导公众，该商标或集体商标、证明商标的注册已经到期，并且在提交有关商标注册申请前的 2 年期限内没有续期，或者在提交有关商标注册申请之前的 2 年期限内已经在登记簿中记录了其放弃、撤销或无效；

（l）就在斯里兰卡禁止进行交易的商品或服务寻求注册；

（m）包含可能规定的任何其他词语或定义。

（2）在适用（1）款（b）、（c）、（d）、（f）、（g）项和（h）项的规定时，局长应考虑到所有实际情况，商标在斯里兰卡或其他国家使用的时间，以及商标在其他国家或业界被认为具有显著性的事实。

第 104 条　因第三方权利不予受理的商标

（1）局长不得对下列商标进行注册：

（a）对于与使用可能误导公众的此类商标有关的相同或类似商品或服务，商标与第三方已经有效备案或注册或者随后由有效申请优先权人员申请的商标相类似，以至于可能误导公众；

（b）对于相同或类似的商品或服务，商标与第三方在斯里兰卡早期使用的未注册商标相类似，以至于可能误导公众，前提是申请人意识到或不可能意识到此类使用；

（c）商标与第三方在斯里兰卡已经使用的商号相类似，前提是申请人意识到或者不可能意识到此类使用；

（d）对于与第三方相同或类似的商品或服务，如果商标与斯里兰卡已经知晓的商标或商号相同、具有误导相似性，或者对此类商标或商号构成翻译、音译或转录；或者对于与申请注册的商品或服务不相同或类似的商品或服务，该商标或商号在斯里兰卡是众所周知的并且进行了注册，前提在后一种情况下，针对这些商品或服务使用的商标将表明这些商品或服务与驰名商标所有人之间的联系，并且该驰名商标所有人的利益很可能因使用该商标而受到损害；

（e）侵犯其他第三方权利或者违反第三十二章有关防止不正当竞争的规定；

（f）除非该代理人或代表证明其行为是正当的，否则该商标在未经商标所有人授权下由其他国家的该商标所有人的代理人或代表提出申请。

（2）在确定商标是否是驰名商标时，应考虑下列标准：

（i）与每个商标有关的特殊事实和情况；

（ii）可由此推断该商标为驰名商标的任何事实或情况；

（iii）公众的有关部门对该标志的了解程度或认可程度；

（iv）商标的持续时间、范围和地理区域；

（v）推广商标的持续时间、范围和地理区域，包括广告或宣传，以及在商标所适用商品或服务的任何展销会或展览会上的展示；

（vi）商标注册或注册申请的持续期限和地理区域，但须反映该商标的使用或认可；

（vii）成功执行商标权利的记录，特别是商标被主管当局认可为驰名商标的程度；

（viii）与商标有关的价值；

（ix）本款所规定确定商标是否是驰名商标的标准不应是排他性的或详尽的；

（x）就本款而言：

（a）"主管当局"，指负责确定商标是否为驰名商标或对驰名商标执行既定保护的行政、司法或准司法当局；

（b）"相关公共部门"包括：

（i）商标所适用的商品或服务种类的实际或潜在消费者；

（ii）涉及该商标所适用的商品或服务的分销渠道的人员；

（iii）处理该商标所适用的商品或服务类型的任何人员或团体。

（3）在适用（1）款（a）至（e）项规定时，局长应考虑到在这些条款中提及的第三方已经同意对此类商标进行注册的事实。

第 105 条　不得在登记册中填写信托

不得在登记册中填写任何明示的、默示的或推定的任何信托通知，并且局长也不得接受任何此类通知。

第三章　注册的申请要求和程序

第 106 条　申请要求

（1）应采用规定格式向局长提出商标的注册申请，并且商标的注册申请应包括：

（a）商标的注册请求；

（b）申请人的姓名、地址，并且如果其居住在斯里兰卡境外，则应说明斯里兰卡的邮寄送达地址；

（c）五份商标声明；

（d）要求对商标进行的特定商品或服务的清楚及完整清单，并注明在国际分类中所订明的相应单一类别或多个类别。

（2）如果通过代理人提出申请，则申请应随附申请人授予给代理人的授权委托书。

第 107 条　优先权

希望利用在公约国提出较早申请优先权的某项商标注册申请人应在此类

较早申请日期的 6 个月内，在其申请中附加一份书面声明，表明较早申请的日期和编号，申请人姓名和其自己或其前任提出此类申请的国家，并且应在斯里兰卡提出较晚申请之日起 3 个月内，提供由提出此类较早申请所在国有关当局证实为正确的较早申请副本。

第 108 条　对在国际展览会上展示的商标进行临时保护

（1）在正式或官方承认的国际展览会上展出载有商标的商品，或者根据商标提供的服务，并且自载有该商标的商品或根据该商标提供的服务在该展览会首次展出或提供之日起 6 个月内，商标注册申请人经请求应被视为已经在载有该商标的商品或根据该商标提供的服务在该展览会首次展出或提供之日对该商标申请了注册。

（2）展示载有该商标的商品或根据该商标提供服务证据，应由展览会有关当局签发证明，说明首次在该展览会上针对该商品或服务使用该商标的日期。

（3）（1）款和（2）款的规定不应适用于申请人申请优先权的任何其他期限。

第 109 条　申请费

除非已经向局长缴纳了规定费用，否则不得受理对某项商标提出注册的申请。

第 110 条　对申请进行形式审查

（1）局长应审查商标注册申请人是否满足在第 106 条和第 109 条规定的要求以及第 107 条和第 108 条（如适用）的规定。

（2）申请人未遵守第 106 条和第 109 条规定的，局长可拒绝对商标进行注册：

但是，局长应首先将申请中的任何缺陷通知申请人，并且向申请人提供机会，在收到此类通知之日起的 3 个月内纠正此类缺陷。

（3）申请人纠正此类缺陷的日期应被视为收到注册申请的日期。

（4）申请人未遵守第 107 条或第 108 条规定的，局长不得就商标注册提及申请的优先权。

（5）申请人遵守第 107 条和第 108 条规定的，局长应就商标注册记录申请的优先权或在国际展览会上认证商标使用的日期。

（6）应申请人要求，局长拒绝对商标进行注册的，应书面说明其决定的理由。

第 111 条　经进一步审查后注册商标及公布商标

（1）申请人遵守第 106 条和第 109 条规定的，局长应根据第 103 条和第 104 条的规定审查商标。

（2）根据第 103 条或第 104 条不受理商标的，局长应相应地书面通知申请人，说明拒绝商标注册的理由。

（3）申请人对局长在（2）款所提及通知中说明的全部或任何理由不满意的，申请人可以在收到此类通知之日起 1 个月内，就此类拒绝向局长提出书面意见。

（4）局长收到书面意见后，可就准予听证及进行此类听证的日期、时间和地点通知申请人。

（5）在进行了其认为适当的此类调查后，局长可以拒绝商标的注册申请，或者完全接受该申请，或者强加与使用者的模式或地点有关的或其认为适合强加的条件、修改或修订或此类限制（如有）。

（6）拒绝或有条件接受商标注册申请，且申请人自拒绝或有条件接受之日起 3 个月内要求的，局长应书面说明其决定的理由。

（7）局长认为根据第 103 条或第 104 条允许受理商标的，可要求申请人在公布申请的规定期限内支付规定费用。

（8）在规定期限内未支付公布申请费用的，局长可拒绝商标注册。

（9）（a）在规定期限内支付公布费用的，局长应继续公布申请，列明申请日期、商标陈述、要求商标注册的商品或服务，并注明相应的类别、申请人的姓名和地址。如果申请人居住在斯里兰卡境外，则应说明斯里兰卡的邮寄送达地址、申请的优先权（如果有）或在国际展览会上证明使用该商标的日期。

（b）尽管有（7）款、（8）款和本款（a）项与规定费用和公布有关的规定，局长可以在其自行决定下，要求申请人通过书面通知方式，公布在本款（a）项提及的申请。如果申请人自收到此类通知之日起 3 个月内未能或疏忽公布此类申请，则可以拒绝申请。

（10）如果任何人员根据第 103 条或第 104 条所指明的一项或多项理由认

为不予受理商标，则该人员可以自公布申请之日起 3 个月内，采用规定的格式和缴纳规定费用，向局长提交反对该注册的通知，说明其反对理由，并附上证明该理由的证据。

（11）局长在本条（10）款中规定的期限内未收到反对通知的，应对商标进行注册。

（12）局长在本条（10）款中规定的期限内收到采用规定格式和缴纳规定费用的反对理由通知的，局长应向申请人送达该反对理由副本，并应要求申请人在 3 个月内，以书面形式提出其对上述理由的意见，并附上支持其申请的证据。

（13）在收到申请人的意见后，局长认为有必要进行听证的，应在进行听证后尽快决定是否应对商标进行注册。局长决定对商标进行注册，且如果

（a）在对其决定提起上诉的期限届满后，没有对其决定提起上诉的；

（b）在对此类上诉作出裁定后，对其决定提起上诉的，局长应相应地对此类商标进行注册。

（14）局长可以允许对规定期限给予合理的延长，在此延长期限内必须采取任何措施或必须根据本节支付任何费用。

第 112 条　未完成注册

如果因申请人违约导致自局长收到申请之日起 12 个月内未能完成商标的注册，则局长在以规定格式向申请人发出未完成注册的书面通知后，视为放弃申请，但是在该通知中规定的时间内完成注册的情况除外。

第 113 条　商标登记簿和证书的颁发

（1）局长应保存被称为"商标登记册"的登记册，且所有已注册的商标，以及本部分授权或指示予以记录或可能不时予以规定的与商标有关的其他事项，均应按其注册的先后次序在该登记册中予以记录。

（2）商标的注册应包括商标陈述，并且应说明其编号，以及注册所有人的姓名和地址，并且如果注册所有人居住在斯里兰卡境外，则应说明斯里兰卡的邮寄送达地址，申请和注册日期；如果有效地申请了优先权，则应表明申请优先权所依据的事实、申请编号、日期和国家；如果就在国际展览会上使用商标提交了有效证明，则说明此类证书的内容，已被授予商标注册并注明其相应类别的商品或服务清单。

（3）在进行了商标注册后，局长应向商标的注册所有人颁发注册证书，并且在注册所有人要求时，以挂号信方式将此类证书邮寄至其在斯里兰卡最后登记的邮寄地址，或者如果其居住在斯里兰卡境外，则邮寄至其在斯里兰卡最后登记的邮寄地址。

第 114 条　已注册商标的公布

局长应以规定格式，按其注册的先后次序在政府公报上公布所有已注册商标，包括就每一个已如此刊登的商标提及的可能订明的详情。

第 115 条　登记册的审查和核证副本

任何人员在支付规定费用后，均可审查登记册，并可从中取得经核证的节选内容。

第 116 条　相关商标

如果就同一商品或服务申请注册的商标，与已在登记册上申请人的商标相同或非常相似，由申请人之前的人员使用商品或服务的相同描述可能造成误导或混淆，则作为商标注册的条件，局长可以要求将此类商标作为联合商标登记到登记册中。

第 117 条　联合商标的转让和使用人

联合商标只可作为一个整体而不得单独进行转让和传转，但就一切其他目的而言，此类商标应被视为已作为单独商标进行注册：

但是，如果根据本部分的规定，已注册商标的使用者必须证明其用途，则只要局长认为有必要，其可以接受联合注册商标的使用者或对某个商标作出添加或改动不会对商标识别造成实质性影响的此类商标使用者（因为将该商标视为此类使用者的对等物）。

第四章　商标的注册期限

第 118 条　注册期限

（1）根据本部分其他条款的规定，并且在不损害本部分其他条款规定的情况下，商标的注册应在此类商标注册日期后 10 年到期。

（2）对商标进行注册时，应参照局长收到注册申请的日期，并且就本部分目的而言，此类日期应被视为注册日期。

第119条　续期

（1）在支付了规定费用后，商标的注册可以续期10年。

（2）商标注册的续期不得受到局长对该商标的进一步审查或任何人员提出的异议。

（3）续期费用应在注册期限届满之前12个月内予以支付：

但是，一旦在注册期限届满后支付了此类规定附加费用，允许将支付费用的期限宽限6个月。

（4）局长应在登记册中记录，并且以规定格式在政府公报上公布注册的所有续期，指明从商品或服务清单中删除的任何事项。

（5）在该期限或（3）款中规定的延长期限内未支付续期费用的，局长应从登记册中删除商标。

第120条　已注册商标的改动

商标的注册所有人可以按照规定方式，在支付规定费用情况下，向局长申请许可，以在对商标本质没有重大影响的情况下以任何方式对商标作出添加或改动，而局长可拒绝给予此类许可或可附加他认为适当的条款及与使用方式或地点有关的此类限制而批准许可。如果授予了许可，则应按照规定方式公布改动商标。

第五章　商标注册所有人的权利

第121条　注册所有人的权利

（1）根据本部分其他条款的规定，并且在不损害本部分其他条款规定的情况下，商标的注册所有人应就商标具有下列排他性权利：

（a）使用商标；

（b）转让或传转商标的注册；

（c）签订许可合同。

（2）未经商标注册所有人同意，第三方不得实施下列行为：

（a）对于与注册商标有关的商品或服务，或者对于与使用可能对公众造

成误导的商标或标志有关的类似商品或服务，使用可能对公众造成误导的商标或与商标相类似的标志；和

（b）在没有正当理由和可能损害商标注册所有人利益的情况下，以其他方式使用商标或与商标相类似的标志或商号。

（3）对于与已经注册商标有关的商品（无论此类商品意图在斯里兰卡出售或者从斯里兰卡出口），由第三方在斯里兰卡申请（不论是以印刷、绘画或其他方式）或贴上可能对公众造成误导的商标或与该商标相类似的任何标志应被视为在（2）款中的禁止行为。

（4）如果某个人在相同商品或服务上使用与该注册商标相同的商标，则法院应认定有误导公众的可能性。

第122条　注册所有人的权利限制

商标的注册不得向其注册所有人赋予阻止第三方实施下列行为的权利：

（a）使用其真实姓名、地址、笔名、地理名称或者与生产或供应商品和服务的种类、质量、数量、目的地、价值、原产地或时间有关的确切说明，只要此类使用仅限于识别或提供信息的目的，并且不会就商品或服务的来源对公众造成误导；

（b）在斯里兰卡根据该商标合法制造、进口、出售、销售、使用或储存的商品上使用该商标，前提是此类商品未发生任何变化。

第六章　商标申请和注册的转让和传转

第123条　申请和注册的转让和传转

（1）对于提出申请或注册商标的全部或部分商品或服务，可以将注册申请或商标的注册全部或部分地独立地转让或传转给使用商标的企业，并且此类转让或传转应由签约方或其代表书面签字。

（2）如果转让或传转的目的或效力对公众造成误导，特别是在商标所适用的商品或服务的性质、来源、制造过程、特性或其用途的适宜性方面对公众造成误导，则该转让或传转无效。

（3）通过转让或传转有权获得注册申请或商标注册的任何人员可以规定方式，向局长申请在登记册中记录此类转让或传转。

（4）除非已经向局长支付了规定费用，否则不得在登记册中记录此类转

让或传转。

（5）除非在登记册中加以记录，否则此类转让或传转对第三方无效。

第七章　许可合同

第 124 条　解释

（1）就本部分而言，许可合同是指商标注册所有人（以下简称"许可人"）向其他人员或企业（以下简称"被许可人"）授予许可，就与注册商标有关的全部或部分商品或服务使用该商标的任何合同。

（2）被许可人使用商标应被视为由注册所有人使用商标。

第 125 条　许可合同的格式和记录

（1）许可合同应由签约方或其代表书面签字。

（2）一旦签约方或其代表签署书面申请，在支付规定费用后，局长应在登记册中记录双方希望记录、与合同有关的此类详情：

但是，双方不得披露或记录与此类合同有关的任何其他详情。

第 126 条　被许可人的权利

如果在许可合同中没有任何相反之规定，则被许可人应：

（a）有权就商标注册的所有商品或服务，在商标注册的整个期限（包括续期）内在斯里兰卡领土内使用商标；

（b）无权将其在许可合同项下的权利转让或传转给第三方，或者向第三方授予分许可权。

第 127 条　许可人的权利

（1）如果在许可合同中没有任何相反之规定，则许可人可以就同一商标向第三方或其本人授予使用该商标的进一步许可。

（2）除非在合同中另有规定，否则在许可合同提供排他性许可情况下，许可人不得就同一商标向第三方或其本人授予使用该商标的进一步许可。

第 128 条　许可合同和某些条款的无效

（1）如果许可合同没有保证许可人有效控制与使用商标有关的商品或服

务质量的规定，则许可合同无效。

（2）许可合同中的任何条款或条件，只要其对被许可人施加的限制并非源于本部分赋予商标注册所有人的权利，或对于保障此类权利是不必要的，即属无效：

前提是——

（a）商标使用范围、程度、持续时间或者与使用该商标有关的商品、服务的地理区域、质量、数量的限制；

（b）通过（1）款提及的规定证明合理的限制；和

（c）对被许可人强加不得作出任何可能损害商标注册效力行为的义务，不应被视为构成上述提及的限制。

第 129 条　许可合同的取消

在下列情况下，表明合法利益的任何人员或任何当局（包括局长）向商标注册所有人以及作为一方当事人记录在案的每名受让人、被许可人或下级被许可人提出申请后，法院可以撤销或取消许可合同：

（a）许可人对使用商标的商品或服务质量失去有效控制权；

（b）被许可人已经以对公众造成误导或混淆的方式使用商标。

第 130 条　涉及海外付款的许可合同

（1）如果局长有合理的理由认为任何许可合同或对许可合同作出的任何修订或续展：

（a）向国外支付特许权使用费；或

（b）由于与此类许可合同有关的其他情况，

如对斯里兰卡的经济发展有不利影响，则应将这一事实书面通知中央银行行长，并将其保管的与就此事项作出决定有关的所有文件转交中央银行行长。

（2）如果在收到根据（1）款发出的通知后，中央银行行长书面通知局长上述许可合同或对许可合同作出的任何修订或续展对斯里兰卡的经济发展造成不利影响，则局长应撤销该合同在登记簿上的记录并作废。

（3）本条的规定应在加以必要修改后适用于转让和传转。

（4）本章的规定应在加以必要修改后适用于分许可。

第131条　许可合同注册无效的效力

如果在许可合同到期之前宣布注册无效和失效，则被许可人无需根据许可合同向许可人支付任何款项，并且有权收回已经支付的款项：

但是，如果许可人能够在任何情况下，特别是在被许可人已经有效地从许可中获利的情况下证明偿还是不公平的，则许可人不会被要求进行任何偿还，或只被要求进行部分偿还。

第132条　许可合同的到期、终止或无效

局长应：

（a）在登记册中记录许可合同到期或终止的事实，如果其确信根据第125条（2）款记录的许可合同已经到期或终止且经许可合同双方或其代表签字而提出书面请求；

（b）根据本部分的规定，在登记册中记录许可合同的到期、终止、失效或无效。

第八章　商标注册的放弃和失效

第133条　注册的放弃

（1）通过商标注册所有人或其代表签字并且交付给局长的书面声明，商标注册所有人可以宣布放弃全部或部分已注册商标商品或服务的注册。

（2）一旦收到上述声明，局长应在登记册中记录此类放弃，并且在政府公报上公布此类记录。

（3）放弃应自局长收到上述声明之日起生效。

（4）在登记册中记录了与商标有关的许可合同的，在此类许可合同中没有相反规定的情况下，除非收到由记录在案的任何受让人、被许可人或下级被许可人同意放弃的已签署声明，否则局长不得接受或记录上述放弃，但是其在许可合同中明确放弃其同意的情况除外。

第134条　注册的无效

（1）如果根据第103条和第104条的规定禁止商标注册，则表明合法利益的任何人员或任何主管当局（包括局长）向商标注册所有人以及作为当事

方记录在案的每名受让人、被许可人或下级被许可人提出申请后，法院可以宣布商标注册无效和失效：

但是，不应考虑在向法院提出申请之日不存在的无效理由。

（2）如果商标注册无效的理由仅存在于该商标注册的部分商品或服务，则应就该部分商品或服务宣布注册的无效。

（3）应在根据第 113 条（3）款颁发注册证书之日起 5 年内，基于第 104 条（1）款规定的任何理由，提出宣布无效的声明申请。

第 135 条　无效的日期和效力

（1）当法院作出宣告商标注册全部或部分无效的最终决定时，自此类注册之日起注册应被视为全部或部分（视情况而定）无效和失效。

（2）当宣布无效的声明成为最终决定时，法院司法常务官应将该事实通知局长，局长应在登记册中记录上述声明，并且在政府公报中公布上述声明。

第九章　商标的删除

第 136 条　商标的删除

（1）在下列情况下，表明合法利益的任何人员或任何主管当局（包括局长）向商标注册所有人以及作为当事方记录在案的每名受让人、被许可人或下级被许可人提出申请后，法院可以从登记册中删除任何已注册的商标：

（a）如果注册所有人在向法院提出申请日期之前的连续 5 年内，在无正当理由的情况下，未能在斯里兰卡境内使用商标，或者未能凭许可促使在斯里兰卡境内使用商标；

（b）如果注册所有人已经就注册商标有关的一项或多项商品或服务促使、引起或容忍商标转换为通用名称，以致在业界和公众眼中，它已经失去了作为一种商标的意义。

（2）在根据（1）款（a）项提出的任何申请中，法院可以考虑不使用商标是由于超出注册所有人控制的情况导致的这一事实。法院不得将注册所有人缺乏资金作为不使用该商标的理由。

（3）商标的使用：

（a）商标的形式不同于其注册时的形式（要素没有改变商标的显著特

征），不得作为删除该商标的理由；

（b）就该商标已注册的属于任何特定类别的一件或多件商品或服务而言，应足以防止就同一类别的所有其他商品或服务删除该商标。

第137条　删除商标的日期和效力

在法院就从登记册中删除任何已注册商标作出最终决定时：

（1）在考虑到事件的发生日期和导致该标志被删除的其他情况后，法院可以确定商标注册被视为不再具有法律效力的日期；

（2）法院司法常务官应将法院的决定告知局长，如果法院决定删除商标，则局长可以在登记册中载入此类删除记录，并且在政府公报上公布法院的决定。

第十章　集体商标

第138条　集体商标

（1）根据本章的规定，与商标有关的规定应适用于集体商标。

（2）对于集体商标，参照第101条（由商标或服务商标构成的标志）区分一个企业的商品或服务与其他企业的商品或服务的内容，应被解释为将使用该集体商标企业的商品或服务与其他企业的商品或服务区分开来。

（3）尽管有第103条的规定，可以注册的集体商标由在贸易中可用于表明商品或服务的地理来源的标志或标识构成：

但是，此类商标的所有人无权禁止工商业事务中的诚实做法，特别是由有权使用地理名称的人员使用此类标志或标识。

第139条　集体商标的注册申请

（1）除非在申请中将商标指定为集体商标，且申请随附经申请人适当核实的管理该商标使用条件的副本，否则不得受理集体商标的注册申请。

（2）根据（1）款管理商标使用的条件可确定集体商标应指定的商品或服务的共同特征或质量，商标使用的条件和商标的使用人，对商标的使用行使有效控制权和对违反此类条件使用商标作出的适当制裁。条件应包括在本节中进一步规定的要求。

（3）除非管理商标使用的条件满足下列要求，否则不得对集体商标进行注册：

（a）遵守（2）款规定和根据（2）款制定的任何条例强加的任何要求；

（b）没有违反公共政策或公认的道德原则。

（4）（a）授权使用人有权在其与集体商标注册所有人达成相反协议的情况下，要求集体商标所有人就影响其利益的任何事项提起侵权诉讼。

（b）如果所有人：

（i）拒绝这样做；或

（ii）未能在要求这样做后的 2 个月内这样做，

授权使用人可以其自身名义提起诉讼，如同其是所有人一样。注册所有人成为诉讼一方当事人。

（c）在集体商标所有人提起的侵权诉讼中，授权使用人所遭受或可能遭受的任何损失，均应由法院予以考虑。

（5）除了在第 136 条中规定的理由之外，可以基于下列理由删除集体商标的注册：

（i）商标所有人使用该商标的方式使其容易误导公众理解或认为该商标依赖于政府资助；

（ii）商标所有人未能遵守或未能确保遵守管理商标使用的条件；或

（iii）已经对条件作出了修订以至于条件：

（a）不再遵守（2）款和根据本法案制定条例所强加的任何其他条件要求；或

（b）违反公共政策或公认的道德原则。

（6）除第 134 条规定的无效理由之外，如果集体商标注册违反了第 139 条（1）、（2）款和（3）款的规定，应宣布集体商标的注册无效和失效。

第 140 条　集体商标的注册和公布

（1）集体商标的注册应纳入该部分局长可能决定的登记册，并且注册应随附管理商标使用条件的副本。

（2）根据第 111 条（9）款公布的集体商标申请应包括随附于注册的条件概述。

（3）当根据（1）款对集体商标进行注册时，集体商标应在所有方面被视为已注册商标。

（4）管理已注册集体商标使用的条件应以与登记册相同的方式公开供公

众查阅。

第141条　管理集体商标使用条件的变更

（1）集体商标的注册所有人应以规定方式，将对管理集体商标使用条件作出的任何变更或修订通知局长。

（2）此类变更或修订的任何通知应在支付规定费用后在登记册上加以记录。对条件作出的任何此类变更或修订应在已经记录了此类变更或修订后方才生效。

（3）局长应在政府公报上公布对条件作出变更和修订并且根据（2）款记录的概要。

第十一章　证明商标

第142条　证明商标

（1）根据本章的规定，与商标有关的规定应适用于证明商标。

（2）对于证明商标，参照第101条（由商标或服务商标构成的标志）区分一个企业的商品或服务与其他企业的商品或服务的内容，应被解释为将使用已证明的商品或服务与未证明的商品或服务区分开来。

（3）尽管有第103条的规定，由标志或标识构成的证明商标可用于贸易，以便于指定可能进行注册商品和服务的地理来源：

但是，此类商标的所有人无权禁止工商业事务中的诚实做法，特别是由有权使用地理名称的人员使用此类标志或标识。

（4）除非在申请中将商标指定为证明商标，且申请随附经申请人适当核实的管理该商标使用条件的副本，否则不得提交证明商标的注册申请。

（5）条件应表明授权使用商标人员的姓名、商标证明的特征，所有人如何对这些特征进行测试和如何监督商标的使用，就商标的使用支付的费用（如果有）和解决争议的程序。此外，条件可以包含本节规定的要求。

（6）证明商标不得进行注册：

（a）如果证明商标的所有人开展涉及供应被证明商品或服务的业务；和

（b）除非管理商标使用的条件：

（i）遵守了（5）款和根据（5）款制定的条例强加的任何其他要求；和

（ii）没有违反公共政策或公认的道德原则。

（7）在已注册证明商标所有人提起的侵权诉讼中应考虑任何授权使用人遭受或可能遭受的任何损失；并且法院可以作出其认为适当的指示，前提是所有人代表此类使用者持有任何应付罚款补救措施的收益。

（8）除了在第136条规定的商标删除理由之外，可以基于下列理由删除证明商标的注册：

（a）所有人已经开始了在（6）款（a）项中提及的业务；

（b）商标所有人使用该商标的方式使公众对商标的重要性产生了误解；

（c）商标所有人未能遵守或未能确保遵守管理商标使用的条件；

（d）所有人已经不再有资格证明该商标注册的商品或服务；

（e）已经对条件作出了修订以至于条件：

（i）不再遵守（5）款和条例所强加的任何其他条件要求；

（ii）违反公共政策和秩序或公认的道德原则。

（9）除第134条规定的无效理由之外，商标注册违反（3）款、（4）款和（5）款规定的，应宣布证明商标的注册无效和失效。

（10）（a）证明商标的注册应纳入该部分局长可能决定的登记册，并且注册应随附管理商标使用条件的副本；

（b）根据第111条（9）款公布的证明商标申请应包括随附于注册的条件概述；

（c）根据（4）款注册的证明商标应就所有目的而言被视为已注册商标；

（d）管理证明商标使用的条件应以与登记册相同的方式公开供公众查阅。

（11）（a）证明商标的注册所有人应以规定方式，将对管理证明商标使用条件作出的任何变更或修订通知局长；

（b）此类变更或修订的任何通知应在支付规定费用后在登记册上加以记录。条件的任何变更或修订应在加以记录后方才生效；

（c）局长应在政府公报上公布在登记簿上记录的变更或修订概述。

第十二章 商号

第143条 禁止的商号

如果因其性质或其投入使用违反了道德或公共秩序，或者可能冒犯任何社区的宗教或种族敏感性，或者有可能使业界或社会公众对由该名称确定的企业性质产生误解，则名称或指示不得作为商号受理。

第144条　商号的保护

（1）尽管任何成文法有关于商号注册的相关规定，但是此类名称在注册之前或未注册时，均应受到保护，以防止第三方实施任何违法行为。

（2）由第三方后续（无论是作为商号或商标、服务商标、集体商标或证明商标）使用商号，或者使用可能对公众造成误导的类似商号、商标、服务商标或证明商标应被视为不合法。

（3）本法第122条应适用于商号。

第145条　商号的转让和传转

（1）在转让或传转由商号识别的企业或部分企业的同时，可以转让或传转该商号。

（2）第123条的规定应在加以必要修改后适用于商号。

第十三章　集成电路布局设计

（略）

第十四章　地理标识

第161条　地理标识的保护

（1）任何相关方有权防止：

（i）用任何方式在标示和描述商品时指示或暗示包括所涉及的农产品、食品、葡萄酒或烈酒在内的商品来源于非其真实原产地的一个地理区域，从而在该商品的地理来源方面误导公众；或

（ii）任何使用地理标识构成第160条所指的不正当竞争行为；

（iii）将识别包括农产品、食品、葡萄酒或烈酒在内的商品地理标识用于并非来源于该地理标识所表明地方的商品；防止将识别商品的地理标识用于并非来源于该地理标识所表明地方的烈酒，即使已表明商品的真实原产地或者该地理标识是经翻译后使用的或者伴有像种类、类型、特色、仿制或类似表述。

（2）根据第103条、第160条和第161条对地理标识给予的保护应可适用于虽在字面上表明商品来源的真实领土、地区或地点，但却虚假地向公众表明该商品源于另一领土的地理标识。

（3）在与包括农产品、食品、葡萄酒或烈酒在内的商品地理标识同名的情况下，在遵守本条（2）款规定的前提下，应对每一种标识均予以保护。在获准同时使用此类标识的情况下，部长应确定规定切实可行的条件以便该同名标识可相互区分，同时考虑确保公正地对待相关生产者并且保护消费者不受虚假或欺骗性的指示。

（4）法院应有权力和管辖权授予禁令和被认为适当的任何其他救济，以防止发生本条所述的任何此类使用。本法第十七章的规定应在加以必要修改后适用于此类诉讼。

（5）就本条而言，"地理标识"具有第 101 条规定的含义。

第十五章　咨询委员会的组建和权力

（略）

马来西亚商标法

牟 萍[*] 唐 涛^{**} 译

本法规定了与商品和服务有关的商标注册，并实施相关条约和其他相关事项。

由马来西亚议会颁布，内容如下：

第一部分 序 言

第1条 简称和生效

（1）本法可引用为2019年商标法。

（2）本法自部长通过公报通知指定的日期生效，部长可以指定本法不同部分或不同条款的不同生效日期。

第2条 释义

（1）在本法中，除文意另有所指外：

"助理处长"和"副处长"，指根据第10条（3）款获委任为商标助理处长或商标副处长的人。

"证明商标"，具有第73条（1）款给予该词的含义。

"集体商标"，具有第72条（1）款给予改词的含义。

"公约国"，指在任何有关商标的多边条约中与马来西亚同是缔约国的国家。

"公约申请"，指在公约国提交的商标保护申请。

"公司"，指根据马来西亚知识产权公司法（2002年第617号法律）设立的马来西亚知识产权公司。

---

* 译者简介：西南政法大学知识产权学院副教授，硕士生导师。

** 译者简介：西南政法大学知识产权法学硕士，海南自贸港生态软件园法务人员。

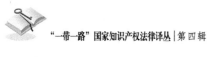

"法院"，指高等法院。

"被宣布的外国"，指部长根据第 27 条（1）款宣布的国家。

"显著特征"，就注册范围内的使用而言，指商标能够区分服务商品：

（a）能够将与商标所有人在贸易过程中相联系或可能相联系的商品或服务与他人的商品或服务相区分；或

（b）在不存在上述联系或在该商标已注册或意图注册的情况下，受条件、修订、修改或限制的约束。

"地理标志"，具有地理标志法（2000 年第 602 号法律）第 2 条给予该词的同样含义。

"国际注册簿"，指国际局备存的有关商标国际注册的官方数据集。

"国际注册"，指在国际注册簿上注册商标。

"被许可人"，指经商标所有人（无论是否注册）授权，有权行使第十部分项下权利的人。

"限制"，指对商标注册所赋予的商标专用权的限制，包括针对下列内容对该权利的限制：

（a）使用方式；

（b）在马来西亚境内的领土范围内使用；或

（c）与出口到马来西亚以外市场的货物有关的使用，或与在马来西亚以外地方提供的服务有关的使用。

"《巴黎公约》"，指 1883 年 3 月 20 日签署的经不时修订的《保护工业产权巴黎公约》。

"规定的"，就法院诉讼程序或初步程序或与其有关的程序而言，指根据法院法（1964 年第 91 号法律）组建的规则委员会制定的法院规则所规定的；在其他情况下，指部长根据本法制定的条例所规定的。

"指定马来西亚的受保护国际注册"，指商标国际注册所产生的保护延伸至马来西亚的商标。

"注册簿"，指根据第 14 条备存的商标注册簿。

"注册所有人"，指当时在注册簿中登记为注册商标所有人的人。

"注册商标"，具有第 16 条给予该词的含义。

"可注册交易"，指由处长根据第 160 条在指引或业务指示中确定的交易。

"处长"，指根据第 10 条（1）款被任命为商标处长的人。

"已废除的法"，指商标法（1976 年第 175 号法律）；

"标志"，包括任何字母、文字、名称、签名、数字、图形、品牌、标题、标签、票据、商品或其包装的形状、颜色、声音、气味、全息图、定位、运动顺序或其任何组合。

"本法"，包括根据本法制定的任何附属立法。

"贸易"，包括任何业务或专业；

"移转"，指通过以下方式移转：

（a）根据法律；

（b）遗嘱处置；或

（c）除转让外的任何其他形式的转移。

"TRIPS"，指构成《建立世界贸易组织协议》附件1C 的《1994 年与贸易有关的知识产权协议》。

第3条 "商标" 的定义

（1）"商标"，指能够以图形表示的能够将一个企业的商品或服务与其他企业的商品或服务相区分的任何标志。

（2）标志即使是用于企业贸易或业务所附属的服务，也可构成商标，无论该服务是否以金钱或金钱的价值提供。

（3）本法中对商标的提述，除文意另有所指外，包括对集体商标或证明商标的提述。

第4条 "驰名商标" 的定义

（1）"驰名商标"，指在马来西亚驰名并属于下列人员的任何商标：

（a）是公约国的国民；或

（b）在公约国居住或设有真实有效的工业或商业营业所，

无论该人是否在马来西亚开展业务，或是否有任何商誉。

（2）在确定商标是否在马来西亚驰名时，处长或法院应考虑规定的标准。

第5条 "在先商标" 的定义

"在先商标"，指：

（a）其注册申请早于有关商标的注册商标或指定马来西亚的受保护国际注册；

考虑针对商标所主张的多项优先权（视情况而定）；或

（b）在申请注册有关商标之日或在对申请主张优先权之日（视情况而定）是驰名商标的商标，

包括已就其提出注册申请的商标，而该商标如获注册，便会凭借（a）项而成为在先商标，但须经如此注册。

第 6 条　"侵权商品""侵权材料""侵权物品""假冒商品"和"假冒商标"的定义

（1）就注册商标而言，商品或其包装上有与该商标相同或相似的标志，且存在下列任一情况的，该商品是"侵权商品"：

（a）将该标志应用于该商品或其包装是侵犯该注册商标；

（b）该商品拟进口到马来西亚，而在马来西亚将该标志应用于该商品或其包装将构成侵犯注册商标；或

（c）以其他方式就该商品使用该标志，以致侵犯注册商标。

（2）就注册商标而言，材料附有与该商标相同或相近的标志，且存在下列任一情况的，该材料是"侵权材料"：

（a）作为商业用纸用于贴标签或包装商品，或用于宣传商品或服务，其使用方式侵犯注册商标；或

（b）意图如此使用，且如此使用会侵犯注册商标。

（3）"侵权物品"，就注册商标而言，指符合下列要求的物品：

（a）为制作与该商标相同或相似的标志的复制品而专门设计或改装；且

（b）他人明知或有理由认为其已被或将被用于生产侵权商品或材料而由其管有、保管或控制。

（4）就注册商标而言，商品存在下列任一情况的，是"假冒商品"：

（a）就该商标而言是侵权商品；且

（b）商品或其包装上所带有的标志是假冒商标。

（5）就注册商标而言，标志存在下列任一情况的，是"假冒商标"：

（a）与注册商标相同，存在刻意欺骗；且

（b）应用于商品或服务：

（i）未经注册所有人明示或默示、有条件或无条件同意；且

（ii）伪称该商品或服务是注册所有人或注册商标被许可人的真实商品或真实服务。

第 7 条　对商标使用的提述

（1）对商标使用的提述，应解释为对商标的印刷品或其他视觉或非视觉表现的使用的提述。

（2）对针对商品使用商标的提述，应解释为对在商品上使用商标，或与商品有实物或其他关系的商标使用的提述。

（3）对针对服务使用商标的提述，应解释为对作为服务声明或部分声明而使用该商标的提述。

（4）对商标的任何声音表现，应解释为对商标使用的提述。

（5）他人使用了经添加或更改的商标的，如果处长或法院认为对商标的特性没有实质性影响，处长或法院可以裁定该人使用了商标。

第 8 条　将商标用于出口贸易或贸易形式发生变化的情形

（1）商标应用于将从马来西亚出口的商品，且在马来西亚就该等商品采取了任何其他行为，而该行为如果已针对将在马来西亚销售或以其他方式交易的货物采取，将构成在马来西亚就该等商品使用商标。

（2）商品或服务与使用该商标的人之间在贸易过程中存在某种联系的情况下针对商品或服务使用注册商标，不能仅由于商品或服务和该人或该人的所有权前任人之间在贸易过程中曾经存在或现在存在不同联系的情况下针对商品或服务已经或正在使用商标，而视为可能造成欺骗或混淆。

第 9 条　混淆可能性的认定

（1）在认定商标的使用是否可能使公众产生混淆时，处长或法院可考虑有关情况下属有关的所有因素，包括该使用是否可能与在先商标有关联。

（2）在认定标志的使用是否可能使公众产生混淆时，处长或法院可考虑有关情况下属有关的所有因素，包括该使用是否可能与注册商标有关联。

第二部分　管　理

第 10 条　处长、副处长和助理处长

（1）公司总干事应是商标注册处处长，并控制商标局。

（2）处长应履行本法规定的职责，行使本法赋予的权力，以妥善管理本法。

（3）公司可根据其确定的条款和条件，从本公司雇用的人员中任命为妥善管理本法所必要数量的商标注册副处长、助理处长和其他人员。

（4）在不违反处长的一般指示和控制以及处长可能施加的条件或限制的情况下，副处长或助理处长可行使处长在本法项下的任何权力。

（5）处长应备有公司批准的印鉴，而该印鉴的印痕应获司法认知并采纳为证据。

第 11 条　对处长、副处长、助理处长和其他官员的保护

不得在任何法院对下列人员提起、进行或维持诉讼、指控或其他法律程序：

（a）就为实施本法而命令获实施的任何行为而言，针对处长、副处长、助理处长或任何其他官员；及

（b）就根据处长的命令、指示或指令而作出或意图作出的任何行为而言，针对任何其他官员，如果该行为是善意为之，且该官员合理地认为该行为对于拟达到的目的是必需的。

第 12 条　商标局和其他分支机构

（1）根据已废除的法第 5 条设立的中央商标局和地区商标局应分别称为商标局和分支机构。

（2）除（1）款外，为了本法的目的，应设立必要数量的商标局分支机构。

（3）本法要求在商标局提交的文件可以在商标局的任何分支机构提交，本法中对在商标局提交的提述，包括对在分支机构提交的提述。

（4）与商标局的所有通讯应使用马来语或英语。

第 13 条　处长的初步意见和检索

（1）处长可向任何拟申请在注册簿注册商标的人提供初步意见及检索结果，以确定该商标是否是表面上可予注册的商标。

（2）任何人可在缴付规定费用后，以处长确定的格式申请初步意见和检索结果。

（3）尽管商标注册申请是在规定期间内提出，且处长已给予肯定的初步意见或检索结果，但处长在进一步调查或考虑后，可提出任何拒绝，使该商标不可注册。

（4）在（3）款所指的情况下，申请人在规定的期间内发出撤回申请的通知后，有权在符合规定条件的情况下，要求退还提交申请时支付的任何费用。

（5）申请人在（2）款中提出的申请及处长给予的初步意见及检索结果均属机密，不得供公众查阅。

第三部分　商标注册簿

第 14 条　商标注册簿

（1）处长应备存称为商标注册簿的注册簿。

（2）注册簿应载有所有与商标有关的规定事项及详情。

（3）注册簿应以处长确定的形式备存。

第 15 条　查阅注册簿

（1）以处长确定的格式提出申请并支付规定费用的，注册簿可在规定的条件下供公众查阅。

（2）在符合（1）款规定的条件下，任何人如按处长规定的格式提出申请，并支付规定费用的，即可获得加盖处长印章的注册簿中任何登录内容的核证副本或摘要。

第四部分　商标注册

第一章　通　则

第 16 条　注册商标

注册商标是根据本法规定进行商标注册而取得的财产权，商标注册所有人享有本法规定的权利和救济。

第二章　商标注册申请

第 17 条　商标注册申请

（1）存在下列任一情况的，主张是商标善意所有人的人均可申请商标注册：

（a）该人正在或意图在贸易过程中使用该商标；或

（b）该人已授权或意图授权他人在贸易过程中使用该商标。

（2）商标注册申请，应在规定期间内以处长确定的格式提出，并缴纳规定的费用。

（3）申请注册的商标含有非罗马字、马来语或英语的文字或由其组成的，申请人应在规定期间内向处长提供下列内容：

（a）商标的音译；

（b）商标的翻译；或

（c）处长确定的任何信息。

（4）在规定期间内不符合（2）款或（3）款规定要求的，视为撤回申请。

（5）申请商标注册的人可在规定期间内以处长确定的格式提交申请，并缴纳规定费用，向处长要求进行快速审查。

第 18 条　多个类别的申请

（1）对于第 17 条（2）款项下的申请而言，可向处长提出一份申请，列出属于数个分类类别的商品或服务。

（2）（1）款项下的申请应产生一项注册。

第 19 条　商品或服务的分类

（1）为了商标注册的目的，应根据规定的分类制度对商品或服务进行分类。

（2）对任何类别所包含的商品或服务有任何问题的，由处长决定。

第 20 条　商标的颜色

（1）申请人可申请将商标的颜色全部或部分限制为一种或多种指明颜色。

（2）就（1）款而言，或在申请人未申请将商标的颜色全部或部分限制为一种或多种指明颜色的情况下，处长在确定商标是否具有显著性时，可将商标的颜色全部或部分限制为一种或多种指明颜色。

（3）商标注册时对颜色没有限制的，应视为对所有颜色进行了注册。

第21条　商标的系列

（1）商标符合下列条件的，可以根据第17条（2）款提出一项申请，要求注册多项商标：

（a）在实质性细节方面彼此相似；且

（b）仅在下列一项或多项内容上存在差异：

（i）关于使用或意图使用商标的商品或服务的声明或陈述；

（ii）关于数量、价格或质量的声明或陈述；

（iii）不实质影响商标特性的标准字体；或

（iv）商标任何部分的颜色。

（2）申请符合（1）款所有要求的，处长应将商标作为系列商标一次注册。

（3）已作为系列商标的一部分注册的商标可以独立使用。

第22条　提交日期

（1）处长应将收到根据第17条提出的商标注册申请的日期记录为提交日期。

（2）第17条项下的要求在不同日期符合的，处长应将最后一日记录未提交日期。

（3）根据第26、27条或第28条主张的任何优先权日期，对根据（1）款或（2）款记录的申请提交日期没有影响，但为根据第29条（2）款进行查询的目的除外。

第三章　拒绝注册的理由

第23条　拒绝注册的绝对理由

（1）在符合（2）款的规定下，处长应根据下列拒绝注册的绝对理由拒绝注册商标：

（a）不能以图形表示且不能将一个企业的商品或服务与其他企业的商品或服务相区分的标志；

（b）缺乏任何显著特征的商标；

（c）完全由标志或指示组成的商标，其在贸易中可用于指定商品或服务的种类、质量、数量、预期目的、价值、地理来源、其他特征或生产商品或提供服务的时间；或

（d）完全由标志或指示组成的商标，其在该地区现行语言中或在有关行业的诚实和已确立的做法中已成为惯用。

（2）尽管有（1）款（b）、（c）项和（d）项的规定，但如果在申请注册之日前，商标因使用而事实上已具有显著特征的，处长不得拒绝注册该商标的申请。

（3）标志完全由下列内容组成的，处长应拒绝将该标志注册为商标：

（a）因货物本身的性质而产生的形状；

（b）为取得技术成果所必需的商品形状；或

（c）使该商品具有实质价值的形状。

（4）尽管有（1）款和（2）款的规定，存在下列任一情况的，处长应拒绝将其注册为商标：

（a）该商标完全由国家名称组成；或

（b）该商标包含公认的地理标志或由其组成。

（5）除（1）款、（3）款和（4）款的理由外，处长可基于下列任何一项拒绝注册的绝对理由，拒绝注册商标：

（a）该商标的使用很可能欺骗公众或造成混淆，或违反任何成文法；

（b）其性质是针对商品或服务的性质、质量或地理来源欺骗或误导公众；

（c）商标违反公众利益或道德；

（d）商标包含任何恶意中伤或使人反感的内容或由其组成，或在其他情况下无权受到任何法院的保护；

（e）商标含有处长认为损害或可能损害国家利益或安全的内容。

（f）商标包含在世或已故的另一人的姓名或图示或由其组成，除非申请人向处长提供该人（如在世）或其代表（如已故）的同意；

（g）商标包含国家的国旗、国徽、徽记、徽章或皇室纹章或由其组成，除非申请人向处长提供第 78 条或第 79 条（视情况而定）规定的主管当局或国际政府间组织的授权；

（h）商标包含通常被用作或被接受为任何单一化学元素或单一化学化合物（有别于混合物）的名称，或被世界卫生组织宣布为国际非专有名称，或与该名称具有欺骗性的相似，或由其组成，但该名称被用于下列目的的除外：

（i）仅表示品牌，或使商标所有人或被许可人制造的元素或化合物有别于他人制造的元素或化合物；且

（ii）与开放供公众使用的适当名称或说明有关；或

（i）该等商标包含以下任何标志或与任何该等标志相似的标志或由其组成，且该等标志很可能被视作该标志：

（i）"专利""已获专利""专利特许证""已注册""注册外观设计"和"版权"等字样或任何语言的类似字样；或

（ii）任何规定的标志。

第24条　拒绝注册的相对理由

（1）商标与在先商标相同，且申请商标的商品或服务与在先商标的商品或服务相同的，处长应拒绝注册该商标。

（2）有下列任一情况，存在公众混淆可能性的，注册局应拒绝注册该商标：

（a）该商标与在先商标相同，且将针对与在先商标相似的商品或服务注册；或

（b）该商标与在先商标相似，且将针对与在先商标相同或相似的商品或服务注册。

（3）存在下列任一情况的，处长应拒绝注册商标：

（a）该商标与驰名商标相同或相似，且其没有在马来西亚针对与驰名商标所有人相同的商品或服务注册；或

（b）该商标与驰名商标相同或相似，其在马来西亚所注册的商品或服务与驰名商标注册的商品或服务不相同或不相似，且：

（i）针对该等商品或服务而使用该商标，会表明该等商品或服务与驰名商标所有人之间存在关联；

（ii）公众有可能因该使用而产生混淆；且

（iii）该驰名商标的所有人的利益很可能因该使用而受到损害。

（4）在符合（6）款的规定下，商标在马来西亚的使用因下列原因被阻止的，或在阻止范围内，处长应拒绝注册该商标：

（a）根据保护未注册商标或在贸易过程中使用的其他标志的任何法律规则，包括根据假冒法；或

（b）根据（a）项或（1）至（3）款所述权利以外的在先权利，包括版权法或工业品外观设计法项下的权利。

（5）在本法中，将有权阻止使用商标的人称为（4）款中与商标有关的"在先权利"的所有人。

（6）在先权利所有人在根据第 35 条进行的反对注册的法律程序中提出（4）款规定的任何理由的，处长可拒绝注册商标。

（7）尽管有（1）、（2）、（3）款及（4）款规定的拒绝注册的相对理由，如在先商标或其他在先权利的所有人以规定的方式同意注册，且在考虑到公众利益及公众产生混淆可能性的情况下，处长可注册该商标。

（8）就本条而言，在先商标注册期满的，处长在决定某商标的可注册性时，应在该商标期满后 12 个月内，继续考虑该在先商标。

第 25 条　诚实地同时使用等

（1）处长或法院信纳存在下列任一情况的，第 24 条并不妨碍商标注册：

（a）该商标与在先商标或其他在先权利存在诚实地同时使用；或

（b）基于其他特殊情况，注册该商标是适当的。

（2）根据（1）款进行商标注册的，应受处长或法院认为适当所施加的限制和条件的约束。

（3）本条的任何规定：

（a）均不会阻止处长以第 23 条项下任何理由拒绝注册商标；或

（b）均不会影响根据第 47 条（3）款提出宣布无效的申请。

第四章　优先权

第 26 条　主张公约申请优先权

（1）已正式提交公约申请的人或其权利继承人，为在部分或全部相同商品或服务上提交相同商标注册申请的目的，在自第一份申请提交之日起 6 个月内享有优先权。

（2）在（1）款中，

（a）在确定哪些权利优先时，提交第一份公约申请的日期应是相关日

期；且

（b）从第一次公约申请提交之日至根据本法申请同一商标之日的期间内，该商标申请的可注册性不应受到该商标在马来西亚的任何使用的影响。

（3）因（1）款规定的公约申请而主张优先权的，同一商标的注册申请应说明：

（a）提交第一份公约申请的日期；

（b）首次提交公约申请的公约国；

（c）相关公约国登记当局或其他主管当局给予的公约申请或登记号；和

（d）主张所涉及的商品或服务。

（4）根据公约国的国内立法或国际协定，在公约国相当于正规国家提交的任何申请，应被视为产生优先权。

（5）在同一公约国就与首次公约申请相同的同一主题提出的在后申请，在提出时符合下列条件的，应被视为首次公约申请（其提交日期是优先权日期的开始之日）：

（a）在先申请已被撤回、放弃或拒绝，未公开让公众查阅，也没有留下任何未决权利；且

（b）该申请未作为主张优先权的基础。

（6）就（5）款而言，在先申请不得作为主张优先权的依据。

（7）因公约申请而产生的优先权可与该申请一并或单独转让或移转，且（1）款中对申请人的"权利继承人"的提述，应据此解释。

（8）就本条而言，"正规国家提交"，指足以确定申请在该国提交的日期的提交，无论该申请随后作何处置。

第 27 条　针对其他相关海外申请主张优先权

（1）部长可通过在公报上公布命令，宣布某个国家已与马来西亚作出商标相互保护的安排。

（2）就被宣布的外国而言，本条仅在该命令对该国继续有效的期间内适用。

（3）就本条而言，第 26 条的所有要求和程序均适用。

第 28 条　针对《巴黎公约》第 11 条规定的作为国际展览主题的商标进行临时保护所主张的优先权

（1）尽管本法有任何规定，商标注册申请人可申请临时保护，该临时保

护应授予在马来西亚或任何公约国或经宣布的外国举行的官方或官方承认的国际展览会上作为展览会主题的商标。

（2）根据（1）款授予的临时保护不得延长申请人在第26条中主张的任何优先权期限，申请人在临时保护之后主张优先权的，优先权期限仍为6个月，并应从商品或服务进入展览之日起算。

（3）商标注册申请人，其商品或服务是在马来西亚或任何公约国或已宣布的外国举办的官方或官方承认的国际展览会上的展览标的物，并在该商品或服务首次成为展览标的物之日起6个月内，在马来西亚申请注册该商标，经其请求，当该商品或服务首次成为展览标的物时，应视为产生第29条（2）款规定的检索目的的优先权。

（4）证明带有商标的商品或服务是在官方或官方承认的国际展览会上的展览标的物的证据，应是由展览会的主管当局签发的证书，并在马来西亚提交商标注册申请时提交给注册局。

第五章　审　查

第29条　审查申请

（1）处长应审查商标注册申请是否符合本条规定的注册要求。

（2）为了根据（1）款进行审查，处长应在他认为必要的范围内对在先商标进行检索。

（3）经审查后，凡处长发现该申请符合商标注册的任何要求，处长须接受该申请。

（4）处长接受商标注册申请的，处长应在填写日期上记录第22条规定的申请填写日期。

（5）商标注册申请不符合商标注册要求的，处长应当以书面通知的方式告知申请人临时驳回的理由，申请人有机会：

（a）作出申述；

（b）修订该申请，以符合处长认为适合施加的条件、修订、变更或限制；或

（c）在处长在书面通知中指明的期间内，提供额外或任何其他数据或证据。

（6）就（5）款而言：

（a）申请人未在处长在书面通知中指明的期间内作出回应的，视为撤回申请；且

（b）申请人的回应不能使处长确信已符合该等要求的，处长应拒绝该申请，如果申请人要求，处长应以书面形式说明临时完全驳回的理由。

（7）应申请人请求，处长可在规定的情况下和规定的期间内，推迟就商标注册申请采取任何行动。

（8）针对处长根据第（6）款（b）项作出的关于临时完全驳回的决定而向法院提出上诉的：

（a）上诉应以规定方式提出；

（b）如有必要，法院应听取申请人和处长的意见；且

（c）有关上诉应根据处长说明其作出决定时所使用的材料进行听审，且除非获得法院的许可，否则处长不得提出其他暂时拒绝接受申请的理由。

（9）就第（8）款（c）项而言，凡有任何其他的暂时拒绝理由被接纳，申请人在以规定的方式发出通知后，有权撤回其申请，而无须支付费用。

（10）在裁定根据（8）款提出的上诉时，法院应作出命令，在任何条件、修订、变更或限制（如有的话）的规限下，接受商标的注册申请。

（11）任何根据本条提交及获接受的商标注册申请，即使有处长或法院准许在该申请中作出任何条件、修订、变更或限制，仍应视为在申请日期作出。

（12）在不损害（11）款规定的原则下，在接受商标注册申请后但在该商标注册前，处长信纳：

（a）申请被错误地接受；或

（b）在该个案的特殊情况下，该商标不应注册，或应在施加附加或不同条件或限制的情况下注册，

处长可撤销对申请的接受，并按未接受申请的情况进行处理，或者，仅就应在施加附加或不同条件或限制的情况下注册商标而言，可在施加附加或不同条件或限制的情况下重新发出新的接受通知。

第30条　自愿放弃、条件或限制

（1）商标注册申请人可按处长确定的格式申请：

（a）放弃对商标的任何特定要素的专属使用权；或

（b）同意该项注册所产生的权利须受处长施加的某些条件或限制所规限。

（2）根据（1）款（a）项提出的任何申请包含或载有任何根据第 23 条和第 24 条拒绝注册的绝对和相对理由所不容许的事宜的，处长可拒绝该申请。

（3）处长已接受申请的，不得撤销申请人根据（1）款作出的免责声明或处长根据（1）款施加的条件或限制。

第 31 条　接受的公布

（1）商标注册申请被接受的，处长应在知识产权官方公报上公布该申请。

（2）根据（1）款发布的公告应包含据以接受申请的所有弃权、条件、修订、变更或限制。

第六章　撤回、限制或修改商标注册申请

第 32 条　撤回、限制或修改商标注册申请

（1）申请人可在其申请所涉及的商标注册之前，以处长确定的形式提出请求，撤回其申请或限制申请所涉及的商品或服务。

（2）任何人在提交申请、通知或请求所依赖的权利或利益已归属他的情况下，可撤回申请或限制有关商品或服务。

（3）（2）款所述之人应以规定的方式通知处长，该权利或权益已归属于该人。

（4）商标注册申请的接受已根据第 31 条公布的，亦应公布该申请的撤回或商品或服务的限制通知。

（5）撤回或限制申请已由处长赋予其效力的，根据本条不得撤销。

第 33 条　商标注册申请的修改

（1）处长可应申请人的请求，在注册前的任何时候修改商标注册申请。

（2）根据（1）款提出的请求，应以处长确定的格式提出，并应支付规定的费用。

（3）任何对商标注册申请的修订，仅可就以下事项作出：

（a）申请人的姓名或地址；

（b）措辞或复印错误；或

（c）明显错误，

且只有在修改后不会对商标的特征产生实质性影响，也不会扩大申请所涉及的商品或服务范围。

第七章 异 议

第34条 异议理由

（1）在符合第35条（3）款的规定下，注册所有人或其业务前任人或受其控制或授权的人自下列任一时间曾连续使用该商标的，注册所有人可对商标注册提出异议：

（a）自申请人的商标或其业务前任人或受其控制或授权的人使用之前的日期起；或

（b）自申请人提出申请之日前的日期起。

（2）可基于下列任一理由提出商标注册异议：

（a）第23条或第24条项下的任何理由；

（b）以申请人不是该商标的所有人为理由；或

（c）在符合（3）款的规定下，基于以下理由：

（i）该商标与马来西亚的驰名商标相同，并将在与马来西亚驰名商标相似的商品或服务上注册；或

（ii）该商标与马来西亚的驰名商标相似，且该商标将被注册在与在先的马来西亚驰名商标相近的商品或服务上。

（3）被异议商标针对被异议商标注册的商品或服务的使用符合下列条件的，可提出（2）款（c）项规定的异议理由：

（a）会显示该等商品或服务与在先驰名商标的所有人之间存在联系；

（b）会因被异议商标的使用而使公众产生混淆可能性；且

（c）可能损害在先驰名商标所有人的利益。

（4）（1）款（c）项提及的异议理由，只能针对在本法生效之日或之后提出商标注册申请的注册提出。

第35条 异议程序

（1）任何人可在公告接受异议商标注册申请之日后规定的期间内，以处长确定的格式提交异议通知书，支付规定的费用，并将异议通知书送交申请人。

（2）异议通知书应包括一份异议理由陈述，其中包含第 34 条规定的任何理由。

（3）在下列情况下，异议可以以提交通知的人以外的人的名义进行：

（a）在该人提交异议通知后，该人提交异议通知所依据的权利或利益归属于该另一人的；且

（b）（a）项中的另一人：

（i）以规定方式通知处长，该权利或权益已归属于该另一人；且

（ii）不撤回该异议。

（4）申请人应在收到异议通知后规定的期间内，以处长确定的格式提交反陈述，支付规定的费用；申请人未如此行事的，视为撤回申请。

（5）（4）款中的反陈述应包括申请人据以提出申请的理由。

（6）异议人和申请人应在规定期间内以规定方式提交支持异议或反陈述（视情况而定）的证据和证物；异议人或申请人未如此行事的，视为撤回该异议或申请（视情况而定）。

（7）申请人根据（6）款提交证据和证物的，异议人可按规定方式提交证据作答辩。

（8）处长在考虑该等证据和证物并给予申请人及异议人作出书面陈词的机会后，应决定：

（a）拒绝注册该商标；

（b）绝对注册该商标；或

（c）在其认为合适的条件、修订、变更、弃权或限制的约束下注册该商标。

（9）在异议人或申请人以处长确定的格式提出请求并支付规定的费用后，处长可在规定的情况下并在规定的期间内推迟就该异议程序采取任何行动。

（10）针对处长拒绝注册商标或拒绝绝对注册商标或在本条项下条件、修订、变更、弃权或限制的规限下注册商标的决定而向法院提出上诉的：

（a）上诉应以规定方式提出；

（b）法院应在必要时对各方和处长进行听审；且

（c）任何一方均可按规定的方式或经法院特别许可，提出进一步的材料供法院考虑，但除异议人所述的理由外，非经法院许可，不得允许异议人提出其他反对商标注册的理由。

（11）提出任何进一步反对理由的，申请人有权在按规定发出通知后撤回

其申请而无须支付异议人的费用。

（12）在根据本条提出的任何上诉中，法院在听取处长的意见后，可允许拟注册的商标以任何不实质影响商标特性的方式进行修改，但在任何该情况下，经修改的商标在注册前须在知识产权官方公报上公布。

（13）发出异议通知的人、发出反陈述的申请人或上诉人既不在马来西亚居住，也不在马来西亚开展业务的，处长或法院可要求他为有关异议、申请或上诉（视情况而定）的程序性费用提供担保；未提供适当担保的，处长或法院可视为撤回该异议、申请或上诉（视情况而定）。

第八章　注　册

第36条　注册

（1）商标注册申请已被受理，且存在下列任一情况的：

（a）该申请未提出异议，且异议期间已过；或

（b）申请遭到异议，且作出的裁定有利于申请人的，

除非申请被错误地接受，否则处长应以所有人的名义在注册簿上注册该商标，该商标应在提交注册申请之日注册，该日期应被视为注册日期。

（2）商标注册时，处长应向所有人发出加盖处长印章的商标注册通知书。

（3）注册所有人有意取得注册证书的，处长须发出注册证书，该证书等同于根据（2）款发出的注册通知书。

（4）根据（3）款提出的注册证明书申请，应由注册所有人以处长规定的格式提出，并支付规定的费用。

第五部分　分案和合并

第37条　分案申请

（1）商标注册申请或商标注册，经申请人或注册所有人请求，可分为两份或多份单独的商标注册或商标注册申请。

（2）根据（1）款提出的请求，应在商标注册之前或之后，以处长确定的格式向处长提出，并支付规定的费用。

第 38 条　合并申请

（1）两份或多份单独的商标注册申请或商标注册，经申请人或注册所有人请求，可合并为一份商标注册申请或一份商标注册。

（2）根据（1）款提出的请求，应在商标注册之前或之后，以处长确定的格式向处长提出，并支付规定的费用。

第六部分　注册商标的有效期和续展

第 39 条　注册的有效期和续展

（1）商标注册的期限为自注册之日起 10 年，并可根据（2）款续展10 年。

（2）注册所有人以处长确定的形式提出请求，并支付规定费用的，可针对部分或全部商品或服务类别对商标注册予以续展。

（3）针对注册的部分商品或服务类别予以续展的，可适用第 37 条的规定。

（4）续展请求是在注册届满之日或之前提出的，应支付的费用是规定的续展费。

（5）续展请求是在注册届满日期后 6 个月内提出的，应支付的费用是规定的续展费和附加费。

（6）续期请求应在注册届满日期后 6 个月内提出。

（7）续展应在原注册届满后生效。

（8）不按照本条和（4）款或（5）款提及的条例续展注册的，该商标视为被删除。

（9）商标视为被删除的，注册所有人可在自删除之日起 6 个月内，以处长确定的形式并支付规定的恢复注册费，要求恢复其已删除的注册。

（10）没有在该商标被视为已删除之日的 6 个月内，根据（9）款申请恢复注册的，该注册即停止。

（11）商标续展或恢复注册的情况，应在知识产权官方公报上公布。

第 40 条　未续展商标的状态

（1）就未续展商标而言，如果：

（a）商标注册没有续展；或

（b）商标注册已被视为被删除，且未恢复，

注册为该未续展商标所有人之外的人可申请商标注册。

（2）未续展商标的注册申请是由注册为该未续展商标所有人之外的人提出的，就第 29 条（2）款所指的申请审查而言，在该未续展商标的注册本可根据第 39 条续展及恢复的任何时间，该未续展商标应视为注册商标。

第 41 条　停止注册

存在下列任一情况的，商标注册停止：

（a）该商标已根据第 39 条（10）款停止，或根据第 45 条或第 46 条被撤销，或根据第 47 条无效；或

（b）该商标注册根据第 44 条被取消。

第七部分　更改、更正、撤销、废止和失效

第 42 条　注册商标的更改

（1）除（2）款的规定外，不得更改注册簿中的注册商标。

（2）在注册所有人以处长确定的格式提出请求并支付规定的费用后，处长可允许更改注册商标；商标含有所有人的姓名或地址的，更改仅限于更改该姓名或地址。

（3）注册商标的更改，不得对商标的特性产生实质性影响。

第 43 条　注册簿的更正

（1）注册所有人以处长规定的形式提出请求并支付规定的费用的，处长可作出下列任一行为：

（a）更正错误或输入注册所有人的名称、地址或描述的任何变化；

（b）在不以任何方式扩大现有商标注册所赋予的权利的情况下，更正对该商标所注册的商品或服务的详细描述；或

（c）在不以任何方式扩大现有商标注册所赋予的权利的情况下记入与商标有关的权利放弃。

（2）商标被许可人以处长规定的形式提出请求并支付规定的费用的，处

长可在该被许可人的姓名、地址或描述中更正错误或记入任何更改。

（3）处长可相对于（1）款和（2）款而在登记册内作出任何更正，并可酌情就登记簿内的任何商标注册更正任何文书上的错误或遗漏。

（4）处长应在批准根据（1）款和（2）款所要求的更正及根据（3）款作出更正（如有）后，发出注册通知。

第 44 条　自愿注销注册商标

（1）处长应在注册所有人以处长确定的形式提出请求并支付规定费用后，注销部分或全部商品或服务的商标注册。

（2）在注销商标注册前，处长应通知：

（a）根据第九部分登记的任何主张对该商标拥有权利或权益的人；和

（b）在有人向处长申请注册该商标的转让或传转后，处长仍未记录该商标的转让或传转的情况下，该商标的受让人或传转人。

第 45 条　处长撤销注册

（1）存在下列任一情形的，处长应撤销商标注册：

（a）根据第 35 条（1）款提交注册异议通知的，处长在决定注册该商标时没有考虑该异议；或

（b）在注册前，有人曾申请延长提交注册异议通知时间的，处长在决定注册商标时没有考虑该延长申请。

（2）（1）款所指的撤销，须以处长在提交通知或提出申请后 2 个月内意识到其没有考虑到异议或申请延长提出异议通知的时间为前提。

（3）处长应在意识到其没有考虑异议或延展时间的申请后 1 个月内，撤销商标注册。

（4）尽管有（1）、（2）款及（3）款的规定，处长在考虑到下列任一情况后，信纳撤销注册是合理的，处长可自商标注册之日起 12 个月内撤销商标注册：

（a）马来西亚根据国际协定或公约承担的任何相关义务；或

（b）使下列行为属于适当的任何特殊情况：

（i）不注册该商标；或

（ii）只有在注册受限于弃权、条件、修订、变更或限制的情况下，才将该商标注册，而该注册并非受限于该弃权、条件、修订、变更或限制。

（5）尽管有（2）款的规定，处长随后意识其未考虑相关情况的，可以根据（4）款撤销该商标注册。

（6）在撤销商标前，处长应以处长确定的方式向下列人员发送拟撤销通知：

（a）商标的注册所有人；和

（b）根据第九部分登记的任何主张对该商标拥有权利或权益的人。

（7）处长不得在未给予以下人士陈词机会的情况下撤销商标的注册：

（a）商标的注册所有人；或

（b）根据第九部分登记的任何主张对该商标拥有权利或权益的人。

（8）处长根据本条撤销注册的：

（a）视为从未进行过登记；且

（b）已被撤销的注册应受制于处长确定的进一步审查或法律程序。

（9）尽管有任何要求处长考虑是否撤销任何注册的要求，处长并无责任考虑是否撤销该注册。

第 46 条　法院以不使用商标为由撤销注册

（1）法院可根据被侵害人以下列任何理由提出的申请撤销商标注册：

（a）在发出注册通知之日起 3 年内，该商标没有由注册所有人或经其同意，在马来西亚就该商标所注册的商品或服务真诚地使用，且没有适当的理由不使用；

（b）该商标所注册的商品或服务的使用已被不间断地暂停 3 年，且没有适当的理由不使用；

（c）由于注册所有人的不作为，该商标已成为注册的产品或服务的行业通用名称；或

（d）由于注册所有人就该商标所注册的商品或服务使用该商标，或经其同意而使用该商标，其有可能误导公众，包括在该等商品或服务的性质、质量或地域来源方面。

（2）除（3）款的规定外，不得以（1）款（a）项或（b）项所指的理由撤销商标的注册，前提是该款所指的使用在 3 年期间届满后但在申请撤销前开始或恢复。

（3）（1）款（a）项或（b）项所述任何使用，在 3 年期限届满后但在提出撤销申请前 3 个月内开始或恢复的，不予理会，但在所有人知悉可能会提

出撤销申请前已开始准备该使用的除外。

（4）撤销的理由只存在于该商标所注册的部分商品或服务上的，撤销只应涉及该等商品或服务。

（5）商标注册在任何程度上被撤销的，注册所有人的权利应被视为从下列时间开始在该程度上停止：

（a）撤销申请的日期；或

（b）法院信纳撤销的理由在较早日期存在的，即为该较早日期。

第 47 条　法院宣布注册无效

（1）法院可在被侵害人以商标是在违反第 23 条的情况下注册为由提出申请后，宣布该商标的注册无效。

（2）尽管有（1）款的规定，商标是在违反第 23 条（1）款（b）、（c）项或（d）项的情况下注册的，如该商标在注册后因其就所注册的商品或服务的使用而获得了显著性，则该商标不得被宣布为无效。

（3）商标注册可由法院根据被侵害人基于下列理由提出申请时宣布无效：

（a）根据第 24 条（1）、（2）款或（3）款存在在先商标；或

（b）根据第 24 条（4）款存在在先权利。

（4）该在先商标或在先权利的所有人同意注册的，不得根据（3）款宣布该商标的注册无效。

（5）商标已按第 25 条规定以该商标与在先商标或其他在先权利存在诚实地同时使用为理由而注册的，除非处长或法院信纳该商标与该在先商标或其他在先权利实际上没有诚实地同时使用，否则该商标的注册不得根据（3）款宣布为无效。

（6）应被侵害人或处长申请，法院可基于注册存在欺诈或注册以失实陈述取得为理由，宣布该项注册无效。

（7）无效理由仅针对商标注册的部分商品或服务存在，该商标应仅针对该等商品或服务被宣告无效。

（8）商标注册在任何程度上被宣布为无效的，该注册在该程度上应被视为从未进行过，但这不应影响过去和已结束的交易。

第八部分　注册商标的效力

第一章　商标注册所有人的权利

第 48 条　注册商标所赋予的权利

（1）商标注册所有人针对商标注册的商品或服务享有下列专有权：

（a）使用该商标；和

（b）授权他人使用该商标。

（2）注册所有人有权就侵犯其商标的行为获得救济。

（3）构成侵犯商标的行为载于第 54 条，对侵犯注册商标的提述应作相应解释。

（4）自商标注册之日起，权利即归所有人，但下列情况除外：

（a）在该商标实际注册的日期之前，不得启动侵权程序；且

（b）在该商标实际注册的日期前所作出的任何事情，并不构成第 99 至 102 条的罪行。

（5）商标的注册受任何弃权、条件、修订、变更或限制的约束的，所有人的权利受该弃权、条件、修订、变更或限制的约束。

第 49 条　不同人注册类似商标时的权利限制

实质上相同或相似的商标已由一个以上的人根据第 25 条针对相同或不同的商品或服务进行注册的，其中任何一个商标的注册所有人无权阻止其中任何其他商标的注册所有人使用该商标，但前述所有人在其商标注册时获授权如此行事的除外。

第 50 条　由作为描述物品的标志而被接受的标志组成的商标

（1）注册商标包含或由一个标志组成，而该标志在商标注册日期后，在有关行业内被普遍接受为描述某物品、物质或服务的标志或作为该物品、物质或服务的名称的，适用本条。

（2）就（1）款而言，商标由该标志组成的，注册所有人：

（a）不具有针对下列事项使用或授权他人使用商标的专有权：

（i）该物品或物质或其他同样商品；或

（ii）该服务或其他同样服务；和

（b）视为自法院根据（4）款决定的日期起（包括该日）已不再拥有该等专有权。

（3）就（1）款而言，商标含有该标志的，注册所有人：

（a）不具有针对下列事项使用或授权他人使用该标志的专有权：

（i）该物品或物质或其他同样商品；或

（ii）该服务或其他同样服务；和

（b）视为自法院根据（4）款决定的日期起已不再拥有该等专有权。

（4）就（2）款及（3）款而言，法院可决定标志首次在有关行业内获普遍接受为描述有关物品、物质或服务的标志或作为该物品、物质或服务的名称的日期。

第51条　与先前根据专利制造的物品有关的商标

（1）本条适用于以下情况：

（a）注册商标含有描述以下各项的标志或是下列各项的名称的标志或由其组成：

（i）先前根据专利开发的物品或物质；或

（ii）先前作为专利程序提供的服务；

（b）该专利已过期或停止至少两年；且

（c）该标志是描述或识别该物品、物质或服务的唯一众所周知的方式。

（2）该商标包含（1）款（a）项所述标志或由其组成的，注册所有人：

（a）不具有针对下列事项使用或授权他人使用商标或标志的专有权：

（i）该物品或物质或其他同样商品；或

（ii）该服务或其他同样服务；和

（b）自该专利到期或停止后的两年期间结束时起，视为不再拥有该等专有权。

第52条　注册的表面证据

在与注册商标有关的所有法律程序中：

（a）注册簿是其所载任何事项的表面证据；

（b）对第65条项下任何可予登记的交易规定详情的登记，是该交易的表

面证据；且

（c）某人注册为商标注册所有人的，即为下列事项的表面证据：

（i）商标原始注册的有效性；和

（ii）任何后续转让和传转。

第53条　注册具有决定性

在与注册簿中的商标有关的所有法律程序中，商标的原始注册在自注册之日起5年后应被视为在所有方面有效，除非能够表明：

（a）原始注册是以欺诈手段取得的；

（b）该商标违反了第23条（5）款（a）、（c）、（d）项或（e）项；或

（c）在法律程序开始时，该商标在注册所有人的商品或服务上缺乏显著性。

第二章　商标侵权

第54条　构成侵犯注册商标的行为

（1）在贸易过程中未经注册所有人同意，在与注册商标相同的商品或服务上使用与该商标相同的标志的，即构成对注册商标的侵犯。

（2）未经该商标所有人同意，在贸易过程中使用下列标志的，即属侵犯该注册商标：

（a）与商标相同，并用于与该商标所注册的商品或服务类似的商品或服务；或

（b）与商标相似，并用于与该商标注册的商品或服务相同或相似的商品或服务，导致公众产生混淆的可能性。

（3）就本条而言，下列情况属于对标志的使用：

（a）将该标志应用于商品或其包装上；

（b）在该标志下要约出售或展示出售商品；

（c）将该标志下的商品投入市场；

（d）为要约出售或展示出售或投入市场的目的而在该标志下储存商品；

（e）在该标志下要约提供或提供服务；

（f）在该标志下进口或出口商品；

（g）在发票、目录、商业信函、商业文件、价目表或其他商业文件上使用该标志，包括在任何媒介上的任何该等文件；或

（h）在广告中使用该标志。

（4）任何人：

（a）将注册商标应用于任何用于或拟用于商品标签或包装的材料的；或

（b）在（3）款（g）项或（h）项所述的任何文件上使用标志的，

如果在申请该商标时知道或有理由相信该商标的适用没有得到该商标注册所有人或被许可人的正式授权，则应视为使用侵犯该注册商标的材料。

第 55 条　不构成侵权的行为

（1）尽管有第 54 条的规定，下列行为不侵犯注册商标：

（a）善意地使用：

（i）其姓名或营业地点的名称；或

（ii）其业务前任的名称或其前任的营业地点的名称；

（b）其善意地使用标志以指出：

（i）商品或服务的种类、质量、数量、预期目的、价值、地理来源或其他特征；或

（ii）生产商品或提供服务的时间；或

（c）其使用商标表明商品的预期用途，包括配件或备件或服务，

且该等使用符合在工业或商业事宜中的诚实做法。

（2）尽管有第 54 条的规定，任何人如在与该商标所注册的商品或服务相同或相近的商品或服务上，使用与该商标相同或相近的未注册商标，而该人或其业务前任在下述时间之前已在贸易过程中就该等商品或服务连续使用该未注册商标的，不属侵犯该注册商标：

（a）该注册商标的注册日期；或

（b）注册所有人或业务前任或根据已废除的法是注册使用人的人首次使用该商标的日期，

以较早者为准。

（3）尽管本法中有任何规定，使用注册商标的人在下列情况下并不侵犯该商标：

（a）为了非商业目的；

（b）为了新闻报道或新闻评论的目的；

（c）已在任何时候得到注册所有人或被许可人的明示或默示同意；或

该商标是 2 个或 2 个以上实质上相同的注册商标之一时，在行使本法规定的注册赋予该商标的使用权时。

（4）尽管本法中有任何规定，但在另一注册商标的商品或服务上使用另一注册商标，并不侵犯该商标。

第 56 条　侵权诉讼

（1）注册所有人有权对侵犯或正在侵犯注册商标的任何人提起法院诉讼。

（2）注册所有人对任何已作出可能导致侵权行为发生的行为的人，拥有（1）款所述的相同诉讼权利。

（3）在侵权诉讼中，法院可授予下列救济：

（a）在法院认为适当的条件规限下发出的禁令，包括防止涉及该侵权的商品进入商业渠道；

（b）损害赔偿；

（c）交出所得利润；或

（d）在（7）款适用的任何个案中，由法院判给其认为在有关情况下属适当的额外损害赔偿。

（4）尽管有（3）款（a）项的规定，在原告人申请临时禁令后，法院信纳该项侵犯涉及针对商品或服务使用假冒商标的，法院可命令：

（a）扣押或保管与该侵权行为有关的涉嫌侵权商品、材料或物品；及

（b）提供与该项侵权有关的文件证据。

（5）法院根据（3）款（b）项判给任何损害赔偿时，亦可根据（3）款（c）项作出命令，以交出在计算损害赔偿时没有顾及的可归因于该项侵权的利润。

（6）除（5）款另有规定外，（3）款（b）、（c）项及（d）项提及的救济是互相排斥的。

（7）在任何侵犯注册商标的诉讼中，如该项侵权涉及在商品或服务上使用假冒商标的，原告有权选择获得：

（a）损害赔偿及交出在计算损害赔偿时没有顾及的可归因于该项侵权的利润；

（b）交出所得利润；或

（c）其认为在有关情况下属适当的额外损害赔偿。

（8）根据（7）款（c）项，法院应考虑到：

（a）侵犯该注册商标的昭彰程度；

（b）显示被告因该项侵权而获得的任何利益；

（c）有必要对被告的这种侵权行为进行惩罚；及

（d）所有其他有关事宜。

（9）尽管有根据第 26、27 条或第 28 条提出的优先权主张，但本条中的任何规定均不得使注册所有人有权根据（3）款就在马来西亚提出商标保护申请并获得注册之前的侵权行为或任何发生事项获得任何救济。

第 57 条　不可提起诉讼的情况

不得对商标注册到期后或被视为已被删除且在根据第 39 条续展或恢复前的行为提起侵权诉讼。

第 58 条　删除违法标志等的命令

（1）除（3）款另有规定外，被认定侵犯某项注册商标的，法院可作出命令，要求其：

（a）安排将其保管或控制的任何侵权商品、材料或物品上的违法标志抹去、移走或擦掉；或

（b）抹去、移走或擦掉侵权标志并非合理地切实可行的，确保销毁有关的侵权商品、物料或物品。

（2）（1）款项下的命令不获遵从，或法院觉得该命令可能不获遵从的，法院可命令将该等侵权商品、物料或物品交付法院指示的人，以擦除、移走或抹去该标志，或以其他方式销毁该标志。

（3）被发现侵犯注册商标的人管有、保管或控制任何假冒商品，且符合下列条件的，法院应命令将该等假冒商品交付法院指示的人销毁：

（a）原告向法院提出申请，要求作出该命令；及

（b）法院认为，没有任何特殊情况可证明有理由拒绝发出该命令。

第 59 条　交付侵权商品、材料或物品的命令

（1）在任何侵犯注册商标的诉讼中，除根据第 56 条和第 58 条授予的任何救济外，法院可命令将被告管有或提交法院的任何侵权商品、材料或物品交付原告。

（2）法院根据（1）款作出命令的，除非其断定有理由不作出该命令，否则其亦应根据第 60 条作出命令。

（3）任何人根据（1）款所指的命令而获交付任何侵权商品、物料或物品，且在根据（1）款作出命令时没有根据第 60 条作出命令，该人应保留该等商品、物料或物品，以待根据第 60 条提出的申请的决定。

第 60 条　处置侵权商品、物料或物品的命令

（1）侵权商品、材料或物品已根据第 59 条项下的命令交付的，可向法院提出申请：

（a）命令将其销毁或没收给法院认为合适的人；或

（b）决定无须根据（a）款作出命令。

（2）在考虑应作出何种命令（如有）时，法院应考虑：

（a）在侵犯注册商标的诉讼中可利用的其他救济是否足以补偿原告并保护其利益；及

（b）有需要确保侵权商品、物料或物品的处置方式不会对原告造成不利影响。

（3）尽管有（2）款的规定，侵权商品是假冒商品的，在以下情况下，法院应命令销毁该等商品：

（a）原告向法院提出申请，要求作出该命令；及

（b）法院认为，没有任何特殊情况可证明有理由拒绝发出该命令。

（4）法院应针对向对侵权商品、材料或物品拥有权益的人送达通知书发出指示。

（5）任何对侵权商品、材料或物品拥有权益的人，均有权：

（a）在申请根据本条发出命令的程序中出庭，无论该人是否已收到通知；及

（b）针对任何已作出的命令提出上诉，不论该人是否出席该法律程序。

（6）根据本条作出的命令，应在可发出上诉通知书的限期结束前，或（如在该限期结束前已妥为发出上诉通知书）在就该上诉进行的法律程序获最终裁定或终止前，不得生效。

（7）在符合（3）款的规定下，凡有多于一人对侵权商品、材料或物品有利害关系的，法院可指示将该等侵权商品、材料或物品出售或以其他方式处置，并将所得收益分发，并应作出其认为合适的任何其他命令。

（8）法院决定无须根据本条作出命令的，该等侵权商品、材料或物品在交付前由其管有、保管或控制的人，有权取回该等商品、材料或物品。

第61条 对无理威胁进行侵权法律程序的救济

（1）一人因除下列理由外的其他理由威胁他人提起侵犯注册商标诉讼的：

（a）将商标应用于商品或用于或拟用于标签或包装商品的物料上；

（b）进口商品或其包装上已使用商标的商品；或

（c）以该商标提供服务，

任何受屈人可根据本条提起救济程序。

（2）可申请的救济为以下任何一项：

（a）宣告该等威胁是无理的；

（b）发出禁止该等威胁继续存在的禁令；或

（c）就其因该等威胁而蒙受的任何损失获得损害赔偿。

（3）除非被告表明，威胁要进行的法律程序所涉及的行为构成或如作出该行为会构成对有关注册商标的侵犯，否则原告有权获得（2）款项下的救济。

（4）被告能够证明就其所威胁进行的法律程序而言，该等行为构成或在作出该等行为后会构成对有关的注册商标的侵犯的，原告如能够证明该商标的注册在有关方面是无效的或可被撤销的，其仍有权获得救济。

（5）仅告知某商标已注册或已提出注册申请的，不构成本条所指的诉讼威胁。

（6）本条并不使任何辩护人和律师应就其以专业身份代表当事人作出的行为，而应承担根据本条提出诉讼的法律责任。

第九部分 商标作为财产权的客体

第62条 注册商标作为财产的性质

注册商标是个人财产或动产，可以像其他个人财产或动产一样成为担保权益的客体。

第63条 注册商标的共同所有权

（1）注册商标授予两人或多人共同拥有的，他们每个人都有权在该注册商标中享有平等的不可分割的份额，但有任何相反约定的除外。

（2）两人或多人根据（1）款是注册商标共同拥有人的，适用本条。

（3）在不抵触（4）款或任何相反约定的情况下，每名共同所有人均有权由其本人或其代理人为自己的利益而作出任何会构成侵犯该注册商标的作为，而无须征得另一人的同意或向另一人交代。

（4）其中一名共同所有人未经另一名共同所有人同意，不得：

（a）授予使用该注册商标的许可；或

（b）转让或抵押其在该注册商标中的份额。

（5）任何共同所有人均可提出侵权诉讼，但除非另一名或其他每名共同所有人被加入为原告或被加入为被告，否则未经法院许可，其不得进行诉讼。

（6）被如此加入为被告的共同所有人，除非其参与法律程序，否则无须对诉讼中的任何费用负责。

（7）本款并不影响应任一共同所有人的申请而给予的中间救济。

（8）本条不影响受托人或遗产代理人的相互权利和义务，亦不影响其作为受托人或遗产代理人的权利和义务。

第 64 条　注册商标的转让等

（1）注册商标应以与其他个人财产或动产相同的方式通过转让或传转进行让与，与企业的商誉一同或独立进行传转。

（2）注册商标的转让或以其他方式传转，可以是部分转让或传转，仅限于适用于该商标所注册的部分而非全部商品或服务。

（3）注册商标的转让或关于注册商标的同意，除非是以书面作出，并由转让人及受让人或遗产代理人（视情况而定）或其代表签署，否则不具效力。

（4）（1）、（2）款及（3）款适用于以担保方式进行的转让，如同适用于任何其他转让一样。

（5）注册商标可与其他个人财产或动产一样，成为抵押的客体。

（6）本法的任何内容均不得解释为影响作为企业商誉一部分的未注册商标的转让或其他传转。

第 65 条　影响注册商标的交易登记

（1）在以处长确定的格式提出申请并支付规定的费用后，处长确定的可登记交易的详情，应在处长批准后登录注册簿。

（a）主张因可登记的交易而有权享有某一注册商标权益的人；或

（b）主张受该交易影响的任何其他人。

（2）在有人根据（1）款提出申请并经处长批准之前，该交易对于在不知情的情况下取得该注册商标的冲突权益或在该注册商标下取得冲突权益的人，并无效力。

（3）凭借任何可登记交易而成为注册商标所有人的人，无权就在该交易日期后但在根据（1）款提出的注册申请的日期前发生的任何侵犯该注册商标的行为，获得损害赔偿或所得利润。

（4）与注册商标项下许可或该许可项下的任何权利有关的任何可登记交易，不适用（2）款和（3）款。

（5）注册可应注册所有人的申请，在获得有权享有该权益的人的同意下，以处长决定的形式，在缴纳规定的费用后，修订或删除涉及抵押权益的任何详情。

第 66 条　信托和衡平权益

（1）任何默示或推定信托的通知均不得登录注册簿。

（2）尽管关于明订信托或明示信托受益人的通知可登录注册簿：

（a）处长不受注册簿中该通知的影响；且

（b）为避免疑义，未能在注册簿中登录该通知并不影响该信托项下的任何权利或责任。

（3）在不违反本法规定的前提下，注册商标的衡平权益可以与其他个人财产或动产的衡平权益一样强制履行。

第 67 条　商标作为财产权客体的注册申请

（1）第 62 至 66 条适用于商标注册申请，犹如其适用于注册商标一样。

（2）就（1）款而言，第 63 条（1）款中对同意注册的提述应解释为对提出商标注册申请的提述。

（3）在第 65 条中，由于该条就影响商标注册申请的交易而适用，因此，凡提述在注册簿中登录详情及提出登录详情的申请，应解释为提述向处长发出关于该等详情的通知。

第十部分　许可

第68条　释义

在本部分中：

（a）"独占许可"，指授权被许可人在排除所有其他人（包括许可人）的情况下，以许可授权的方式使用注册商标的一般或有限许可，"独占被许可人"一词应作相应解释；及

（b）"许可"包括转许可，"被许可人"应据此解释，对许可或被许可人的提述包括对转许可或转被许可人的提述。

第69条　注册商标的许可

（1）使用注册商标的许可可以是一般的或有限的。

（2）有限许可可针对下列事项适用：

（a）针对该商标所注册的部分但非全部商品或服务；或

（b）针对以特定方式或在特定地点使用该商标。

（3）除非许可是书面的，并由授予人或其代表签署，否则该许可不具效力。

（4）使用注册商标的许可对授予人权益的每一个权利继承人都具有约束力：

（a）除非任何人善意且对许可不具有实际或推定知悉的情况下对该注册商标的权益给予有价对价；或

（b）除非许可另有规定，

而任何对在有或没有注册商标所有人的同意下作出任何事情的提述，须据此解释。

（5）处长确定的授予许可的详情已根据第65条（1）款登录注册簿的，则视为所有人知悉该许可。

（6）许可有此规定的，被许可人授予转许可。

（7）独占许可，参照适用本条规定。

第70条　发生侵权时被许可人的权利

（1）本条对被许可人针对注册商标侵权享有的权利具有效力，但第71条

（1）款和（2）款规定的独占被许可人除外，该被许可人有权以自己的名义提起侵权诉讼。

（2）除非被许可人的许可或他的权益所依据的任何许可另有规定，否则被许可人有权要求该商标的注册所有人就影响其权益的任何事项提起侵犯商标权的法律程序。

（3）就（2）款而言，注册所有人拒绝或没有在被要求后的 2 个月内提起侵权法律程序的，被许可人可在犹如他是注册所有人的情况下，以自己的名义提起该法律程序。

（4）被许可人根据本条提起侵权法律程序的，除非注册所有人被加入为原告或加入为被告，否则被许可人不得在未经法院许可的情况下继续进行该诉讼。

（5）（4）款不影响仅应被许可人的申请而赋予中间救济。

（6）根据（4）款被加入为被告的注册所有人，除非其参与该法律程序，否则无须对该诉讼的任何费用承担责任。

（7）在注册所有人提起的侵权法律程序中，应考虑被许可人所蒙受或相当可能会蒙受的任何损失，且法院可就原告须代被许可人持有任何金钱救济的收益的程度，发出其认为合适的指示。

（8）如果某独占被许可人根据第 71 条（1）款和（2）款具有受让人的权利和救济，犹如他是该商标的注册所有人一样，则本条的条文针对该独占被许可人而适用。

第 71 条　独占被许可人享有受让人的权利和救济

（1）独占许可可规定，被许可人在许可规定的范围内，对许可授予后发生的事项享有与许可是转让时相同的权利和救济。

（2）在（1）款所提述规定的情况下，或在该条文的范围内，被许可人有权在不抵触该许可和本条规定的情况下，以自己的名义针对注册所有人以外的任何人提起侵权法律程序。

（3）独占被许可人的任何该等权利和救济，与注册所有人的权利和救济并存，而针对侵权对注册所有人的提述，须据此解释。

（4）在独占被许可人根据本条提起的诉讼中，被告可利用其本可利用的任何抗辩理由，犹如该诉讼是由该商标的注册所有人提出一样。

（5）注册所有人或独占被许可人就注册商标侵权而提起的法律程序，全部或部分涉及其具有共同诉讼权的侵权行为的，除非另一人被加入为原告或加入为被告，否则注册所有人或独占被许可人不得继续进行该诉讼，但获得法院许可的除外。

（6）（5）款不影响仅就该商标的注册所有人独占被许可人的申请而授予中间救济。

（7）根据（5）款被加入为被告的人，除非其参加法律程序，否则不对诉讼承担任何费用。

（8）针对注册商标侵权提起的诉讼全部或部分涉及注册所有人和独占被许可人拥有或曾拥有共同诉讼权的侵权行为的：

（a）法院在评估损害赔偿时应考虑到：

（i）许可的条款；和

（ii）针对侵权已判给或可供其中一方使用的任何金钱救济；

（b）已就该侵权行为作出有利于其中另一方的损害赔偿裁决的，或已指示有利于其中另一方的交出所得利润的，不得再指示交出所得利润；且

（c）指示交出所得利润的，法院应在其之间按法院认为公正的方式分配，但受制于他们之间的任何约定。

（9）不论注册所有人和独占被许可人是否都是诉讼当事人，（8）款均适用；他们并非都是诉讼当事人的，法院可就该法律程序的一方代另一方持有任何金钱救济的收益的程度，发出其认为适当的指示。

（10）（5）至（8）款的效力受商标的独占被许可人和注册所有人之间任何相反约定的规限。

第十一部分　集体商标和证明商标

第 72 条　集体商标

（1）集体商标是将作为商标所有人的协会的成员的商品或服务与其他企业的商品或服务相区分的标志。

（2）本法的规定适用于集体商标，但受限于附件 1 的规定。

第 73 条　证明商标

（1）证明商标是表明与使用该标志有关的商品或服务在原产地、材料、

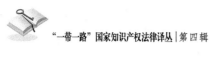

货物制造方式或服务性能、质量、准确性或其他特征方面得到该标志所有人的认证的标志。

（2）本法的规定适用于集体商标，但受限于附件2的规定。

第十二部分　国际事项

第一章　《马德里议定书》

第74条　释义

在本部分中，"《马德里议定书》"，指1989年6月27日在马德里通过的《商标国际注册马德里协定有关议定书》。

第75条　与《马德里议定书》有关的条例

（1）部长可制定条例，在马来西亚赋予《马德里议定书》的规定以效力。

（2）在不影响（1）款的一般性的前提下，条例可就以下所有或任何目的作出规定：

（a）与商标国际注册申请有关的所有事项，包括马来西亚基础申请或注册失败或不再有效的情况及其续展；

（b）与请求将商标国际注册的保护范围扩大至马来西亚有关的所有事项，包括该等请求的效力；

（c）与指定马来西亚的受保护国际注册的保护有关的所有事项，包括停止该保护；

（d）与国际注册申请或国际注册转化为国内注册申请有关的所有事项，包括该转化的效力；

（e）与注销国际注册有关的所有事项，包括注销的效力；

（f）与指定马来西亚的受保护国际注册有关的所有事项，包括第61条及第十三部分和第十五部分的适用；

（g）支付就国际注册申请、保护延长和续展规定的费用和金额；及

（h）为使本法生效而规定的所有其他必要或合宜的事项。

第二章 公约和国际安排

第76条 驰名商标的保护

(1) 驰名商标有权根据本条规定得到保护:

(a) 无论该商标是否已在马来西亚注册,或是否已向处长提出商标注册申请;且

(b) 无论该商标所有人是否在马来西亚经营业务或有任何商誉。

(2) 在符合(5)款及(6)款的情况下,存在下列任一情况的,驰名商标的所有人有权通过禁令禁止在马来西亚的贸易过程中未经所有人同意而使用与所有人的商标相同或相似的任何商标或其主要部分:

(a) 就相同或类似的商品或服务而言,其使用可能造成混淆的;或

(b) 就任何商品或服务而言,使用该商标将表明该等商品或服务与所有人之间存在联系,且可能损害所有人的利益的。

(3) 存在下列任一情况的,驰名商标的所有人可向法院申请宣告注册商标无效,理由是该注册商标与马来西亚的驰名商标相同或相似,而该注册商标所注册的任何商品或服务与该驰名商标不相同或不相似:

(a) 就该等商品或服务使用该注册商标会显示该等商品或服务与该驰名商标的所有人之间存在联系;

(b) 公众有可能因该等使用而产生混淆;且

(c) 驰名商标所有人的利益很可能因该使用而受到损害。

(4) 驰名商标的所有人可以在注册中存在欺诈行为或以虚假陈述方式获得注册为由,向法院申请宣告注册商标无效。

(5) 所有人的商标在马来西亚成为驰名商标之前就开始商标使用的,驰名商标的所有人无权享有(2)款所指的权利,但该商标是恶意使用的除外。

(6) 驰名商标的所有人在明知该商标在马来西亚被使用的情况下,已默许该商标在马来西亚连续使用5年的,该商标的所有人不再享有(2)款所提及的权利,但该商标被恶意使用的除外。

(7) 在决定该商标是否被恶意使用时,法院应考虑使用该商标的人在开始使用该商标时是否知道或有理由知道该所有人的驰名商标。

(8)(2) 款中的任何内容均不得影响在1997年12月1日(TRIPS的有关条款对马来西亚生效之日)之前开始的对商标的任何善意使用的继续。

（9）（3）款的规定不得影响本法生效前开始的商标的任何善意使用的继续。

（10）在本条中，"使用"就商标而言，指第 54 条（3）款规定含义内的使用。

第 77 条　驰名商标的允许使用

（1）尽管有第 76 条的规定，驰名商标的所有人无权通过禁令限制任何人在马来西亚按照在工业或商业事宜中的诚实做法使用：

（a）下列姓名或名称：

（i）该人本人；

（ii）该人的营业地点；

（iii）该人的业务前任人；或

（iv）该人的业务前任人的营业地点；

（b）任何表示以下内容的标志：

（i）商品或服务的种类、质量、数量、预期目的、价值、地理来源或其他特征；或

（ii）生产商品或提供服务的时间；或

（c）该商标表明商品的预期用途，其中包括配件或备件或服务。

（2）尽管有第 76 条的规定，驰名商标的所有人无权通过禁令限制在马来西亚使用：

（a）针对已注册的商品或服务的任何注册商标；或

（b）该商标，如果该使用：

（i）是为了非商业目的；

（ii）用于新闻报道或新闻评论的目的；或

（iii）已在任何时候得到该驰名商标所有人的明示或默示同意。

第 78 条　《巴黎公约》第 6 条之三规定的公约国的国徽等

（1）由公约国国旗组成或包含国旗的商标，未经该国主管当局授权，不得注册，但处长认为未经授权可以以拟议的方式使用国旗的除外。

（2）由受《巴黎公约》或 TRIPS 保护的成员的徽章或任何其他国徽组成或包含的商标，未经该国主管当局授权不得注册。

（3）由成员采用的表示控制和保证的官方标志或标记组成或包含该标志

或标记的商标，如该标志或标记受《巴黎公约》或 TRIPS 保护，未经有关国家主管当局的授权，不得注册表示控制和保证的相同或相似的标志或标记。

（4）本条对国旗和其他国徽以及官方标志或标记的提述，同样适用于从纹章学角度看模仿任何该等国旗或其他徽章、标志或标记的任何事物。

（5）本条并不妨碍获准使用某国国徽、官方标志或标记的该成员国民在提出申请时注册商标，即使该国徽、官方标志或标记与另一国的国徽、官方标志或标记相似。

（6）如果根据本条，商标注册需要或将需要成员主管当局的授权，该等当局有权通过禁令禁止在马来西亚使用未经其授权的商标。

第 79 条　《巴黎公约》第 6 条之三规定的某些国际政府间组织的标志等

（1）由一个或多个成员的国际政府间组织的任何徽章、旗帜、标志、缩写或名称组成或包含的商标，如受《巴黎公约》或 TRIPS 保护，未经有关国际政府间组织授权，不得注册，除非处长认为以拟议的方式使用徽章、旗帜、标志、缩写或名称：

（a）将向公众表明该组织与该商标之间存在联系；或

（b）不可能使公众误以为该使用人与该组织之间存在联系。

（2）本条中对国际政府间组织的徽章、旗帜、标志、缩写或名称的提述，同样适用于从纹章学角度看模仿任何此类标志的任何东西。

（3）根据本条规定，商标注册应或将需要某国际政府间组织的授权，该组织有权通过禁令限制未经其授权而在马来西亚使用该商标。

（4）本条的规定不影响在 1989 年 1 月 1 日（《巴黎公约》有关规定对马来西亚生效之日）前开始善意使用有关商标的人的权利。

第 80 条　根据《巴黎公约》第 6 条之三发出的通知

（1）就第 78 条而言，公约国的国旗、官方标志或标记以外的国徽，只有在下列情况下或在下列范围内，才应视为受《巴黎公约》或 TRIPS 保护：

（a）该成员已根据《巴黎公约》第 6 条之三（3）款，或根据 TRIPS 适用的该条规定，通知马来西亚其希望保护该标志、符号或标记；

（b）该通知仍然有效；且

（c）马来西亚没有根据《巴黎公约》第 6 条之三（4）款或 TRIPS 所适用的该条提出反对意见，或任何该反对意见已被撤回。

（2）就第79条而言，国际政府间组织的徽章、旗帜、标志、缩写和名称，只有在下列情况下或在下列范围内，才应视为受《巴黎公约》或 TRIPS 所适用的该条的保护：

（a）该组织已根据《巴黎公约》第 6 条之三（3）款或 TRIPS 适用的该条规定，通知马来西亚其希望保护该徽章、旗帜、标志、缩写或名称；

（b）该通知仍然有效；且

（c）马来西亚没有根据《巴黎公约》第 6 条之三（4）款或 TRIPS 所适用的该条提出反对意见，或任何该反对意见已被撤回。

（3）根据《巴黎公约》第 6 条之三（3）款或根据 TRIPS 所适用的该条发出的通知，只针对在收到该通知后 2 个月以上根据第 17 条（2）款提出的商标注册申请有效。

（4）处长应备存一份含有下列内容的数据列表，供公众在所有合理的时间内免费查阅：

（a）国家徽章和官方标志或标记；和

（b）国际政府间组织的盾徽、旗帜、徽章、简称和名称，

且其当时根据《巴黎公约》或根据《巴黎公约》第 6 条之三（3）款通知而由 TRIPS 适用的条款或根据 TRIPS 适用的条款所保护。

第十三部分　边境措施

第 81 条　释义

在本部分中：

（a）"获授权人员"指：

（i）1967 年海关法（第 235 号法律）所界定的适当海关官员；或

（ii）由部长任命的任何公职人员或受雇于公司的任何人，以行使本部分赋予获授权人员的权力和履行委托给获授权人员的职责；

（b）"过境商品"，指进口的商品，不论是否在马来西亚境内落地或转运，而该等商品将以同一或另一运输工具运往另一国家；

（c）"进口"，指以任何方式将货物带入或安排带入马来西亚；

（d）"保留期"，就被扣押的商品而言，指：

（i）根据第 85 条就该商品发出的通知所指明的期间；或

（ii）该期间已根据第 85 条延长的，延长后的期间；

（e）"保证金"，指处长确定的任何一笔现金或其他金融票据；且

（f）"扣押商品"，指根据第 82 条扣押的商品。

第 82 条　限制进口侵权商品

（1）任何人可向处长提出申请，说明：

（a）其是注册所有人或有权提出该申请的被许可人；

（b）在该申请所指明的时间及地点，预期会为贸易目的而进口就该注册商标而属侵权商品的商品；且

（c）其反对该进口。

（2）根据（1）款提出的申请，应附有处长决定的涉及该等商品的文件和数据予以支持，以使获授权人员能够识别该等商品，并应支付规定的费用。

（3）处长在收到根据（1）款提出的申请后，应就该申请作出决定，并应在合理期间内通知申请人该申请是否已获批准。

（4）处长在根据（3）款决定合理期间时，应考虑有关个案的所有相关情况。

（5）根据（3）款给予的批准，除非申请人在该段期间结束前以书面通知处长而撤回，否则在该段期间结束前，该批准仍属有效。

（6）根据本条给予批准，且该批准未失效或被撤回的，在批准所指明的期间内，禁止将任何侵权商品进口至马来西亚。

（7）处长在根据（3）款给予批准后，应立即采取必要措施，通知该获授权人员。

（8）处长已根据（7）款通知获授权人员的，该获授权人员应采取必要的行动，禁止任何人进口该通知所指明的侵权商品（并非过境商品），并应检取和扣留该指明的商品。

第 83 条　保证金

处长在根据第 82 条给予批准后，应要求申请人向处长交存处长认为足以满足下列条件的保证金：

（a）向处长补还因检取侵权商品而可能引致的任何法律责任或开支；

（b）防止滥用和保护进口商；或

（c）支付法院根据本部分命令的赔偿。

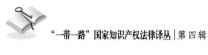

第 84 条　安全保管被扣押商品

（1）被扣押商品应被带至处长可能指示或获授权人员认为合适的安全地点。

（2）按获授权人员的指示存放的，获授权人员应将该等被检取商品的下落通知处长。

第 85 条　通知

（1）获授权人员应在根据第 82 条检取侵权商品后，在合理地切实可行的范围内，尽快亲自或以挂号邮递方式向处长、进口商和申请人发出书面通知，以确定侵权商品，述明该等商品已被检取及商品的下落。

（2）根据（1）款发出的通知亦应述明，除非申请人在自该通知之日起计的指明期间内就该等商品的侵权行为提起诉讼，否则该等侵权商品会被发还给进口商。

（3）在收到通知时，申请人已就侵权提起诉讼的，申请人应以处长确定的格式，将该事实通知处长。

（4）申请人可在该通知指明的期间（初始期间）结束前向处长发出书面通知，要求延长该期间。

（5）除（6）款另有规定外，处长信纳批准按照（4）款提出的要求是合理的，可根据该要求延长初始期间。

（6）就按照（4）款提出的请求作出的决定，应在该请求提出后的 2 个工作日内作出，但该决定不能在该请求所涉及的初始期间结束后作出。

第 86 条　被扣押商品的查验、释放等

（1）申请人或进口商同意作出必要承诺的，处长可允许申请人或进口商检查被扣押的商品。

（2）（1）款下的必要承诺是以书面形式作出的承诺，即作出该承诺的人将：

（a）在处长满意的指定时间，将被扣押物品的样品交还处长；且

（b）尽合理注意，以防止样本受到损坏。

（3）申请人作出所需承诺的，处长可准许申请人从处长的保管下拿走被检取货品的样本，以供申请人检查。

（4）进口商作出所需承诺的，处长可准许进口商从处长的保管中拿走被检取货品的样本，以供进口商检查。

（5）处长根据本条准许申请人检查被检取的商品或移走被检取的商品样本的，处长无须就进口商因以下情况而蒙受的任何损失或损害向进口商承担法律责任：

（a）在检查期间对任何被扣押商品造成的损害；或

（b）申请人或任何其他人对从处长保管下拿走的样本作出的任何事情，或就该样本作出的任何事情，或申请人或任何其他人对该样本的任何使用。

第87条　经同意没收被扣押商品

（1）除（2）款的规定外，进口商可向处长发出书面通知，同意没收被扣押的商品。

（2）该通知应在就被扣押商品提起任何侵权诉讼前发出。

（3）进口商发出上述通知的，被扣押商品即被没收，并应按处长决定的方式处置。

第88条　强制将被扣押商品释放给进口商

（1）申请人有下列任一情况的，处长应在货物扣押期间结束时向进口商释放被扣押的商品：

（a）没有对商品的侵权行为提起诉讼；且

（b）没有向处长发出书面通知，述明已就该侵权行为提起诉讼。

（2）如果：

（a）已就被扣押商品提起侵权诉讼的；且

（b）在提起侵权诉讼之日起30日期间结束时，受理诉讼的法院发出的阻止释放商品的命令未生效力，

处长应将该等货物释放给进口商。

（3）申请人向处长发出书面通知，述明其同意释放被扣押商品的，处长应将该等货品释放给进口商。

第89条　未采取行动的补偿

（1）商品已根据第82条发出的通知被扣押，且申请人未在扣押期间对侵权行为采取行动的，因该扣押而感到受屈的人可向法院申请命令对申请人作

出赔偿。

（2）法院信纳被侵害人因该等商品被扣押而蒙受损失或损害的，可命令申请人向被侵害人支付法院认为适当款额的补偿。

第 90 条　侵犯注册商标的诉讼

（1）申请人提起侵权诉讼的，法院除了可以给予的任何救济外，还可以：

（a）命令在法院认为适当条件（如有）的限制下，将被扣押商品释放给进口商；

（b）命令在指明的期限结束前不向进口商释放被扣押商品；或

（c）视乎个案的情况，命令没收被扣押商品。

（2）处长或获授权人员有权在就侵权诉讼进行的听审中陈词。

（3）法院信纳处长或任何主管当局根据任何其他法律应当或获准保留对被扣押商品的控制的，不得根据（1）款（a）项作出命令。

（4）处长应遵从根据（1）款作出的命令。

（5）存在下列任一情况的，法院可命令申请人向被告人支付法院认为适当款额的补偿：

（a）诉讼被驳回或中止，或法院裁定相关注册商标没有因进口被扣押商品而受到侵犯；且

（b）侵权诉讼的被告使法院确信其因商品被扣押而遭受损失或损害。

第 91 条　被命令没收商品的处置

法院命令没收被扣押商品的，应按法院指示的方式处置该等商品。

第 92 条　保证金不足

（1）处长就其根据本部分采取的任何行动或根据法院根据本部分作出的命令采取的行动而招致的合理开支，超出根据第 83 条存放的保证金款额的，超出的款额即为欠处长的债项。

（2）（1）款所指的债项应由申请人承担；有 2 名或多名申请人的，应由各申请人承担连带责任。

第 93 条　依职权行动

（1）根据初步证据，任何获授权人员可在未经授权的情况下扣留或暂停

放行带有与注册商标具有相同商标的将被进口或准备出口的商品，且该商品与注册商标的商品完全相同。

（2）该等商品被扣押的，获授权人员：

（a）应通知处长、进口商和注册所有人；且

（b）可随时向注册所有人索取可协助其行使权力的任何资料。

（3）除第 88 条另有规定外，进口商可根据 1967 年海关法就根据（1）款扣留商品或暂缓放行商品向署长提出上诉。

（4）获授权人员只有在其根据（1）款采取的行动是善意进行的情况下，才可被豁免责任。

（5）（1）款所指的"准备出口"，指通过任何运输方式从马来西亚出口至另一个国家的商品。

第 94 条　最低限度进口

（1）本部分的规定不适用于装在旅客个人行李中或以小件托运方式发送的少量非商业性商品。

（2）（1）款所指的"小量"，指不超过 2 件的商品。

第十四部分　商标代理人

第 95 条　注册商标代理人的认定和要求存在注册商标代理人的情形

（1）本法要求或授权某人在初步程序、商标注册申请或与注册商标有关的任何程序中采取的任何行动，可由该人正式授权的注册商标代理人按处长确定的方式采取或向该代理人采取。

（2）在初步程序或申请商标注册或与注册商标有关的任何程序中到处长席前的人，没有主要在马来西亚居住或经营业务的，应委任和授权一名注册商标代理人代其行事。

（3）在根据（2）款被委任和授权的人代其行事时，注册商标代理人应：

（a）继续担任该人的代理人；且

（b）对根据本法要求该人作出的所有行为、事项和事情负责，

但按照规定的方式终止或停止代他行事的除外。

（4）代表某人行事的注册商标代理人打算停止代表该人行事的：

（a）注册商标代理人应按处长确定的方式，向处长提交意图停止代表该人行事的通知。

（b）注册商标代理人应通知该人；且

（c）在符合（a）款和（b）款的规定后，该代理人即不再是该人的代理人。

第 96 条　商标代理人名册

（1）处长应备存一份名为商标代理人名册的名册。

（2）商标代理人名册应载有为第 95 条的目的代表任何人行事的注册商标代理人的姓名、地址及其他规定事项。

第 97 条　商标代理人的登记

（1）某人符合订明规定，并将其姓名记入商标代理人名册的，处长应将该人登记为注册商标代理人。

（2）就本部分而言，处长可：

（a）以规定的理由撤销商标代理人的注册；

（b）允许根据注册商标代理人提出的申请，自愿取消商标代理人的注册；

（c）允许根据注册商标代理人提出的申请，变更注册商标代理人的名称或送达地址；

（d）在商标代理人死亡时，删除商标代理人的注册；及

（e）拒绝承认任何人为注册商标代理人，但须符合规定的任何情况。

（3）任何取消商标代理人注册的行为，将导致该注册商标代理人的名称从商标代理人名册中删除。

（4）将注册商标代理人从商标代理人名册中除名，以及该注册商标代理人所办理的所有商标注册申请或注册事宜，均由处长以其确定的方式在知识产权官方公报上公布。

（5）合伙企业和法人团体符合规定要求的，处长应将其注册为商标代理人，一经注册，即受（2）、（3）、（4）款规定的要求约束。

第 98 条　与注册商标代理人的通讯特权

（1）注册商标代理人与在商标相关事项上任命和授权代理人的人之间的通讯，以及为该等通讯而制作的任何记录或文件，与律师与其客户之间的通

讯享有同等程度的特权。

（2）对于商标相关事宜委任及授权代理的人的文件及财产，注册商标代理人享有留置权，与律师针对客户的文件和财产享有的留置权相同。

第十五部分　犯　罪

第99条　假冒商标

（1）任何人以下列方式假冒注册商标的：

（a）制作与注册商标相同或相似的标志，意图欺骗的；或

（b）伪造真正的注册商标，无论是通过更改、添加、抹去、部分删除或以其他方式的，

只要未经商标注册所有人的同意，即属犯罪，一经定罪，可处以不超过100万林吉特的罚金或不超过5年的监禁，或两者并罚。

（2）在根据本条提出的起诉中，被告人应承担证明商标注册所有人同意的责任。

第100条　将注册商标虚假地应用于商品或服务上

（1）就本条和第102条而言，在下列情况下将注册商标虚假地应用于商品或服务的：

（a）未经注册商标所有人的同意，将该商标或可能被误认为该商标的标志应用于商品或服务上；及

（b）应用于商品上的，该商品并非该商标的注册所有人或被许可人的真正商品。

（2）就（1）款而言，商标如在下列情况下使用，应当视为应用于商品或服务：

（a）在任何标志或广告；或

（b）任何发票、目录、商业信函、商业文件、价目表或其他商业文件，包括任何媒介的此类文件，

并根据如此使用的商标的请求或订单向某人交付商品或提供服务。

（3）就（1）款而言：

（a）在下列情况下，标志应被视为应用于商品：

（ⅰ）应用于商品本身；或

（ⅱ）应用于为贸易或制造目的而出售、要约出售或为出售而展示或占有商品的任何覆盖物、标签、卷轴或物品；且

（b）标志的使用方式可能导致他人相信该标志是指称、描述或指定该商品或服务的，该标志应被视为应用于该商品或服务。

（4）任何人如虚假地：

（a）将注册商标应用于（1）款规定的商品的，即属犯罪，一经定罪：

（ⅰ）该人是法人团体的，对带有虚假注册商标的每件商品处以不超过 1.5 万林吉特的罚金，如果是第二次或再次犯罪，对带有虚假注册商标的每件商品处以不超过 3 万林吉特的罚金；或

（ⅱ）该人不是法人团体的，对每件带有虚假注册商标的商品处以不超过 1 万林吉特的罚金，或处以不超过 3 年的监禁，或两者并罚；如果是第二次或再次犯罪，每件处以不超过 2 万林吉特的罚金，或处以不超过 5 年的监禁，或两者并罚；或

（b）将注册商标应用于（1）款规定的服务的，即属犯罪，一经定罪：

（ⅰ）该人是法人团体的，可处以不超过 10 万林吉特的罚金；或

（ⅱ）该人不是法人团体的，可处以不超过 7 万林吉特的罚金或不超过 3 年的监禁。

（5）在（3）款中：

（a）"覆盖物"包括任何塞子、玻璃、瓶子、容器、盒子、胶囊、箱子、框架或包装物；且

（b）"标签"包括任何表带或票据。

（6）在根据本条提出的诉讼中，被告人应承担证明已获得该商标注册所有人同意的责任。

第 101 条　制作或管有物品以实施犯罪

任何人如：

（a）制作经特定设计或改装用以制作某注册商标或可能被误认为是该商标的标志的复制品的物品；或

（b）拥有、保管或控制（a）款所述物品，

明知或有理由相信其已被用于或将被用于或在犯罪过程中被用于或将被用于违反第 99 条和第 100 条的犯罪的，即为犯罪，一经定罪，可处以不超过

100 万林吉特的罚金或不超过 5 年的监禁，或两者并罚。

第 102 条　进口或销售使用虚假商标的商品等

（1）任何人如：

（a）为贸易或制造目的向马来西亚进口；

（b）出售或要约出售或公开出售；或

（c）为贸易或制造目的而由其占有、保管或控制，

根据第 100 条在任何商品上虚假应用注册商标的任何商品，除非其能够证明在采取了一切合理的预防措施以防止犯下本条规定的罪行后，在被指控的罪行实施时，其没有理由怀疑商标的真实性，且在助理审查官提出要求后，提供了所知道的关于他从其获得商品的人的所有信息，否则即为犯罪，一经定罪，应承担下列责任：

（i）该人是法人团体的，对每件虚假注册商标的商品处以不超过 1.5 万林吉特的罚金，如果是第二次或再次犯罪的，对每件虚假注册商标的商品处以不超过 30000 林吉特的罚金；或

（ii）该人不是法人团体的，对每件带有虚假应用的注册商标的商品，处以不超过 1 万林吉特的罚金，或处以不超过 3 年的监禁，或两者并罚；如果是第二次或再次犯罪，对每件带有虚假应用的注册商标的商品，处以不超过 2 万林吉特的罚金，或处以不超过 5 年的监禁，或两者并罚。

（2）就（1）款（c）项而言，任何人如持有 3 件或更多虚假应用注册商标的商品的，应被视为持有该等商品作贸易或制造用途。

第 103 条　向商标局或在注册簿上作虚假登记

任何人如：

（a）向商标局或在注册簿中作出或导致作出虚假登录的；

（b）在存放于商标局的任何核证副本中作出或安排作出虚假登录的；

（c）制作或安排制作任何看来是登记册内的记项副本或存档于商标局的虚假事项；或

（d）出示或提交或促使出示或提交（c）项所提及的任何物品作为证据，

明知或有理由相信该条目或事物是虚假的，即属犯罪，一经定罪，应处以不超过 5 万林吉特的罚金或不超过 5 年的监禁，或两者并罚。

第 104 条　谎称商标为注册商标

（1）任何人如：

（a）谎称某商标是注册商标；或

（b）对商标注册的商品或服务作虚假陈述，

明知或有理由相信该陈述是虚假的，即属犯罪，一经定罪，可处以不超过 1 万林吉特的罚金。

（2）就本条而言，在马来西亚贸易过程中就商标使用"注册"一词或任何其他明确或隐含注册含义的文字或符号，应被视为本法规定的注册陈述，除非有证据表明该陈述是指在马来西亚以外的其他地方注册，且该商标事实上已在有关商品或服务上注册。

第 105 条　与不服从传票或拒绝提供证据有关的犯罪

（1）为了本法的目的，处长可以：

（a）传唤证人；

（b）接受经宣誓的证据；及

（c）要求出示文件或物品。

（2）无合法理由而不服从（1）款项下的传票或要求的，即属犯罪，一经定罪，可处以不超过 2000 林吉特的罚金或不超过 3 个月的监禁，或两者并罚。

第 106 条　谎称商标为指定马来西亚的受保护国际注册

（1）任何人如：

（a）谎称商标为指定马来西亚的受保护国际注册；或

（b）对指定马来西亚的受保护国际注册在马来西亚给予保护的商品或服务作虚假陈述，

明知或有理由相信该陈述是虚假的，即属犯罪，一经定罪，可处以不超过 1 万林吉特的罚金。

第 107 条　滥用"商标局"名称

在其营业场所或由其签发的任何文件或其他文件上使用"商标局"字样或任何其他暗示其营业场所是商标局或与商标局有正式联系的字样的，均属犯罪，一经定罪，应处以不超过 5 万林吉特的罚金或不超过 2 年的监禁，或两者并罚。

第 108 条 未注册人员以注册商标代理人的身份执业等

未经根据本法注册而开展业务、执业、作为、自称、显示或允许自称或显示是商标代理人的，均属犯罪，一经定罪，应处以不超过 5 万林吉特的罚金或 2 年监禁，或两者并罚。

第十六部分 调查和执法

第一章 调查和投诉

第 109 条 释义

在本部分中：

（a）"审查官""副审查官"或"助理审查官"，指根据 2011 年商品说明法（第 730 号法律）第 3 条任命的商品说明审查官、副审查官或助理审查官；且

（b）"处所"，指任何人设立或设置的任何固定或其他地方，不论该地方是否有围墙，并包括车辆、飞机、船舶及任何其他船只。

第 110 条 审查官、副审查官或助理审查官的权力

（1）审查官应在部长的总体指导和控制下，履行本部分规定的职责和行使本部分赋予其的权力。

（2）副审查官和助理审查官应在审查官的指示和控制下工作。

（3）副审查官可履行施加给审查官的一切职责，并行使授予审查官的一切权力。

（4）审查官和副审查官可履行施加给助理审查官的一切职责，并行使授予助理审查官的一切权力。

（5）审查官或副审查官可以书面将他在本部分项下的所有或任何权力、职责或职能委托给任何助理审查官。

第111条　调查权

（1）助理审查官有合理理由怀疑正在或将要犯下本法规定的任何犯罪，可进行助理检察官认为有利于适当执行本法的调查。

（2）助理审查官在调查本法规定的任何犯罪时，可行使刑事诉讼法（第593号法律）赋予的与警方调查可查封案件有关的所有或任何权力。

第112条　向助理审查官投诉

（1）助理审查官可根据他人投诉，对已经或正在犯下本法规定的任何犯罪的人进行调查。

（2）根据（1）款提出的投诉应具体说明投诉所针对的人或被控犯罪的场所以及本法规定的被控犯罪的详情。

（3）根据（1）款提出的投诉涉及与注册商标不相同的商标的，注册所有人或被许可人应以处长确定的格式并向助理审查官支付规定的费用以获得处长的核实。

（4）处长根据（3）款作出的核实，应作为任何法院任何法律程序的表面证据。

第二章　信息收集权

第113条　助理审查官要求提供信息的权力

（1）助理审查官在根据本部分进行调查时有理由相信任何人：

（a）掌握与助理审查官履行本法规定的权力和职能有关的任何信息或文件；或

（b）有能力提供任何证据，而助理检察官有理由相信该等证据与助理检察官根据本法行使其权力及职能有关。

（2）尽管有任何其他成文法的规定，助理检察官可通过书面通知指示任何人：

（a）在该通知所指明的期间内，以该通知所指明的方式和形式，向助理审查官提供（1）款所提述的任何信息或文件；

（b）在该通知所指明的期间内，按该通知所指明的方式，向助理审查官出示（1）款所提述的任何信息或文件，不论是实物或电子形式的；

（c）复制（1）款所提述的任何文件的副本或摘录，并于该通知所指明的期间内，按该通知所指明的方式，向助理检察官出示该等文件的副本或摘录；

（d）该人是个人的，在通知书所指明的时间和地点到助理审查官席前，以口头或书面提供任何信息，并出示（1）款所提述的任何文件，不论是实物或电子形式；

（e）该人是法人团体或公共机构的，安排该机构的相关及主管人员在通知书指明的时间和地点到助理审查官席前，以口头或书面方式提供任何信息，并出示（1）款所提述的任何文件，不论是实物形式或电子形式；

（f）该人是合伙的，安排身为该合伙的合伙人或该合伙的雇员的个人，在该通知所指明的时间和地点，到助理审查官席前，以口头或书面方式提供任何信息，并出示（1）款所提述的任何文件，不论是实物形式或电子形式；或

（g）在该通知书所指明的期间内，以该通知书所指明的方式及形式，就（1）款所提述的任何信息或文件向助理审查官作出陈述，予以解释。

（3）助理审查官根据（2）款指示任何人出示任何文件，而该文件并非由该人保管的，该人应：

（a）尽其所知和所信，说明该文件的出处；和

（b）尽其所知和所信，指明最后保管该文件的人，并尽其所知和所信，说明可在何处找到该最后提及的人。

（4）任何根据（2）款或（3）款被指示提供信息的人，应确保所提供信息是真实、准确和完整的，且该人应就此作出明确的陈述，包括声明其不知道有任何其他信息会使所提供的信息失实或具误导性。

（5）拒绝或不遵从助理审查官根据本条作出的指示的，即属犯罪，一经定罪，可处以不超过5万林吉特的罚金。

第114条 助理审查官可保留文件

（1）助理检察官可获取并在其认为必要的期间内保留根据本法获得的任何文件。

（2）提供该文件的人有权在切实可行范围内尽快获得一份经助理审查官核证为该文件真实副本的副本。

（3）尽管有任何其他成文法的规定，该文件的核证副本应获接纳为证据，

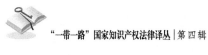

犹如该文件的正本一样。

（4）助理审查官信纳不再需要保留该文件的，可在切实可行的范围内，尽快将该文件交还提供该文件的人。

第 115 条　保密性

（1）披露或使用根据本法任何规定获得的有关特定企业或个人事务的任何保密信息或文件的，均属犯罪，一经定罪，应处以不超过 50 万林吉特的罚金。

（2）（1）款的任何规定均不得阻止在下列情况下披露信息：

（a）披露是在取得提供该信息或文件的人的同意下作出的；

（b）披露是在所提供的信息是以无法确定其来源的方式编排的情况下作出的，而该等信息是在公众领域内的；

（c）该资料已属公共领域；

（d）披露信息是为了方便审查官、副审查官或助理审查官履行其职能或权力；

（e）披露是在根据本法进行的任何诉讼程序中合理进行的，但条件是该披露并不违背正在进行诉讼程序的审查官、副审查官或助理审查官的任何指示；或

（f）披露是为了调查本法规定的犯罪而作出的。

（3）就本条而言，"保密信息"，指属于任何人的、具有经济价值的、不为他人普遍获得或知悉的贸易、商业或工业信息，或根据本法被视为保密的任何信息。

第 116 条　特权通讯

（1）不得根据本部分的任何规定要求任何人出示或披露专业法律顾问与其委托人之间根据 1950 年证据法（第 56 号法律）第 126 条应受保护不得披露的任何通讯。

（2）审查官可要求辩护人和律师提供第 114 条项下的任何文件。

（3）根据（2）款要求提供的文件载有由辩护人和律师以其作为辩护人和律师身份所作出的或代表其作出的或向其作出的特权通讯的：

（a）辩护人和律师有权拒绝遵守该要求；或

（b）向其发出、由其发出或代表其发出特权通讯的人，或如该人是受接

管人监管的法人团体或正处于停业清理过程中的法人团体，则接管人或清算人（视情况而定）可同意该辩护人和律师须遵从该规定。

（4）尽管有（3）款（b）项的规定，辩护人和律师拒绝遵守该规定的，应随即以书面形式向审查官提供收到或由其或代表其作出该项特权通讯的人的姓名和地址。

第 117 条　提供虚假或具误导性的信息、证据或文件

在助理审查官调查过程中，不披露或不提供任何相关信息、证据或文件，或提供其知道或有理由相信是虚假或误导性的任何信息、证据或文件的，均属犯罪，一经定罪，可处以不超过 10 万林吉特的罚金。

第 118 条　销毁、隐匿、切割和篡改记录

任何人：

（a）销毁、隐藏、切割或篡改；或

（b）发送或企图发送或与任何其他人共谋从其处所或从马来西亚发送出去，

任何商品、文件、材料、物品或物件的保存或维护，意图欺骗助理审查官，或阻止、延迟或妨碍助理审查官进行调查或行使本法规定的任何权力的，均属犯罪，一经定罪，可处以不超过 10 万林吉特的罚金。

第三章　逮捕、搜查、扣押等权力

第 119 条　逮捕权

（1）助理审查官可在没有令状的情况下逮捕任何其有理由认为已犯下或正企图犯下本法第 99 条至第 102 条所述犯罪的人。

（2）根据（1）款进行逮捕的任何助理审查官应在没有不必要的延误的情况下，将被逮捕的人带至最近的警察局，此后应根据届时有效的刑事诉讼相关法律处理此人。

第 120 条　进入处所、检查和扣押商品等权力

（1）助理审查官可在所有合理时间行使下列权力：

（a）为确定是否发生了本法规定的任何犯罪行为，其可以检查任何商品、

文件、材料、物品或物件，并进入任何处所，但仅用于居住的处所除外；

（b）其有合理理由相信本法规定的犯罪已经发生的，可以没收和扣留任何商品、文件、材料、物品或物件，以便通过检测或其他方式确定犯罪是否已经发生；

（c）其可查封和扣押其有理由相信可能在本法规定的犯罪的任何诉讼中被要求作为证据的任何商品、文件、材料、物品或物件；及

（d）为行使本款所赋予的权力，其可以扣押商品、文件、物料、物品或物件，但只有在为确保本法规定及根据本法发出的任何命令得到适当遵守而有合理需要的情况下，其才可要求任何有权如此行事之人打开任何容器或打开任何自动售卖机，但如果该人不遵守要求，其可自行如此行事。

（2）助理审查官在根据本条行使权力时，如扣押任何商品、文件、物料、物品或物件，应通知被扣押的人；如扣押自自动售卖机的商品，应通知在该机器上注明名称及地址的所有人；没有注明名称及地址的，应通知该机器所在处所的占用人。

（3）助理审查官在根据本条行使权力时所扣押的商品、文件、物料、物品或物件，由于其性质、大小或数量的原因，从发现的地方移走是不切实际的，其可：

以任何方式将该等商品、文件、材料、物品或物件封存于发现其的处所或容器内，任何人未经合法授权而打开、篡改或损坏该等封存，或移走或企图移走该等商品、文件、材料、物品或物件的，均属犯罪。

第 121 条　治安法官可发出搜查令

（1）只要治安法官根据宣誓后的书面资料，并在其认为必要的调查后，认为有合理的理由相信有人已经或正在实施本法规定的犯罪，从而可能在任何处所中发现调查任何犯罪所必需的任何证据或物品的，治安法官可签发令状，授权令状中提及的任何助理审查官在任何时间进入该处所，无论是否有协助，并在必要时以武力搜查和没收任何此类证据或物品。

（2）根据本条进入任何处所的助理审查官，可携同其认为有必要的其他人员和设备，而在离开其根据上一款发出的令状而进入的任何处所时，如该处所无人居住或占用人暂时不在，确保已有防范措施以防侵入者进入该处所，而该等措施的有效程度须如同其进入该处所时所见到的情况一样。

（3）在不影响（1）款的一般性的原则下，治安法官签发的令状可授权

搜查和扣押任何载有或被合理怀疑载有任何涉嫌已实施犯罪的信息的商品、文件、物料、物品或物件，或为调查任何犯罪而必要的信息。

（4）根据（1）款进行搜查的助理审查官，为调查有关犯罪的目的，可搜查在该处所内或在该处所上的任何人。

（5）助理审查官根据（4）款对他人进行搜查时，可扣押、管有和安全保管在该人身上发现的所有物品（必要的衣物除外）及任何其他有理由相信是该犯罪的工具或证据的物品，而该等物品可予扣留，直至法院作出处置该等物品的命令为止。

（6）根据本条扣押的任何商品、文件、物料、物品或物件，因其性质、大小或数量而不能移走的，执行扣押的助理审查官应以任何方法封存发现该等商品、文件、物料、物品或物件的处所或容器。

（7）未经合法授权，破坏、篡改或损坏（6）款所述的封条，或移走或企图移走任何盖有封条的商品、文件、材料、物品或物件的，均属犯罪，一经定罪，可处以不超过10万林吉特的罚金。

第122条　无令状搜查

助理审查官根据收到的信息信纳其有合理的理由相信，由于延迟获得第121条项下的搜查令，调查工作会受到不利影响，或侵权或犯罪的证据很可能被篡改、移走、损坏或销毁的，助理审查官可进入该处所，并在该处所内、该处所商和针对该处所以完全和充分的方式行使第121条所述的一切权力，如同其根据该条发出的搜查令授权其如此行事一样。

第123条　获取记录信息或计算机化数据等

（1）助理审查官在根据第120、121条和第122条行使其权力时，可获取任何记录信息或计算机化或数码化的数据，不论该等数据是否储存于计算机内。

（2）此外，根据第120、121条和第122条行使其权力的助理审查官：

（a）可检查任何计算机和任何相关设备的操作或材料，如果其有合理理由怀疑针对该信息或数据正使用或曾被使用；且

（b）可要求：

（i）助理审查官有合理理由怀疑针对该等信息或数据该计算机正被或曾被如此使用的人或代表其使用的人；或

（ii）负责或以其他方式涉及与该信息或数据有关的计算机、仪器或材料的操作的人，

向其提供其为施行本条而需要的合理协助。

（3）助理审查官如认为有必要，可复制或摘录有关记录数据或计算机化或数码化的数据。

（4）就本条而言，"获取"包括获提供所需的密码、加密码、解密码、软件或硬件及任何其他所需的方法，以便能理解记录数据及计算机化或数码化的数据。

第 124 条　泄密

（1）任何人：

（a）知道或有理由怀疑助理审查官针对正在进行或即将进行本法项下或为本法目的而实施的调查正在采取行动或拟采取行动，并向任何其他人披露可能损害该调查或拟定调查的信息或任何其他事项；或

（b）知道或有理由怀疑有人向助理审查官披露了信息，并向任何其他人披露了可能会损害在披露后可能进行的任何调查的信息或任何其他事项，

即属犯罪，一经定罪，可处以不超过 10 万林吉特的罚金。

（2）（1）款规定并不会使辩护人和律师或其雇员向下列人员披露任何信息或其他事项而构成犯罪：

（a）向其委托人或委托人的代表，针对在聘请辩护人和律师期间或为此目的而向当事人提供建议；或

（b）向任何人，在预期发生任何法律程序、针对法律程序或为法律程序的目的。

（3）（2）款不适用于为达到任何非法目的而披露的任何信息或其他事项。

（4）在针对某人犯本条所订犯罪而提出的任何法律程序中，如能证明以下事项，即可以此作为免责辩护：

（a）其不知道或怀疑根据（1）款（b）项作出的披露可能会损害调查；或

（b）其有合法权限或合理理由作出披露。

（5）助理审查官或任何其他人在实施或意图实施本法的过程中所做的任何事情，不属于本条所指的犯罪。

第 125 条　令状尽管存在瑕疵仍可采信

根据本法签发的搜查令，尽管该令状或该令状的申请存在任何瑕疵、错误或遗漏，仍属有效和可执行，且根据该令状扣押的任何商品、文件、材料、物品或物件应在根据本法进行的任何诉讼中被接受为证据。

第 126 条　扣押的物品清单

（1）除（2）款的规定外，根据本部分扣押任何商品、文件、物料、物品或物件的，实施扣押的助理审查官应在切实可行的范围内尽快拟备一份扣押物品清单，并立即将经其签署的清单副本交付给被搜查处所的占用人或其代理人或受雇人。

（2）处所无人居住的，实施扣押的助理审查官应尽可能在处所的显眼处张贴一份扣押物品清单。

第 127 条　没收被扣押的物品等

（1）行使本法赋予的任何权力而被扣押的所有商品、文件、物料、物品或物件，均可予以没收。

（2）没收或释放在行使本法赋予的任何权力时扣押的任何商品、文件、材料、物品或物件的命令，应由对其进行起诉的法院作出，且如有证明使法院信纳已发生本法项下的犯罪行为且该等商品、文件、材料、物品或物件是犯罪的客体或用以实施犯罪，即使没有人可能被判定犯有该犯罪，应作出没收该等商品、文件、材料、物品或物件的命令。

（3）没有对行使本法赋予的任何权力而扣押的任何商品、文件、材料、物品或物件进行起诉的，该等商品、文件、材料、物品或物件应在扣押之日起一个日历月后被收走并视为没收，但在该日期前以下文规定的方式对该等商品、文件、材料、物品或物件提出主张的除外。

（4）声称是该等商品、文件、物品或物件的所有人，且无须没收该等商品、文件、物料、物品或物件的，可亲自或由其书面授权的代理人向助理审查官发出书面通知，表明其对该等商品、文件、物料、物品或物件提出主张。

（5）助理审查官在收到通知后，应将该项主张转交审查官，审查官可指示将该等商品、文件、物料、物品或物件释放或没收，或指示助理审查官将此事转介法院裁决。

（6）获转介该事宜的法院应发出传票，要求声称自己是该等商品、文件、物料、物品或物件的所有任的人及被扣押该等商品、文件、物料、物品或物件的人出庭，并于其出庭或不出庭时，证明传票已妥为送达。法院随之应审查该事项，并在证明本法规定的犯罪行为已经实施，且该等商品、文件、材料、物品或物件是犯罪的客体或用于实施犯罪时，应下令没收该等物品，或在无法证明的情况下，可下令释放该等物品。

（7）所有被没收或被视为没收的物品，均应交付给助理审查官，并应按照审查官的指示予以处置。

第 128 条　释放被扣押的物品

（1）根据本法扣押任何商品、文件、材料、物品或物件的，如果实施扣押的助理审查官确信该等商品、文件、材料、物品或物件不是本法规定的任何程序或任何其他成文法项下任何起诉所需要的，可将商品、文件、材料、物品或物件释放给其认为合法拥有该等货物、文件、材料、物品或物件的人。在该情况下，如果商品、文件、材料、物品或物件的扣押和释放是善意进行的，实施扣押的助理审查官、联邦政府、审查官或任何代表联邦政府或审查官行事的人，均不对任何人提起的任何诉讼负责。

（2）根据（1）款释放任何物品的助理审查官应作出书面记录，详细说明释放的情况和理由，并应在释放后 7 日内将记录副本送交检察官。

第 129 条　易腐物品的扣押

在行使本法赋予的权力时扣押的任何货物具有易腐性质的，或者保管该等货物涉及不合理的费用和不便的，助理审查官可在任何时间出售该等货物，出售的收益根据本条规定的任何起诉或索赔的结果予以持有。

第 130 条　不得追讨因扣押而产生的费用或损害赔偿

在任何法院就行使或本意是行使本法赋予的任何权力而扣押的任何货物、文件、材料、物品或物件而提起的任何诉讼中，任何人均无权获得此类诉讼的费用或任何损害赔偿或其他救济，除非此类扣押是在没有合理理由的情况下进行的。

第 131 条　阻碍

任何人如：

（a）拒绝让任何助理审查官进入根据本法或执行本法规定的任何职责或赋予的权力而有权进入的任何处所；或

（b）企图伤害、阻碍、妨碍或拖延任何助理审查官根据本法或执行本法规定的任何职责或赋予的权力而有权实施的任何进入，

即属犯罪，一经定罪，可处以不超过 10 万林吉特的罚金。

第 132 条　密探的证据可予采纳

（1）尽管有任何法律规则或本法的规定或任何其他成文法的相反规定，密探试图教唆或教唆任何人实施本法规定的犯罪行为，且试图教唆或教唆的唯一目的是为了取得不利于此人的证据的，不得仅以其试图教唆或教唆为由，推定其为不值得信任的密探。

（2）尽管有任何法律规则或本法的规定或任何其他成文法的相反规定，任何其后被控犯有本法规定的犯罪的人向密探作出的任何口头或书面陈述，均可在审讯中获接纳为证据。

第 133 条　抽取样本

（1）在 2 个或 2 个以上描述相同的包装或容器中发现属于本法规定的犯罪客体的货物的，在证明存在相反情况之前，应推定所有包装或容器所装货物的性质、数量和质量相同。

（2）已扣押载有违反本法规定或可予扣押的货物的包裹或容器的，只须打开及检查每个被扣押的包裹或容器的百分之一或不少于 5 个样品（以较小者为准），便已足够。

（3）法院应推定包装或容器内的其余样本与被检查的样本性质相同。

第 134 条　审判犯罪的管辖权

尽管任何成文法有相反的规定，地方法院对本法项下任何犯罪的审判拥有管辖权，并可针对任何此类犯罪处以全部惩罚。

第 135 条　提出指控

除非得到检察官的书面同意，否则不得对本法规定的犯罪提出指控。

第 136 条　有代价地不指控犯罪

（1）部长经检察官批准，可制定条例，规定：

（a）可有代价地不予指控的本法和根据本法制定的任何条例规定的任何犯罪；

（b）有代价地不指控犯罪的标准；及

（c）有代价地不指控犯罪的方法和程序。

（2）审查官经检察官书面同意后，可在提出指控前任何时间，通过向有理由怀疑实施该犯罪的人提出书面提议，在书面提议中规定的时间内向审查官支付一笔不超过该人如被判定实施该犯罪而本应缴纳的最高罚金数额的50% 的款项后，不指控规定可不予指控的犯罪。

（3）（2）款所指的提议可在犯罪发生后但在就该犯罪提出起诉前的任何时间作出，且提议中指明的数额没有在提议中指明的期间内或在审查官批准的延长期间内支付的，可在该期间后任何时间对向其发出提议的人就该犯罪提出指控。

（4）犯罪已根据（2）款有代价地不予指控的，不得就该犯罪针对提议有代价地不予指控的人提出指控，且审查官可在其认为合适的条款规限下，没收或退回因该犯罪而扣押的货物。

（5）审查官根据本条收取的所有款项，均须存入联邦综合基金，并成为该基金的一部分。

第 137 条　委托人应为受雇人或代理人的行为负责

某人的受雇人或代理人实施犯罪，或做了或没有做任何事情，如果该人做了或没有做该任何事情就会构成本法规定的犯罪的，尽管该人不知道该行为构成犯罪，亦应被视为犯罪，并应受到惩罚，除非其证明：

（a）所控告的作为或不作为不属于该雇员的一般受雇范围或该代理人的代理范围；或

（b）所控告的作为或不作为是在未经其同意或默许的情况下作出或不作出的，而其已尽了在考虑到案件中所有情况后本应尽的一切努力以防止该行为的发生。

第 138 条　法人团体犯罪

（1）法人团体实施本法规定犯罪的，在犯罪时是该法人团体的董事、首席执行官、首席运营官、经理、秘书或其他类似高管，或声称以任何此类身份行事，或以任何方式或在任何程度上负责管理该法人团体的任何事务，或协助进行此类管理的人：

（a）可在同一程序中与该法人团体分别或共同被控；且

（b）如果该法人团体被认定犯有该罪，该人应被视为犯有该罪，除非在考虑到其以该身份所履行的职能的性质和所有情况后，该人证明：

（i）该犯罪是在其不知情、不同意或不默许的情况下实施的；且

（ii）其已采取一切合理的预防措施，并尽了应尽的努力以防止犯罪。

（2）根据本法应就其作为、不作为、疏忽或失责行为而受到任何惩罚或处罚的，如果该作为、不作为、疏忽或失责行为是在下列情况下实施的，该人应就该其任何雇员或代理人或其代理人的雇员的作为、不作为、疏忽或失责行为受到相同的惩罚或处罚：

（a）由该人的雇员在受雇期间作出的；

（b）由代表该人行事的代理人作出的；或

（c）由该代理人的雇员在受雇于该代理人的过程中或以其他方式代表该代理人行事而作出的。

第 139 条　对审查官、副审查官和助理审查官及其他人员的保护

不得在任何法院对下列人员提起、进行或维持诉讼、指控或其他法律程序：

（a）审查官、副审查官、助理审查官或任何其他人，针对为实施本法而下令或实施的任何行为；且

（b）任何其他人，针对根据审查官的命令、指示或指令作出或本意是作出的任何行为，如果该行为是真诚地作出，并合理地相信该行为对于该行为拟达致的目的是必要的。

第十七部分　法院程序、费用和证据

第 140 条　向处长送达法院申请

（1）向法院提出的与注册商标注册申请相关的每份申请（包括向上诉法院或联邦法院提出的上诉）的副本，均应由向法院提出申请的各方在规定期限内按处长确定的方式向处长提交，而无须将处长列为一方当事人。

（2）在收到根据（1）款提出的申请后，处长可在其认为合适的情况下改变商标申请或注册的状态，但须受法院的进一步条件、指示、指令、命令或判决的约束。

（3）法院在完成根据（1）款提交的申请后作出的任何命令或判决，应按处长确定的方式送交处长存档。

（4）处长应根据（3）款遵从并执行法院的命令或判决。

（5）处长认为应在执行法院命令时作出公告的，可在知识产权官方公报中刊登该命令。

第 141 条　处长在涉及注册簿的法律程序中出庭

（1）在法院进行的包括涉及下列申请的任何法律程序中：

（a）撤销商标注册；或

（b）商标注册无效宣告，

处长有权出庭及陈词；如法院指示，应出庭。

（2）除非法院另有指示，否则处长可向法院呈交一份由其签署的书面陈述书，以代替出庭和陈词，该陈述书应提供在他席前进行的涉及受争议事宜的法律程序的详情，或其作出的任何影响该事宜的决定的理由的详情，或其在类似案件中的执业情况的详情，或其作为处长所知悉的与该等事宜有关的其他事宜的详情，而该陈述书应当作为该法律程序中的证据的一部分。

第 142 条　法院诉讼程序的费用

在法院所有诉讼程序中，法院可酌情判给包括处长在内的任何一方其认为合理的费用，但不得命令处长支付任何其他当事方的费用。

第 143 条　有效证书

在对注册商标的有效性提出质疑并作出有利于注册所有人的裁决的任何法律程序中，法院可就此作出核证，如果法院如此作出核证，则在随后对注册的有效性提出质疑的任何法律程序中，注册所有人在获得对其有利的最终命令或判决后，应获得在律师和客户之间的全部费用、收费和开支，除非在随后的程序中法院证明其不应获得该等费用、收费和开支。

第 144 条　经处长核证的副本的证据价值

在商标局提交的任何表格或文件的副本或摘要，如经处长核证是真实的副本或摘要，并由处长签字和盖章，可在任何程序中作为证据，与原文件具有同等效力。

第 145 条　文件的密封副本可作为证据

（1）注册簿的印刷本或书面副本或摘录，如宣称是经处长核证并加盖书记官长印章，则在任何法院的任何诉讼程序中，可接受为证据，而无须进一步证明或出示原件。

（2）通知书或注册证明书可在任何法院进行的任何法律程序中获接纳为证据，而无须进一步证明或出示原件。

（3）在任何法院的任何法律程序中，看来是由处长亲笔签发的关于其获授权作出且已作出或未作出的任何行为的证明书，即为其作出或未作出该行为的表面证据。

（4）受雇于公司的人，无须为提供下列文件的目的而出庭：

（a）根据本法规定可获得的与商标申请或注册商标有关的任何文件；或

（b）根据本法规定为保密、不公开供公众查阅或提供给任何第三方的任何文件。

第 146 条　经处长核证的电子信息等可作为证据

以电子方式提交给处长或由处长签发的任何表格、资料或文件，表格、资料或文件的副本或摘要，是根据本法要求提交给处长的任何表格、资料或文件的真实摘要，是该表格、资料、文件、副本或摘要中规定事项的初步证据。

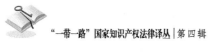

第 147 条　部长可宣布与商标有关的外国文件可作为证据接受

（1）部长可通过在公报中发布命令，宣布在下列情况下，外国的任何文件或一类文件可在法院的任何程序中被接受为证据：

（a）该文件加盖了获授权官员或外国政府的印章，且该印章涉及在该外国注册或以其他方式得到该外国承认的商标，或者如没有该印章，则随附一份由授权官员签署的证书，证明该文件应是其中所载事项的证据；且

（b）该外国或其部分已就该等文件的可采性与马来西亚政府订立对等安排。

（2）在本条中：

"获授权官员"，指由外国政府授权的个人或机构，根据外国现行的任何有关商标的成文法备存商标的注册簿或其他记录。

"文件"，指：

（a）根据外国现行的任何有关商标的成文法，在外国备存的商标摘要或其他记录的印刷本或抄录本；或

（b）与在外国注册或以其他方式被外国承认为商标的商标有关的任何事项或行为的任何其他文件。

"商标"，指在商品或服务上使用或意图使用的包括下列内容或下列内容的任何组合的任何标志，即任何字母、文字、名称、签名、数字、图形、品牌、标题、标签、票据、商品或其包装的形状、颜色（无论是单一颜色还是多种颜色的组合）、声音、气味、全息图、定位、移动顺序，其目的是为了表明或以期表明在贸易过程中商品或服务与作为所有人或被许可人有权（在外国）使用该商标的人之间的联系，无论是否表明该人的身份，其已注册或外国承认其作为商标（根据任何与商标有关的现行成文法），但不包括因该外国与其他外国之间的互惠安排而注册的另一外国的商标或由该另一外国承认的商标。

（3）为避免疑义，本条不得解释为就根据本法注册的目的而承认任何外国的商标，而只应解释为在法院的任何诉讼程序中可接受该外国文件作为证据。

第十八部分　杂项和一般事项

第 148 条　知识产权官方公报

（1）处长应公布知识产权官方公报，其中应包括：

（a）根据本法要求公布的与商标有关的所有事项；和

（b）处长认为有必要的其他与商标有关的数据或事宜。

（2）知识产权官方公报应在支付规定费用后供公众查阅。

（3）在知识产权官方公报上的公布应构成本法规定的任何事项的充分通知。

（4）知识产权官方公报的副本一经出示，应在法律程序中被接受为证据，而无须进一步证明该副本是如此公布的。

（5）知识产权官方公报的副本应是其中所述事实的表面证据。

（6）知识产权官方公报以一种以上形式公布的，知识产权官方公报的公布日期应视为知识产权官方期刊以任何形式首次公布的日期。

第 149 条　电子提交

（1）处长可提供本法要求向处长提交文件的电子提交存档服务。

（2）根据本条以电子方式提交的文件，如果以处长确定的方式向处长传达或传送，则应视为满足了提交文件的要求。

（3）须盖上印章、签署或盖章的文件如以电子方式提交，应以处长决定的方式核证该文件为真实副本或经认证。

（4）根据本法应签署和见证的文件以电子方式提交的，签署见证的规定不适用。

（5）文件以电子方式提交处长的，如任何人在（1）款所述的服务下取得的任何文件出现任何性质或无论如何产生的错误或遗漏，而该错误或遗漏是由于该服务或用于提供该服务的设备的任何缺失或故障所致，或在处长不知情的情况下发生或产生，则处长对任何人因该等错误或遗漏而蒙受的任何损失或损害不承担责任。

第 150 条　以电子方式发出文件

处长可通过电子方式发布根据本法应由处长发布的文件。

第 151 条　送达地址

（1）为了本法的目的，应以处长确定的方式向处长提供主要在马来西亚居住或开展业务的申请人、反对商标注册的任何人或参与处长任何程序的任何其他人在马来西亚的送达地址。

（2）根据（1）款向处长提供的地址，应记入处长的记录或注册簿，并应当作为（1）款所指的人在处长席前进行的所有程序中的送达地址。

（3）送达地址可在以处长决定的格式通知处长后，在订明的期间内更改，而该地址应记入处长的记录或注册簿。

（4）处长在收到（3）款的更改请求及规定费用的支付后，应根据（1）款更改该人的送达地址，而该项更改可能影响该人的部分或全部注册或注册商标申请。

（5）如不提供（1）款所述的送达地址，处长可拒绝处理商标的申请或注册。

（6）（1）款所述的人不在马来西亚居住或开展业务的，应委任并授权一名注册商标代理人以规定的方式代其行事。

（7）（1）款所述之人委任和授权注册商标代理人代其行事的，该注册商标代理人的送达地址（该地址应记入处长的记录或注册簿），就在处长处进行的所有程序而言，应被视为（1）款所述之人的送达地址。

第 152 条　处长允许修订文件的权力

（1）处长可在收到符合处长确定格式的申请及支付规定费用后，按其认为公正的讼费条款，为了修订书写错误或明显错误而允许修订：

（a）商标注册申请；

（b）异议通知；

（c）反陈述；或

（d）处长认为合适的任何文件。

（2）根据（1）款申请的修订，如会对下列事项有重大影响，则不得根据本条获准作出：

（a）修改前申请中所指明的商标特性，或不以任何方式扩大现有商标注册所赋予的权利；或

（b）向商标局提交的文件的内容。

第 153 条　处长允许延长时间的权力

（1）如果本法规定了采取某项行动或事情的时间，除非法院另有明确规定或指示，否则处长可在以处长确定的形式提出申请并支付规定费用后，在时间到期之前或之后延长时间。

（2）除（3）款所指的情况适用外，（1）款不适用于第 26、27 条及第 28 条。

（3）凡因：

（a）该人或其注册商标代理人的错误或遗漏；

（b）该人或其注册商标代理人不能控制的情况；或

（c）商标局的错误或行为，

如某项与商标注册申请有关的作为或在根据本法进行的法律程序（不包括在法院进行的法律程序）中的作为，应在某期间内作出，而该作为尚未作出，处长可延长作出该作为的时间。

（4）根据（3）款作出某作为所需的时间，即使已届满，仍可延长。

第 154 条　提供证据的形式

（1）就第 105 条（1）款而言，在处长席前进行的所有法律程序中，如无相反指示，应以法定声明的方式提供证据，但处长可在其认为合适的任何个案中，以口头取证代替声明取证，或在声明取证之外再取证。

（2）任何该等法定声明在上诉的情况下，可在法庭上代替誓章证据而使用，但若如此使用，则具有誓章证据的所有附带条件及后果。

（3）在任何与商标有关的诉讼或法律程序中，处长或法院（视情况而定）应接纳有关行业惯例或提供有关服务的业务惯例的证据，以及其他人合法使用的任何有关商标或商号或企业名称或字号的证据。

第 155 条　酌情权的行使

本法赋予处长任何自由裁量权的，其不得在没有给予（如在规定时间内被妥为要求如此行事）有关商标的注册申请人或注册所有人陈词机会的情况

下，对该申请人或注册所有人不利地行使该权力。

第 156 条 处长将文件视为保密的权力

（1）根据条例，处长可以：

（a）要求商标局对已提交或将提交的与商标有关的文件中的特定信息予以保密；及

（b）使该要求受规定条件或限制的约束；及

（c）更改或撤销该等要求、条件或限制。

（2）就本条而言，与作出、更改或撤销任何规定、条件或限制有关的程序，应按规定的程序进行。

第 157 条 对记项作出适应化修改以适应新的分类

（1）为商标注册的目的，处长可考虑有必要对商品或服务的分类进行任何修正或替换，包括对注册簿上的现有条目进行修正，以符合规定的新分类。

（2）根据（1）款作出的修订，不得扩大有关注册所赋予的权利，但如处长觉得遵从此规定会涉及不适当的复杂性，而任何扩大不会具有实质性，且不会对任何人的权利造成不利影响，则属例外。

（3）处长可：

（a）要求注册所有人在该规定期间内提交修订注册簿的方案；及

（b）取消任何经处长认定的有关商品或服务，或在其未如此行事的情况下拒绝续展商标注册。

（4）任何根据（3）款（a）项提出的建议，应在知识产权官方公报上刊登，并可按照第 35 条提出异议。

第 158 条 处长判给的费用

（1）在处长进行的所有法律程序中，处长有权判给任何一方其认为合理的费用，包括评定费用，并指示如何支付和由哪一方支付，而任何此类命令经法院许可后，可按与法院判决或命令相同的方式执行，以达到相同的效果。

（2）在处长席前进行的任何法律程序的一方，如欲取得讼费或要求评定讼费，应以规定方式向处长提出申请。

（3）处长根据（1）款判给的讼费，如未缴纳，可在有管辖权的法院将其作为该等讼费所针对的人向获判该等讼费的人所欠债项进行追讨。

第159条　未注册商标

（1）任何人均无权对侵犯未注册商标的行为提起任何诉讼，以防止或收回损害赔偿。

（2）尽管有（1）款的规定，本法中的任何规定都不应被视为影响针对任何人将商品或服务冒充他人商品或服务的诉权，也不应影响有关商品或服务的救济。

第160条　处长的指引或程序指南

（1）处长可就任何事宜发出指引或程序指南。

（2）处长根据本条发布的指引或程序指南应在知识产权官方公报上公布，并应自指引或程序指南中规定的日期起生效。

（3）本法规定指明的任何人均应遵守该指引和程序指南。

（4）处长可变更、审查或撤销任何指引或程序指南。

（5）除（4）款的规定外，（2）款和（3）款规定的程序应适用于对指引或程序指南的任何更改、审查或撤销。

（6）对于不遵从处长的任何指引或程序指南的任何人、申请人或注册所有人，如该等指引或程序指南适用于该人、申请人或注册所有人，则其：

（a）视为其未能符合处长所要求的规定，以致该申请被视为已被撤回、失效、被拒绝、被撤销或被处长裁定；或

（b）即属犯罪，一经定罪，可处以不超过1万林吉特的罚金。

第161条　修订附件的权力

（1）部长可通过在公报上公布命令修订附件1和附件2。

（2）部长在对附件1或附件2进行修订之前，应：

（a）在知识产权官方公报刊登公告，述明他作出修订的意向及建议的修订；

（b）自通知之日起提供最少30日的期间，允许协会成员、主管机构或公众人士就建议的修订提出意见；及

（c）适当考虑所提出的任何意见。

第 162 条　制定条例的权力

（1）在不违反本法规定的情况下，部长可制定条例，以实施本法的规定。

（2）特别是，在不影响（1）款的一般性的情况下，该等条例可为以下所有或任何目的作出规定：

（a）规范管理本法项下的惯常做法，包括送达文件，但与法院诉讼程序或与此有关的惯常做法除外；

（b）为商标注册的目的对商品或服务进行分类；

（c）就与商标注册有关的所有事项作出规定，包括注册商标的续展；

（d）就与注册商标的更改或自愿注销、注册的撤销或无效或注册簿的更正有关的所有事项作出规定；

（e）以部长认为合适的方式确保和规范管理商标摘录副本以及源自记录或注册簿的其他文件的公布和出售或分发；

（f）订明就本法所需的任何事宜或事物所支付的费用；

（g）规范管理所有与注册商标代理人有关的事宜；

（h）规范管理与注册有关的事宜，在一份申请中列出多于一个类别的商品或服务；

（i）规范管理所有与分案注册申请或注册商标有关的事宜；

（j）规范管理所有与合并注册申请或注册商标有关的事宜；

（k）规范管理所有与证明商标及集体商标有关的事宜；

（l）规范管理所有与系列商标有关的事宜；

（m）一般性规范管理在任何商标局进行的与商标有关的业务操作事项，无论本法是否有具体规定，但不得与本法的任何规定相抵触；

（n）规范管理确定商标是否为驰名商标和是否满足《巴黎公约》第 6 条之二和 TRIPS 第 16 条规定的要求的事项；

（o）规范管理商标的使用，包括商标如何应用于商品或服务或针对商品或服务进行应用；

（p）规范管理与在互联网上使用商标有关的事宜；

（q）就注册商标的注销的方式和效力，以及就保障对该注册商标拥有权利的其他人的利益作出规定；

（r）规范管理所有与边境措施有关的事宜；

（s）订明须记入记录或注册簿的项目、详情或事宜；及

（t）处长作出关于开始诉讼的时间或申请延长该时间的方式的决定后，对向法院提出上诉的所有事项作出规定，但须符合法院规则的规定。

（3）在符合本法的规定下，根据1964年法院法组成的规则委员会可订立法院规则，规管在法院进行的或与此有关的法律程序的惯例和程序，以及法律程序的费用。

第十九部分　废除、保留和过渡条款

第一章　废除和保留

第163条　废除和保留

（1）1976年商标法现予废除。

（2）尽管根据（1）款废除了该法，但：

（a）根据废除法作出的任何委任应继续生效，并具有效力，犹如该委任是根据本法作出一样；

（b）根据废除法作出或发出的所有决定、指示和通知，只要该等决定、指示和通知与本法一致，就应继续有效，直至该等决定、指示和通知被撤销或变更；

（c）本法生效前，根据废除法所进行、采取或启动的任何调查、审判和诉讼程序，在本法生效时，应视同废除法未被本法废除一样处理；确

（d）废除法或本法均不影响任何人在本法生效前根据废除法所犯罪行而被检控或惩罚的责任，也不影响在该日之前就该罪行而提出的任何法律程序、判刑或采取的行动。

第二章　关于商标的过渡性规定

第164条　释义

（1）尽管已被废除，但以下各款仍应适用。

（2）在本章中，"现有注册商标"，指在紧接本法生效前根据废除法注册的商标、证明商标或防御性商标。

（3）就本章而言：

（a）申请是在本法生效前提出，但未得到最后裁定的，应视为本法生效

时的待决申请；且

（b）提出申请之日应被视为废除法项下的提交日期。

第 165 条　现有注册商标

（1）根据废除法在注册簿中记录的任何现有注册商标，在符合本部分规定的情况下，就本法而言是注册商标。

（2）根据废除法作为认证商标在注册簿中记录的任何现有注册商标，就本法而言是注册认证商标。

（3）就本法而言，任何在根据废除法备存的注册簿中作为系列商标注册的现有注册商标，应在根据本法备存的注册簿中予以同样注册。

（4）任何表明现有注册商标与任何其他商标有关联的标志，应在本法生效时停止生效。

（5）在本法生效前，根据废除法在注册簿中登录的与现有注册商标有关的条件、弃权或限制，应纳入根据本法备存的注册簿中，并具有效力，如同根据本法第 36 条登录注册簿一样。

（6）本法第 37 条和第 38 条可适用于本法生效时废除法项下的现有注册商标。

第 166 条　注册针对侵权的效力

（1）本法第 48、49、50、51 条和第 54 条适用于本法生效后的现有注册商标，本法第 56 条适用于本法生效后侵犯现有注册商标的行为，但（2）款除外。

（2）废除法第 38 条和第 51 条继续适用于本法生效前实施的侵权行为。

第 167 条　侵权商品、材料或物品

本法第 59 条适用于侵权商品、材料或物品，无论该命令的申请是在本法生效之前还是之后提出的。

第 168 条　被许可人或获授权使用人的权利和救济

（1）本法第 70 条适用于本法生效前颁发的许可，但仅针对本法生效后实施的侵权行为。

（2）本法附件 2 第 9 条（2）款仅适用于本法生效后实施的侵权行为。

第 169 条　注册商标的共同所有权

（1）本法第 63 条自本法生效之日起适用于在本法生效前有 2 个或 2 个以上的人作为共同所有人注册的现有注册商标。

（2）2 人或多人根据废除法第 21 条注册为共同所有人的，该商标应继续存在，犹如本法未颁布一样。

第 170 条　注册商标的转让等

（1）本法第 64 条适用于本法生效后发生的与现有注册商标有关的交易，废除法继续适用于本法生效前发生的交易。

（2）废除法第 47 条项下的现有条目应在本法生效时转移至根据本法备存的注册簿中，其效力犹如根据本法第 65 条作出的一样。

（3）本法生效时根据废除法第 47 条提出的注册申请，如在本法生效时尚待处长处理，或在本法生效前已由处长作出决定但尚未作出最终决定的，应视为根据本法第 65 条和第 67 条提出的注册申请，并据此进行。

（4）就（3）款而言，处长可要求申请人修改其申请，以符合本法的要求，而（2）款应适用于注册簿中的任何相应记项。

（5）本法生效前通过转让或传转而获得现有注册商标，但尚未注册其权益的，本法生效后的任何注册申请应根据本法第 64 条提出。

（6）就（3）款和（5）款而言，废除法第 47 款（3）项应继续适用于未注册的后果。

第 171 条　注册商标的许可

（1）本法第 69 条仅适用于本法生效后颁发的许可，废除法继续适用于本法生效前颁发的许可，直至该等许可到期为止。

（2）废除法第 48 条项下的现有记项，应于本法生效时转移至根据本法备存的注册簿，其效力犹如根据本法第 65 条作出的一样。

（3）本法生效时注册使用人的注册申请正在等待处长处理，或在本法生效前已由处长决定但未最终决定的注册申请，应被视为本法第 65 条或第 67 条项下的许可注册申请，并据此进行。

（4）处长可要求申请人修订其申请，以符合本法的规定，而（2）款应适用于注册簿中的任何相应记项。

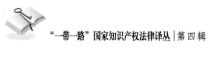

（5）本法生效时根据废除法第 49 条（1）款进行的任何待决程序，应根据废除法处理，并根据本法对注册簿进行任何必要的修改。

第 172 条　未决注册申请

（1）本法生效时根据废除法提出的商标注册申请未决的，应根据废除法处理，但应符合以下各款的规定；如已注册，则就本条而言，该商标应被视为现有注册商标。

（2）本法生效后，针对注册申请，废除法第 22 条不予考虑。

（3）本法第 34 条和第 35 条应适用于本法生效时待公布的废除法项下的商标注册申请。

（4）本法第 32、33 条和第 155 条适用于在本法生效后待注册的根据废除法提出的商标注册申请。

（5）本法第 37 条或第 38 条可适用于根据被废除法提出的在本法生效时待注册商标注册申请。

第 173 条　待决申请的转换

（1）对于在本法生效前尚未根据废除法进行审查的待审注册申请，申请人可向处长发出通知，要求根据本法规定确定商标的可注册性。

（2）通知应在本法生效之日起 2 个月内，以处长确定的形式提交，并支付规定的费用。

（3）根据（2）款提交的通知应是不可撤销的，且具有申请应被视为在本法生效后提出的注册申请的效力。

第 174 条　按旧分类注册的商标

（1）处长可行使本法第 162 条规定的条例所赋予的权力，以确保任何不符合本法第 19 条规定的分类系统的现有注册商标符合该系统。

（2）（1）款适用于按照 1997 年商标条例［P. U.（A）460/1997］附表三所规定的分类的现有注册商标。

第 175 条　主张公约申请优先权

（1）本法生效前已在公约国正式提出商标保护申请的，本法第 26、27 条或第 28 条应适用于本法生效后根据本法提出的注册申请。

（2）本条中的任何内容均不得影响在本法生效前根据废除法提出的注册申请的程序。

第 176 条　注册的有效期和续展

（1）本法第 39 条（1）款应适用于根据本法生效后提出的申请进行的商标注册，而废除法应继续适用于本法生效前注册的商标。

（2）本法第 39 条（2）款和第 40 条适用于根据废除法现有注册商标的续展在本法生效之日或之后到期的情况，而废除法应继续适用于其续展在本法生效之日或之后未到期的现有注册商标。

（3）就（2）款而言，应适用本法规定的续展费，无论该费用是否在本法生效前已支付。

第 177 条　变更注册商标的未决申请

根据废除法第 44 条提出的申请，在本法生效时尚未处理的，应根据废除法处理，并对本法项下的注册簿进行任何必要的修改。

第 178 条　因不使用而撤销

（1）根据废除法第 46 条提出的申请，在本法生效后仍未处理的，应根据废除法处理，并对本法项下的注册簿进行任何必要的修改。

（2）根据本法第 46 条提出的申请，可在本法生效后就现有注册商标提出。

（3）尽管有（2）款的规定，根据废除法第 57 条注册的现有注册商标的撤销注册申请只能在本法生效后 5 年内提出。

第 179 条　申请更正等

（1）根据废除法第 43 条或第 45 条提出的申请，在本法生效时仍未解决的，应根据废除法处理，并应对本法项下的注册簿进行任何必要的修改。

（2）就根据本法第 47 条适用于现有注册商标的程序而言，本法的规定应被视为在所有重要时间均属有效，除非对现有注册商标的有效性不存在异议，否则可根据本法第 24 条（3）款规定的理由提出。

第 180 条　关于使用证明商标的规则

（1）根据废除法第 56 条存放于商标中心局的现有注册证明商标的使用规则，在本法生效后，应被视为根据本法附件 2 提交的规则。

（2）任何在本法生效时的修改规则未决请求，应按照本法处理。

第 181 条　代理人

（1）在本法生效前根据废除法申请的代理人注册应继续有效，并具有根据本法第 97 条作出的效力，如已注册，该代理人应被视为本法项下的注册商标代理人。

（2）本法规定的商标代理人续展注册的要求，适用于根据废除法取得的代理人注册。

第 182 条　过渡事项指南等

处长可发布指引或程序指南，规定在本法生效前有效的任何事项应以符合本法的方式处理。

附件 1 ［第 72 条］ 集体商标

第 1 条　释义

在本附件中：

"协会"，指按照其组建法律正式注册，但没有按照公司相关法律组建的组织，包括据此注册的俱乐部、工会和社团。

第 2 条　构成集体商标的标志

就集体商标而言，第 3 条中关于商标将一个企业的商品或服务与其他企业的商品或服务相区分的定义，应解释为是指将作为商标所有人的协会成员的商品或服务与其他协会成员的商品或服务相区分。

第 3 条　由地理标志组成的集体商标

（1）尽管有第 23 条（1）款（c）项、（4）款（a）项和（b）项的规定，由地理标志组成的集体商标可注册为集体商标，以指定商品或服务的地理来源，但应符合下列理由：

（a）该商标含有多个组成部分术语中的一项单独术语，且该术语与马来西亚任何商品或服务的通用名称相同，而集体商标的注册是针对该等商品或服务；

（b）该商标含有植物品种或动物品种的名称；

（c）该等商品或服务并非源自附件 1 第 5 条（3）款（a）项所指明的国家、地区或地方；

（d）针对该等商品或服务使用的集体商标，其性质令公众对真正产地产生误解；或

（e）如果由于该地理标志与根据 2000 年地理标志法注册的在先地理标志相同或相似，并与该地理标志具有相同的地理来源，而存在公众混淆的可能性。

（2）（1）款所指集体商标的注册所有人无权按照在工业或商业事宜中的诚实做法禁止使用该等标志或地理来源标识，包括有权使用地理标志的人，但应由在注册簿规定的地理范围内进行活动的人使用，而该等活动应是针对注册簿规定的商品或服务按照注册簿规定的质量、声誉或特性而进行的。

第 4 条　集体商标不得在性质或意义上产生误导

（1）公众可能针对集体商标的性质或意义被误导，包括可能将其认为是集体商标以外的东西的，不得注册该集体商标。

（2）就（1）款而言，处长可要求申请注册的集体商标含有该商标为集体商标的某种表示。

（3）尽管有第 33 条（3）款的规定，可对申请进行修改以符合任何其他要求。

第 5 条　规管集体商标使用的规则

（1）除第 17 条规定的要求外，集体商标的申请人应向处长提交规范管理集体商标使用的规则。

（2）（1）款规定的规则应指明：

（a）获授权使用该集体商标的人；

（b）协会成员的条件；

（c）集体商标的使用条件（如有）；及

（d）对滥用集体商标的任何制裁（如有）。

（3）除（2）款外，申请集体商标由附件1中第3条（1）款中的地理标志组成的，申请人应提交规则，指明：

（a）商品或服务的原产地国家、地区或地点；

（b）基本上可归因于其地理来源的商品或服务的质量、声誉或其他特性；

（c）地理标志在原产国、地区或地点的现有保护或登记；及

（d）地理标志在原产国家、地区或地点的使用。

（4）就（2）款和（3）款而言，处长可要求在规则中指明其认为适当的进一步要求。

第6条 规则的批准和集体商标的注册申请

（1）除非规范管理集体商标使用的规则满足下列所有条件，否则不得注册集体商标：

（a）指明附件1中第5条（2）、（3）款和（4）款中的所有要求；

（b）不违反公众利益或道德；

（c）不包含任何恶意中伤或使人反感的内容或由其组成，或在其他情况下无权受到任何法院的保护；且

（d）不包含处长认为有损或可能有损国家利益或安全的事项。

（2）申请人应在规定的期限内将附件1中第5条下的规则提交给处长，如申请人不这样做，则集体商标注册申请应视为已被撤回。

（3）处长应考虑是否符合（1）款项下的要求。

（4）处长觉得不符合（1）款项下要求的，应通知申请人，并给予申请人机会在处长决定的期间内作出陈述或提交修订规则。

（5）申请人在处长规定的期间内作出回应，但未能使处长信纳符合（1）款项下要求，或未能提交经修订的规则以符合该等要求的，处长可拒绝该集体商标的注册申请。

（6）申请人未在规定期间内作出回应，视为撤回该集体商标的注册申请。

（7）处长觉得符合（1）款项下要求和第四部分的注册要求的，应接受申请，并按照第31条和第35条行事。

（8）规则应根据第31条公布，除可根据任何其他理由反对该申请外，亦可就（1）款所述事宜发出反对通知。

第7条　查阅规则

规范管理集体证明商标使用的规则应与第 15 条规定的登记册一样，公开供公众查阅。

第8条　注册集体商标规则的修订

（1）除非以处长确定的格式向其提交经修订的规则，并支付规定的费用，否则对注册集体商标使用规则的修订无效。

（2）处长在考虑（1）款项下的要求后，须安排接受经修订的规则，并在知识产权官方公报上公布。

（3）任何人可在修订规则根据（2）款在知识产权官方公报公布后的规定期间内，以处长决定的格式，就附件 1 中第 6 条（1）款所指事宜提交反对通知。

第9条　获授权使用人的侵权程序相关权利

（1）以下规定适用于注册集体商标的获授权使用人，如同适用于商标的被许可人一样：

（a）第 54 条（4）款；

（b）第 60 条（2）款；

（c）第 70 条；和

（d）第 87 条。

（2）在集体商标的注册所有人提起的侵权诉讼中，应考虑获授权使用人所遭受或可能遭受的任何损失，且法院可就原告代表该等使用人持有任何金钱补救的收益的程度，作出其认为合适的指示。

第10条　对注册集体商标所赋予权利的限制

以其名义注册集体商标的协会成员无权阻止协会另一成员根据协会规则使用该集体商标。

第11条　撤销注册的理由

除第 45 条和第 46 条规定的撤销理由外，法院还可基于下列理由撤销集体商标的注册：

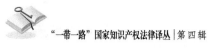

（a）所有人使用集体商标的方式，已导致该集体商标以附件1中第4条（1）款所述方式误导公众；

（b）所有人未遵守或未确保遵守规管集体商标使用的规则；或

（c）注册所有人提交的规则变更：

（i）不再符合附件1中第5条（2）、（3）款及（4）款的规定；

（ii）违反公众利益或道德；

（iii）包含或含有任何恶意中伤或使人反感的内容，或在其他情况下无权得到任何法院的保护；或

（iv）包含处长认为损害或可能损害国家公共利益或安全的事项。

第12条　注册无效的理由

除第47条规定的无效理由外，法院还可以以集体商标的注册违反附件1中第4条（1）款或第6条（1）款为由，宣布该集体商标的注册无效。

附件2［第73条］证明商标

第1条　构成证明商标的标志

就证明商标而言，第3条中关于商标将一个企业的商品或服务与其他企业的商品或服务相区分的定义，应解释为是指将经证明的商品或服务与未经证明的商品或服务相区分。

第2条　由地理标志组成的证明商标

（1）尽管有第23条（1）款（c）项、4款（a）项和（b）项的规定，由地理标志组成的证明商标可注册为证明商标，以指定商品或服务的地理来源，但应符合下列理由：

（a）该商标含有多个组成部分术语中的一项单独术语，且该术语与马来西亚任何商品或服务的通用名称相同，而证明商标的注册是针对该等商品或服务；

（b）该商标含有植物品种或动物品种的名称；

（c）该等商品或服务并非源自附件2中第5条（3）款（a）项所指明的国家、地区或地方；

（d）针对该等商品或服务使用的证明商标，其性质令公众对真正产地产

生误解；或

（e）由于该地理标志与根据2000年地理标志法注册的在先地理标志相同或相似且具有相同地理来源，而使公众产生混淆可能性。

（2）（1）款所指证明商标的注册所有人无权按照在工业或商业事宜中的诚实做法禁止使用该等标志或地理来源标识，但应由在注册簿规定的地理范围内进行活动的人使用，而该等活动应是针对注册簿规定的商品或服务按照注册簿规定的质量、声誉或特性而进行的。

第3条　所有人的业务性质

所有人经营的业务涉及供应注册所有人认证的商品或服务的，不得注册证明商标。

第4条　证明商标不得在性质或意义上产生误导

（1）公众可能针对证明商标的性质或意义被误导，包括可能将其认为是证明商标以外的东西的，不得注册该证明商标。

（2）就（1）款而言，处长可要求申请注册的证明商标含有该商标为证明商标的某种表示。

（3）尽管有第33条（3）款的规定，可对申请进行修改以符合任何该要求。

第5条　规范管理证明商标使用的规则

（1）除第17条规定的要求外，证明商标的申请人应提交规范管理证明商标使用的规则。

（2）（1）款规定的规则应指明：

（a）获授权使用该证明商标的人；

（b）由证明商标进行证明的特性；

（c）所有人如何测试该等特性；

（d）所有人如何监督该证明商标的使用；及

（e）所有人和获授权使用人之间的争议解决程序。

（3）除（2）款外，申请证明商标由附件2中第2条（1）款中的地理标志组成的，申请人应提交规则，指明：

（a）商品或服务的原产地国家、地区或地点；

（b）基本上可归因于其地理来源的商品或服务的质量、声誉或其他特性；

（c）地理标志在原产国、地区或地点的现有保护或登记；及

（d）地理标志在原产国家、地区或地点的使用。

（4）就（2）款和（3）款而言，处长可要求在规则中指明其认为适当的进一步要求。

第6条　规则的批准和证明商标的注册申请

（1）除非有以下情况，否则不得注册证明商标：

（a）规范管理证明商标使用的规则：

（i）指明附件2中第5条（2）、（3）款和（4）款中的所有要求；

（ii）不违反公众利益或道德；

（iii）不包含任何恶意中伤或使人反感的内容或由其组成，或在其他情况下无权受到任何法院的保护；及

（iv）不包含处长认为有损或可能有损国家公共利益或安全的事项；且

（b）申请人有能力证明针对其注册证明商标的商品或服务。

（2）申请人应在规定期间内将第5条项下的规则提交给处长；申请人未在规定期间内提交的，视为撤回证明商标的注册申请。

（3）处长应考虑是否符合（1）款项下的要求。

（4）处长觉得不符合（1）款项下要求的，应通知申请人，并给予申请人机会在处长决定的期间内作出陈述或提交修订规则。

（5）申请人在处长规定的期间内作出回应，但未能使处长信纳符合（1）款项下要求，或未能提交经修订的规则以符合该等要求的，处长可拒绝该证明商标的注册申请。

（6）申请人未在规定期间内作出回应，视为撤回证明商标的注册申请。

（7）处长觉得符合（1）款项下要求和第四部分的注册要求的，应接受申请，并按照第31条和第35条行事。

（8）规则应根据第31条公布，除可根据任何其他理由反对该申请外，亦可就（1）款所述事宜发出反对通知。

第7条　查阅规则

规范管理注册证明商标使用的规则应与第15条规定的登记册一样，公开供公众查阅。

第 8 条　注册证明商标规则的修订

（1）除非以处长确定的格式向处长提交经修订的规则，并支付规定的费用，否则对注册证明商标使用规则的修订无效。

（2）处长在考虑（1）款项下的要求后，须安排接受经修订的规则，并在知识产权官方公报上公布。

（3）任何人可在修订规则根据（2）款在知识产权官方公报公布后的规定期间内，以处长决定的格式，就附件 2 中第 6 条（1）款所指事宜提交反对通知。

第 9 条　同意转让注册证明商标

未经处长同意，转让或以其他方式传转注册证明商标无效。

第 10 条　获授权使用人的侵权程序相关权利

（1）以下规定适用于注册证明商标的获授权使用人，如同适用于商标的被许可人一样。

（a）第 54 条（4）款；

（b）第 60 条（2）款；和

（c）第 87 条。

（2）在证明商标的注册所有人提起的侵权诉讼中，应考虑获授权使用人所遭受或可能遭受的任何损失，且法院可就原告代表该等使用人持有任何金钱补救的收益的程度，作出其认为合适的指示。

第 11 条　撤销注册的理由

除第 45 条和第 46 条规定的撤销理由外，法院还可基于下列理由撤销证明商标的注册：

（a）注册所有人已开始经营第 3 条所指的业务；

（b）注册所有人使用证明商标的方式，已导致该证明商标以附件 2 中第 4 条（1）款所述方式误导公众；

（c）注册所有人未遵守或未确保遵守规范管理证明商标使用的规则；或

（d）注册所有人提交的规则变更：

（i）不再符合附件 2 中第 5 条（2）、（3）款及（4）款的规定；

（ii）违反公众利益或道德；

（iii）包含或含有任何恶意中伤或使人反感的内容，或在其他情况下无权得到任何法院的保护；或

（iv）包含处长认为损害或可能损害国家公共利益或安全的事项；

（e）注册所有人不再有能力认证该证明商标所注册的商品或服务。

第 12 条　注册无效的理由

除第 47 条规定的无效理由外，法院还可以以证明商标的注册违反附件 2 中第 3 条、第 4 条（1）款或第 6 条（1）款为由，宣布该证明商标的注册无效。